不要因为我们走得太远,
而忘记了为什么出发

铁路12306密码

中国铁路互联网客票系统探秘

王 雄 / 著

谨以此书献给"时代楷模"单杏花
及中国铁路"客票人"

内容提要

只要你乘坐火车，你就离不开铁路12306网或12306手机app。

多少年来，繁忙的春运，一票难求，怎一个愁字了得？小小的火车票，一头是梦想，一头是乡愁。难忘车站广场拥挤的购票长队，那种承载了几代人的春运记忆，永远停留在了属于它的年代。

铁路12306系统是全球最大的互联网客票系统，注册用户已超过7.2亿，年售票量超过40亿张。从人工售票，到计算机售票，到全国联网售票；从纸板票，到软纸票，到磁卡票，再到电子客票，中国铁路售票一举跨入"拇指时代"。"刷脸进站"让人们的出行，更便捷、更有尊严。

单杏花作为中国铁路客票系统研发团队的"掌门人"，从学习协助，到独当一面，从主持负责，到总体设计，她参与了中国铁路票务信息化的全过程，表现出高超的技术创新能力，成为当之无愧的"时代楷模"。

本书讲述的故事，似乎与每个人坐火车的经历有关，有你过去的忧愁，也有你今天的快乐。寻觅铁路12306的足迹，风波迭起，险象环生；探寻成功的密码，奥妙无穷，惊喜不断：让我们在阅读中，一起享受高科技带来的便捷、趣味与快乐。

目录

绪　言　情怀，是通向成功的密码　　　　　　　　1

第一章　火车票里的时光印记　　　　　　　　001
火车票与时代同行　　　　　　　　　　　　　　004
《列车时刻表》的学问　　　　　　　　　　　　014
乡愁，曾经是一张火车票　　　　　　　　　　　025

第二章　12306系统究竟有多牛？　　　　　　041
世上最难的系统架构　　　　　　　　　　　　　044
理想与现实的距离　　　　　　　　　　　　　　057
让网络畅通是硬道理　　　　　　　　　　　　　073
"走出去"拓展新境界　　　　　　　　　　　　085

第三章　"抢票神器"遭遇战　　　　　　　　095
谁抢了我的火车票？　　　　　　　　　　　　　098
一场没有硝烟的"战斗"　　　　　　　　　　　111
12306门槛有多高？　　　　　　　　　　　　　124
"候补购票"的希望天空　　　　　　　　　　　137

第四章　"最强大脑"的智慧能量　　　　　　149
"马大帅"与他的弟子们　　　　　　　　　　　152
单杏花与她的世界　　　　　　　　　　　　　　170

| 天空高远，任凭鸟儿飞翔 | 187 |
| 百花齐放春满园 | 195 |

第五章　大数据开始思考了　　207

客票系统大数据应用	210
"平衡术"的最高境界	223
"用户画像"的魅力	232
大数据应用风光无限	240

第六章　智能化出行的快乐　　251

"刷脸进站"的时尚	254
"无纸化"客票时代	263
"铁路月票"说走就走	275
让美食与旅途相伴	284
不负特殊群体的期待	295

第七章　真情传递美好声音　　307

一个电话解决许多困难	310
真诚地帮旅客解忧	320
海量信息的价值意义	331
她们有委屈也有烦恼	340

尾　声　"时代楷模"的高光时刻　　349

后　记　我们为什么要出发？　　355

情怀，
是通向成功的密码

| 绪 言 |

不要因为我们走得太远，而忘记了为什么出发。
——[黎巴嫩]卡里·纪伯伦《先知》

绪言 情怀，是通向成功的密码

一

说起铁路 12306 系统，大家都不陌生，而且是家喻户晓。

这是一个利用互联网出售火车票的网站和手机 app，注册用户已超过 7.2 亿，手机客户端装机量 4 亿+，年售票量超 40 亿张，单日售票能力达到 2000 万张以上，常态化互联网售票比例超过 85%。也就是说，在中国坐火车出行，十个人有九个人是通过互联网在铁路 12306 系统购买火车票。

走进中国铁道科学研究院集团有限公司（以下简称铁科院）院史馆，迎面立着一尊文化基石，上面镌刻着黎巴嫩文坛骄子卡里·纪伯伦的一句话：不要因为我们走得太远，而忘记了为什么出发。

我们为什么出发？12306 团队的回答是：坚持以人民为中心的发展思想，践行"人民铁路为人民"宗旨，体现人民群众对美好生活的向往，让人们的出行更美好。

这是初心与情怀，也是使命与担当。多年来，12306 团队以服务人民群众为己任，始终牢记为什么出发，不忘初心，脚踏实地，向大地撒播深情，以卓越的表现反复讲述着一个真理：情怀是通向成功的密码。

二十多年来，铁路 12306 系统的"掌门人"单杏花率领团队，以不屈不挠的精神，攻坚克难，创新发展，不断优化铁路 12306 系统架构，竭力畅通售票网络，丰富完善服务功能，从必然王国到自由王国，走向辉煌，走向世界。

毋庸置疑，铁路 12306 系统是一个巨大无比的网络空间，注册用户、日访问量、日交易量等多个数据，都稳居世界第一。这个全球最大的火车票网络系统，承载着中国人的乡愁和期盼。

诗人说，人的生命是一个长长的旅程，每一次出发，都是一次深情的祈盼。如果说人生是一棵大树，那么每片树叶就是一张火车票，我们每天都在出发。这是远方与幸福发来的请柬，也是铁路人对旅客的祝福与敬意。

最新公布的数据表明，2024 年春运期间，铁路 12306 系统日访问峰值达 2000 亿次，而世界搜索巨头谷歌才 60 亿次。铁路 12306 系统稳居世界互联网交易系统之最。

《中国互联网络发展状况统计报告》显示，自 1994 年互联网接入中国，截至 2023 年 6 月，我国网民规模达 10.79 亿人，互联网普及率达 76.4%。

百姓上了网，民意也就上了网。铁路 12306 系统的双肩，一头挑着民意，一头挑着运力。民意重在满足出行需求，运力则重在挖掘运输潜力。铁肩当道义，中国铁路"客票人"数年如一日，初心不改，凝聚起了最大公约数，画出了中国最美好的同心圆。

中国铁路客票人，是单杏花和伙伴们的自称。单杏花说，作为一名中国铁路客票人，我很骄傲、很自豪。

一个人有了情怀，就会对自己的职业发自心底地去热爱。真正打动人心的绝不仅仅是技术，还有大家的热爱与坚守。日常工作中的每一处细节，只有融入了对工作的热爱，才能做得更加完美。情怀是不虚、不私、不妄、不矫的真情流露，是激励人们奋进最深沉的力量。要想成就一番事业，就必须忠于职守，讲究科学，涵养为国为民的大情怀。单杏花团队深知，有许多东西也许你无法改变，但坚持自己所爱的东西就一定没错。

我曾担心，简单地用"情怀"这两个字来形容，能深刻地表达、彰显单杏花团队所做的一切吗？事实上，最简单的、最纯粹的东西，往往才是最深刻的，也是最持久永恒的。

情怀所包含的是一种责任，一种担当，一种境界和觉悟。

二

2022年第9期《北京文学》，刊发了我的报告文学《好大一张网——中国铁路12306客服网探秘》，社会反响很好。这篇文章被收入中国作协创研部选编的《2022年中国报告文学精选》一书。从某个侧面，这反映了广大读者对铁路12306系统的认可和情感。

如今乘坐火车出行，特别是高铁出行，成为越来越多人的选择。尤其是春运期间，每天面对井喷式的购票需求、数以亿计的访问量，铁路12306系统多次受到了巨大挑战，曾一度出现卡顿、瘫痪。由此，铁路12306系统遭受到了社会媒体、民众的质疑。

2014年1月20日,这年春运的第五天,《人民日报》在社会版头条位置刊发了本报记者对话铁路12306系统技术负责人的报道,题目是:12306春运能否不瘫痪?党报以如此醒目的标题,对铁路12306系统表示重点关切,显然是在替民喊话,为民请愿,分量是很重的。

面对急于回家、购票心切的亿万之众,不说网络瘫痪,就是发生瞬间的网卡,或稍有不周全之处,民众就会有情绪,就会不满意,这是很正常的。铁路12306系统只能站在被告席上,而且还不可能申辩,因为你再有理,网络不通畅,你就没有理,老百姓买不到票,你就没有理。铁路12306系统是有嘴说不清,只能饱含着委屈,埋头苦干,打掉了牙往肚子里吞。

多年来,铁路12306系统一直在以多种方式,积极、勇敢地与网民、媒体对话,力求争取理解支持。然而,到底还是被网民的唾沫星淹没了。其实,铁路12306系统很多时候都处于一种进退两难的尴尬境界。如果系统存在技术障碍,由于网"卡",乘客没有买到票,必然大怒。如果系统畅通无阻,乘客买票时一点击就进去了,但票被"秒杀"了,仍然没买到票,则更加大怒。

世界上没有哪一个网站像这样是在骂声、吐槽中成长的,铁路12306系统的遭遇是个例。众所周知,流量是网站的生存之本,是各个网站最期盼的吉祥物,唯独铁路12306系统总是为巨大的流量发愁,为疏散流量想尽了办法、伤透了脑筋。

客观地讲,铁路12306系统极大地方便了民众的购票,免去了人们熬夜、挨冻、暴晒、排队之苦,也减轻各大火车站窗口售票的压力。平常时期,坐在家中,点点手机,就能够轻松、便捷地买到火车票,大家自然是心存感激,伸出大拇指点赞;遇上春运、黄金周时，大家都在网上抢票，或登录不畅，或票少人多，最终没买到票，自然有人会生气、发怒。于是，"又爱又恨"一度成为铁路12306系统的社会形象和人们的直观感受。

现实如此严峻，单杏花团队一直在拼搏。自1996年开始探索计算机售票，到2011年铁路12306系统正式上线，再到2018年中国第一张电子客票在海南环岛高铁问世，经过多年努力，中国铁路票务实现了"四大转变"，即售票员手工售票向计算机售票转变，车站独立售票向全国联网售票转变，窗口线下售票向互联网线上售票转变，纸质车票向无纸车票转变，最终实现了中国铁路客票出售由传统方式向电子商务的历史性转变。

心之所向，行之所往。回首走过的路，探究这四大转变的奥秘，哪一个转变都不轻松，哪一个转变都是划时代的。每个中国人都会感同身受，感受到变化中的开心与美好。如今越来越多的中国人，实实在在地体会到便捷出行的获得感、幸福感、安全感。

这些年来，中国大地上的高铁站点越来越密集，高铁出行越来越顺畅。手机一键购票，改签、退票都可以在线完成；服务更加智能，从检票口的"刷脸进站"，到候车厅里的问询机器人、智能寄存柜，科技元素的加入，智能出行不断提升着旅客的出行体验。铁路的发展，折射出国家的强大与社会的进步。

三

万有引力定律表明，任何物体之间都有相互吸引力，包括我和你。也许我们互相吸引，是因为我们曾经一起出发。每一次相遇，都是久别重逢。早在史前时期，人与人之间就开始用各种原始的方式进行远距离信息交流。随着社会生产力的不断变革、发展，人类通信的技术与方式也发生了翻天覆地的变化，通信技术的变革成为人类文明的重要标志。

最初，原始人只能依靠天生的技能"吼"来进行沟通，只有声音足够大，才能勉强实现稍远距离的传播。"结绳记事"的发明，为人类进行信息传递开辟了新的道路。此外，在远古时期人类还曾利用图符、壁画来交换信息，我国内蒙古地区发现的阴山岩画就记录了1万年前人类狩猎、舞蹈、祭祀和战争等活动。

文字的发明使得传递信息的内容更为直观、丰富，且便于保存。从殷商时代起，我国就开始以文字的形式来传递军事信息，揭开了我国书信传递信息的辉煌篇章。

据考证，商朝时，商王不仅派重兵把守边境，还设置用铜做成直径为2—3米的大鼓，将其置于高高的架子上。一旦出现敌情，守鼓士兵立即敲击大鼓，通过鼓点的间隔节奏来表示不同的内容。

秦朝起建立了专门的驿站传递机构，到了汉朝，驿传制度得到完善，以车传送称为"传"，以马传送称为"驿"，以步递送称为"邮"。隋唐时期的驿传得到空前发展，"邮驿"系统被分为了陆驿、水驿和水陆兼办三种。元朝时期，由于军事活动范围的扩大，通信事业随之更加发展，仅在中国境内就设有驿站1496处。

此外，人类社会发展过程中还采用了手语、灯塔、旗语等进行通信。至今，在现代社会中仍能看见这些古老方式的影子，如交通警察的指挥手语、航海中的旗语等，这些方式共同的特点在于主要依靠人的视觉与听觉来传递信息，且形式简单。

四

当初谁能想到,一列小小的火车,从英国出发,用两百年的时间,历经了人类文明数次灾难,最终征服了全世界,成为了整个世界近代史中极为重要的符号。

中国火车史,同样见证了中国的百年史。1876年,上海怡和洋行在上海至吴淞口之间修建了一条长20公里的轻便铁路,这条铁路成为了中国火车史的开端。一百多年来,中国火车行驶在广袤大地上,载着一代又一代人踏上艰辛的旅程。

实践表明,通信与火车行走关系密切。

1825年,人们第一次采用了骑马持信号旗的方式引导列车前进。1832年,美国在纽卡斯尔—法兰西堂铁路线上开始使用球形固定信号装置,以传达列车运行的消息。如果列车能准时到达就悬挂白球,如果列车晚点则悬挂黑球。这种信号机每隔5000米安装1架。铁路员工用望远镜瞭望,沿线互传消息。

随着铁路线、火车数量及线路利用率的不断增长,铁路迫切需要一种不受天气影响、没有时间限制又比火车跑得快的通信工具,用以通报调度信息等。电话与电报的问世,让这种需要成为现实。

传统的铁路通信主要是两大业务,一是铁路电报,包括列车预确报;二是铁路电话,包括调度指挥。面向铁路运输的通信任务,主要通过电话指挥和通信联系,调度指挥行车,沟通列车编组信息,指挥沿线和编组站的调车作业。

现代铁路实现了电气集中与自动闭塞后,电气集中使得进路办理自动化,自动闭塞使得一个站间可以同时运行多趟列车,调度集中可以使得调度员远程遥控指挥列车运行，实现行车指挥的自动化。

诚然，建立在综合数据通信网基础上的高速列车控制装置，不仅消除了地面信号机，而且控制力大大提升，其精确度以毫米计算。

2018年春运，以复兴号为代表的中国高铁以350公里的时速，在一次又一次技术创新中，展现新时代大国崛起的成熟、担当与自信。

五

当今生活中，绝大多数人的生活已经无法离开手机，手机已经渗透到我们生活、工作的方方面面，感觉它们似乎已经存在了很长时间。其实，截至2023年4月，手机的历史才整整50年。

早在1753年2月17日，《苏格兰人》杂志上发表了一封署名"C·M"的书信，首次提出了用电流进行通信的大胆设想。电流的速度，被当时的人们认为是最快的。尽管这个想法并不十分成熟，且在那时缺乏应用推广的经济环境，却让人们看到了电信时代的一缕曙光。

1902年，一个名叫内森·斯塔布菲尔德的美国人，在肯塔基州默里的乡下住宅内制成了第一个无线电话装置，这部无线移动通讯的电话，成为人类对"手机"最早的探索研究。

随着晶体管、微电子技术的发展，电子计算机迅速普及，其强大的信息处理功能和越来越广泛的应用场景，对通信技术有了更高的要求，也推动了数字化信息时代的到来。

1938年，美国贝尔实验室为美国军方制成了世界上第一部"移动电话"。1965年，美国成功发射了第一颗实用对地静止通信卫星。

通信与卫星，组合成一个新的空间。卫星通信迅速发展，推动了无线通信技术的再一次突破。

1973年4月3日，时任摩托罗拉高管Martin Cooper打通了史上第一个手机电话。这部手机重约1.13公斤，总共可以通话10分钟。这次成功通话的意义在于，模拟移动电话系统的质量完全可以与固定电话相媲美，通话双方能够清晰地听出对方的声音，而且能够随身携带。于是，手机这个神奇的东西，很快受到市场的青睐。

但是，由于各个国家的通信标准不一致，当时移动通信并不能"全球漫游"，由于采用模拟信号传输，容量非常有限，一般只能传输语音信号，存在语音品质低、信号不稳定、涵盖范围不够全面、安全性差和易受干扰等问题。尽管如此，在那个时代，手拿"大哥大"，已成为一个人身份和财富的象征。

1986年，最早的移动通信技术在美国芝加哥诞生，打开了现代移动通信的大门。它采用模拟信号传输，即将电磁波进行频率调制后，将语音信号转换到载波电磁波上。载有信息的电磁波发布到空间后，由接收设备接收，并从载波电磁波上还原语音信息，完成一次通话。

很快，运用手机进行文字信息传输，实现手机上网，为当今移动互联网发展奠定了基础。通过开辟新的电磁波频谱、制定新的通信标准，新的移动通信技术在增加数据和语音容量、提高体验质量和传输速度上进一步提升，开启了移动通信的新纪元。

由此，通信逐渐成为人类生活的必需品，变成推动社会发展的最重要动力之一。手机成为移动通信技术最有效的载体。有了手机，才有了"拇指时代"，人们才有可能坐在家中，动动手指，就买到火车票。

六

一部人类史，也是一部传播与互联演进的历史。

谈及互联网的历史，人们嘴边常挂有两个词：史诗与浪潮。互联网被称为"一部波澜壮阔的全球性史诗"与"一场席卷全球所有国家的人类新文明浪潮"。

说起互联网，大家都在享受其带来的便利，它已渗透于我们生活、工作的方方面面。没有互联网你能看电影吗？不能。没有网络，你能导航出行吗？不能。没有手机，你能刷抖音、逛淘宝、订外卖吗？还是不能。可以说，如今没有网络，你将寸步难行。

这就是科技的魅力，在颠覆人们认知的同时，也极大地便捷了人们的生活。互联网、云计算、人工智能等成为新型通用技术，对越来越多的行业和产业发展产生赋能效应。新技术渗透的诸多领域，都在不断形成新质生产力。

有这样一组数据，截至 2022 年 11 月 15 日，世界人口达到 80 亿，其中有 51.6 亿的互联网用户，渗透率达到 64.5%。全球移动用户已达到 54 亿，约占世界总人口的比例的 67.5%。这足以说明互联网、手机对我们的生活影响非常之大。

在网络诞生之前，很多富有远见的思想家和先驱就已经做出了预见和探索。1898 年，美国作家马克·吐温（Mark Twain）在其短篇小说《起源于 1904 伦敦时间》中，就描绘出了如今人们认知的"互联网"雏形：将电传照相机与电话系统关联起来，使身处世界不同角落的人，也可以相互看得见、听得到。在世界范围内，每个人发布的共享信息，都可以被所有人同步获取。

1969 年 10 月 29 日，这在互联网的发展史上是一个激动人心的日子。

这天晚上10点30分，在太平洋彼岸的美国，科学家们开始尝试人类第一次互联网的连接实验，一端是加州大学洛杉矶分校，另一端是500公里之外的斯坦福研究所，测试的任务是，从洛杉矶的计算机通过阿帕网向斯坦福的计算机传输一个单词：login（登录）。虽然仅仅传输了两个字母L和O，网络就中断了。但是，新时代的大门，从这一刻就已经打开。

通信技术的变迁与发展，是科学的重大发现和人类经济社会发展过程中日益增长的信息交流需求共同作用的结果。每一次的技术变革，都极大地改变了人们的生活方式和沟通方式。人们在生活、工作、生产以及学习中越来越依赖于网络技术。

无论未来通信技术如何发展，为人们的生活提供更好的通信服务和更多的便利性，满足人们生活需要和社会日新月异的发展，仍然是永恒的主题和发展趋势。

互联网的诞生到今天，只有短短的50多年时间。而互联网进入中国，也才近30年，在历史的长河中，这只是弹指一挥间，然而，就在这如此短暂的时光里，却发生了太多的故事、太多的传奇。

中国作为一个信息时代的后来者，正在奋步疾行，当代信息技术在五千年文明古国活水涌流，终于形成波澜壮阔之势，奠定了中国"网民人数世界第一"的地位。

七

曾记否，在互联网还没有普及的年代，人们为了买一张回家的车票，都要亲自来到火车站广场，顶风冒雪，通宵排长队等候。一票难求，成为当时春运的代名词。

　　站在火车站广场，一眼望去，全是黑压压的人头。从深夜开始，人们就从四面八方赶来，互不相识的人组成长队，或是揪着陌生人的衣角，或是搭住前边人的肩膀，或者干脆抱着前面人的腰，至于前后是男是女、是老是少，姑且不论。人挤人形成一道道坚实的人墙。由于担心脱离队伍，一连数小时不敢去厕所。即便如此，绝大部分人仍然空手而归。提着小板凳、穿着军大衣排队购票的场景，成为几代人挥之不去的火车记忆。

　　为了优化旅客的购票体验，让买票不再如此艰难，中国铁路客票人一直在出主意、想办法。先是尝试电话购票，后是推行网络购票，从现场排队到电话、网络排队，最终构建起了铁路12306系统，实现了互联网售票。目的只有一个，让广大旅客从车站广场的长队中解脱出来。然而，任何新生事物的成长都是要经过艰难曲折的，12306也是如此。

　　铁路12306系统问世的十多年间，经历了太多的磨难，包括一些负面评价，太多的骂声和吐槽。中国铁路客票人毫不气馁，熬过了多少孤独、难眠之夜，脚踏大地，守望天空，为的是让每一个需要回家的人，少一些排队之苦，多一些便捷与温暖。

　　这十多年间，铁路12306系统解决了最棘手的系统崩溃问题，努力提升用户体验。从改进UI、拓展带宽，到云端排队、云端查询等，不难看出中国铁路客票人努力顺应时代潮流，执着地追求自己的信仰，对事业如此敬畏与热爱。

　　随着铁路12306系统的成功构建和安全运行，旅客彻夜排队购票成为历史，不仅为旅客出行带来了极大的便利，也让中国铁路客票人的梦想成真，引领中国铁路票务大踏步地进入电子商务时代。

神奇的铁路12306系统，不仅让"说走就走"的旅行生活成为可能，而且改变了中国人的出行方式和生活方式。

八

在现代化的社会里，世界的联系不断被拉近，人们的出行也更加方便快捷。火车以技术不断进步的姿态，充当了完美的角色。

翻阅铁路科技史就会发现，自铁路诞生以来，铁路科技一直处于不断创新发展的态势，从普速铁路到高速铁路，机车、车辆、线路、桥梁及通信信号等多项技术，争先恐后，日新月异，呈现出自动化、信息化、智能化新局面。

然而，唯有铁路售票却一直都是手工操作。

开行旅客列车，在中国有着近150年历史，但在绝大部分时间里，旅客都是在车站售票窗口排队买票。传统的人工售票方式是用中药盒式的票箱，装着一张张半成品纸板票。每卖一张票，售票员都要问明旅客去向，在票面上敲上相关信息后才能卖出。落后、缓慢、费劲的售票过程，似乎让绿皮车的速度又慢了许多。

随着信息化、数字化的发展，网上购票逐渐兴起。直到1996年，中国首次尝试了计算机售票，从此拉开了整个中国铁路售票自动化的序幕。直至新一代网络售票系统问世，铁路12306系统应运而生。

火车票承载了一代代中国人的记忆，从纸板票，到粉红的软纸票，再到蓝色磁卡票，最终走向电子客票，进入"无纸化"车票时代。这是一项造福民众的伟业，却是一条坷坎之路，充满了艰辛、曲折，涵盖了中国铁路客票人多年来的执着追求与创新精神。

2019年6月18日，中国铁路总公司改制成立中国国家铁路集团有限公司（以下简称国铁集团）。这一年，全国高铁站、城际铁路开始大面积实施电子客票，标志着中国铁路进入电子客票时代。至今，旅客持身份证可在全国2800多个高铁和普铁车站"一证通行"，惠及99%以上铁路出行人群。

作为世界上最牛的实时票务系统，铁路12306系统不仅满足了几亿人群的购票需求，而且极大地维护了广大旅客的权益，与人工黄牛党、技术黄牛党"掰手腕"。从这个角度讲，铁路12306系统的发展史，是一部技术创新奋斗史，也是一部和黄牛党的斗争史。

九

大数据的发展，为人类描绘了一个新的领域或超纬空间。

在这个空间里，人类的大脑就像上帝，无穷无尽地创造出抽象数据，打造起一个无边无际的数据世界。在这个世界里，一切都符合真实世界的规律，除了纬度不一样。

大数据的字面意义就是大量的数据，指的是越来越多的数据，而数据是信息、技术和数据资料的集合，加在一起就是越来越多的信息、技术和数据资料。随着信息技术和人类生产生活交汇融合，全球数据呈现爆发增长、海量集聚的特点。

大数据充斥着我们的社会生活与每个角落，打破了传统的地域界限、时间界限和工具局限，重构了人们的生活秩序。在这个人流涌动的社会里，无数个陌生的个体，都是通过数据来产生联系、发生关系。无论是国家、企业还是社会公众，都越来越认识到数据的价值。一时间，仿佛各行各业都在谈论大数据，人人都在谈论大数据。

根据研究统计，2020年每个人日产数据接近1.4G。只要有互联网的地方，就会有你的数据留存。不可否认，铁路12306系统的大数据就是一座富矿，一个旅客就是一个大数据源，其流动的线路图，就是一道美丽的大数据风景线。

大数据升华了铁路运行品质。铁路是我国经济发展中的重要支撑，而大数据技术的生成与应用，为铁路运输发展提供广阔的空间，极大地推进了铁路管理、经营、运行等生产方式的转变。为实现铁路运输发展的智能化、现代化创造了条件，满足了旅客出行需要，增强了旅客的认可度，促进了铁路运输行业全面发展。

我们知道，一个企业成功与否，最重要的就是精准客户群体的大体量或资源的丰厚。铁路12306系统每天都能聚集起海量数据，通过大数据技术对其价值进行挖掘，分析了解消费者的消费需求、群体走向、价值取向，为企业运营决策做数据支撑，并以此来改进和创新运输产品，量化产品价值，提高服务质量，从而实现社会、经济效益的双丰收。

单个的数据也许价值不大，但越来越多的数据累加，量变会产生质的飞跃。只要你有过几次购买火车票的经历，12306大数据就记住了你，就会根据你坐车的习惯与偏好，预测你要选择的车次与等级并由此建立起你的用户画像，有针对性地实施个性化服务。在客流精准预测的基础上，以票额最大化利用率为优化目标，实施售票组织策略，从而实现技术到业务价值的转化和变现。

中国铁路客票人在对大数据的处理过程中，积累了许多经验和智慧，建立起具有中国铁路特色的数据库，服务于中国铁路，服务于广大旅客，展示出灿烂前景。

诚然，铁路12306系统大数据还可以与其他交通运输方式及交通以外行业密切合作，构建交通大数据业务生态圈，推动行业互连互通及数据共享，优化运输资源配置，为公众提供更加优质、便捷和高效的智慧出行服务。

十

单杏花作为铁路12306系统的领军人物，她本身就是一本书。

她现任铁科院首席研究员、博士生导师，铁路12306科创中心副主任，全面负责铁路12306系统的品牌运营、产品开发与技术保障工作，是铁路12306系统当之无愧的掌门人。

1996年5月，原铁道部启动了具有中国特色和自主知识产权的铁路客票发售、预订系统的开发和工程建设，从人工售票、计算机售票、电子客票，到刷脸进站，中国铁路客票人走过了近30年的客票系统建设历程，这恰好是单杏花的青春年华和成长过程。

在这个历史性转变过程中，单杏花主持了一个又一个关键性项目，见证了中国新一代客票系统的出生、成长与壮大。她着眼于中国铁路运营决策理论与方法研究，率领着客票团队全力构建综合出行一体化的互联网出行服务平台，技术创新，硕果累累。

说起铁路12306客户端，无人不晓，但很多人不知道，在这庞大的系统背后，竟然是由一位柔情女子和她的团队顽强地支撑着、努力着、付出着，源源不断地迸发出强大的正能量，奋勇前行。

中国铁路线路遍布广、旅客体量大，火车是老百姓最常用的出行工具之一。研发能够支撑起如此庞大体量的客票系统，国际上没有先例可借鉴。单杏花负责整个铁路 12306 系统的技术开发与运营，展示了卓越的才华和过硬的技术创新能力。从读研究生时，她开始融入其中，最后成为总体设计师。一路走来，她磨难多多，感受多多。

单杏花告诉我，眼下高峰时段，铁路 12306 系统 1 秒钟可以售出 1000 多张火车票。这意味着，一秒钟就把一列高速列车的车票全部"秒杀"。而在铁路 12306 系统上线之初，由于网络不畅，1 秒钟最多售出几十张票，甚至只能售出几张票。

智慧、执着、坚韧，铸就了单杏花的人生品质和人生词条。

曾一度，计算机人才成为社会上的"香饽饽"，最初与单杏花一同入列的"云台二十八将"，走得只剩下了她与另外一个坚守者，她依然坚持下来了。她真诚地说："一切都缘于热爱。这里的每一组数据，每一个代码，每一个程序，都溶入了我和伙伴们的汗水与智慧，我怎么舍得离开？"

一路拼搏，一路前行，为了理想和事业，单杏花一直在坚守与创新，从未放弃。每一次成功的突破，都是在用心血丈量旅客出行的幸福轨迹。而在其背后，是敢想敢做的坚持，更是没日没夜的坚守。采访中，单杏花的同事们都能讲出许多有关她的故事。她的顽强，她的执着，令人敬佩、感动。

2024 年 12 月 9 日，中共中央宣传部授予单杏花"时代楷模"称号，褒扬她是"科技创新赋能交通强国建设的铁路先锋"，号召全社会向她学习。以"时代楷模"为榜样，深入学习贯彻习近平新时代中国特色社会主义思想，坚持走中国特色自主创新道路，积极投身科技强国、交通强国建设，以国家富强为念，以人民幸福为盼，志存高远、爱国奉献、矢志创新，为以中国式现代化全面推进强国建设、民族复兴伟业而团结奋斗。

作为当代铁路人的杰出代表,单杏花当之无愧。

人们渴望成功与美好,在每个人的心灵深处,都有一道最美丽的风景。或是事业的成功,或是愿望的实现,以此成就人生的最美景观。登高望远,追求卓越,这是一种境界,一种品质,一种睿智。

人生永远在路上,胸有大志,豁达开朗,淡定从容,宁静致远。

十一

铁路12306系统给了社会与广大旅客许多惊喜,其成就令世界注目、惊叹。

近几年来,我一直都在很用心地寻觅铁路12306密码,试图认识它、破译它,试图论证其动力之源、精神之基。我试图找到一把金钥匙,用来打开这把含金量很高的物质与精神之锁。

密码本意是一种用来混淆的技术,使用者希望将正常的(可识别)信息转变为无法识别的信息。然而,我要探寻的密码,是一种引申的隐密信息,即背后的故事、成功的真谛,以及人与故事的场景。

我笔下的铁路12306密码,不应该是想象中的、人为设置的密码,而是广义上的一种诠释,一种价值。加快信息化普及,在互联网发展中保护和改善民生,它既是铁路12306系统的新技术奥秘,又是一种人民共享互联网发展成果的生存之道。

从技术角度而言,密码是维护计算机网络安全的核心技术和基础支撑。密码作为解决人、机、物的身份标识,是实现安全可信、可控的互联互通的核心技术手段。在此借用密码这个词,我想探究的是中国铁路客票人崇尚科学、勇创一流的技术奥秘，孜孜不倦、勇于拼搏的动力源泉。这无疑是中国铁路客票人独特的、传奇的精神密码。

创作中，我采用"历史寻访＋故事表达＋精神归纳"的写作方式，沿着中国铁路客票人的足迹，探寻当代科学精神的缘起、发展与厚重，敬重之情油然而生。这是一座丰沛充盈的精神富矿，蕴含着广大铁路科技工作者的深邃智慧、无穷魅力和强大力量。

铸就时代辉煌，一代人有一代人的使命。单杏花与她的团队成员都是一个个平凡的人，但他们的情操理想与奋进姿态，犹如一盏明灯、一面旗帜，树立起中国铁路人破浪前行的精神桅杆，汇聚起新时代砥砺前行的磅礴力量。

榜样的感召力超越时空，榜样的战斗力无坚不摧。他们是一群新时代的优秀共产党员和杰出铁路职工，扎根沃土，勇往向前，始终保持昂扬向上的斗志，以"敢教日月换新天"的豪气、底气和锐气，不断创造着新时代中国铁路发展的新辉煌。这种精神力量，理应属于以"人民铁路为人民"为核心的铁路精神谱系，蕴含着中国共产党人接续奋斗的精神密码。

买火车票是要到火车站广场排长队的,是需要在火车站售票窗口前焦急等待的;在中国人的记忆中,风雪中背着行李、排着长队的人们,大家的心里只有一个念头,那就是买张火车票回家。特别是每年春运期间,买票难成为许多人的噩梦。

第一章

火车票里的时光记忆

火车票，承载着一代又一代人的行走记忆。

记得十岁那年，我从洪湖老家坐轮船过长江，到对岸的岳阳，乘火车去长沙，陪舅舅看病。舅舅从岳阳火车站的售票窗口挤出来，有些失望地对我说："没买到有座的火车票，只能坐闷罐车了，等会搬块石头上车，就当座位吧。"上车后，我才发现这是一列运货的棚车，空旷的车厢里，没有座椅。我坐在石头上，列车开动了，一晃一晃的，屁股硌的生疼。我仍然是一路的兴奋，这是我第一次坐火车啊。

到长沙后，舅舅没有急着去医院，而是下火车就开始排队买返回的火车票。排了一天的队，直到傍晚总算买到了三天后的火车票。舅舅对我说："你看这个火车票有座号，是真正的火车。"我高兴地跳了起来。

从那时起，我就对小小的火车票充满了期待和向往。小时候，我渴望坐着火车看外面的世界，长大后，故乡永远是我魂牵梦萦的所在。火车票带着我走向远方，也带着我返回故乡。在那个时代，火车票代表了外面的世界，也代表了回家的路和浓浓的乡愁。

20岁那年，我成为一名机车乘务员，也就是开火车的。我与火车有了更多的亲密接触，成了形影不离的伙伴。火车牵挂着漫漫旅途，满载着我与这个世界相依的缘分。每一次出乘与退乘，每一次因公出差，每一次探亲回故乡，火车里都有我的故事，火车票里有云彩、有风雨，有乡音的味道。

我以为，那些年代所有关于火车的文字、场景和欢乐，以及火车票上的故事和乡愁，都是时光印记。火车票把抽象的乡愁具体化，流淌着深沉的历史感。时光如果没有这些印迹，便失去了往日的回忆与快乐。这些印迹都是对时光的拥抱，是更亲近的相遇。

纵观人类交通发展历史，火车票伴随着火车的诞生而问世，一直沿用至今。火车缩短了时间与空间的距离，改变人们远距离的迁徙方式，火车票是最好的见证。最早的纸板火车票，至今已有194年的历史。跨越了一个多世纪的火车票，记载着满满的岁月变迁，它是一部记录着人类大迁徙的史书，也是一部工业文明史和现代科技史。

买火车票是要到火车站广场排长队的,是需要在火车站售票窗口前焦急等待的;在中国人的记忆中,风雪中背着行李、排着长队的人们,大家的心里只有一个念头,那就是买张火车票回家。特别是每年春运期间,买票难成为许多人的噩梦。

年年春运,年年拥挤,一张归家的火车票便显得尤为重要。买到火车票的人,心里总是美滋滋的,像吃了蜜糖一样;而没有买到火车票的人则心神不安,一颗心悬在空中。

谁能会想到,改革开放后的中国很快有了高铁,随着互联网的普及,伴随而来的是铁路12306系统的诞生。曾经炙手可热的纸质火车票,迅速告别历史舞台。似乎也就是一夜之间,实现了时代的跨越,宣告了无纸火车票时代的到来。人们坐在家里开启了"拇指时代",网络购票成为一种流行与必然。如今,网上订购一张火车票,最快只需要几秒钟,刷脸进站,体面而有尊严。

这或许只是中国人生活中一个小小的变化,但与人们的生活息息相关,几乎涉及每一个家庭,每一个人。更具有历史意义的是,中国人以新的姿态,迎接新的出行方式和生活方式的到来。

时尚的电子票,灵巧地抚平了历史的沧桑,以无形的方式延续着绵绵不息的时光印记和浓浓乡愁。火车票渐渐成为一个远去的概念,如果说高铁铺就了通向未来的平坦通道,那么电子火车票便是畅通无阻的通行证,让您的出行更加便利,让更多的美好风景尽收眼底。

火车票是铁路与旅客联系的纽带,更是人民铁路为人民的"名片"。火车票的每一次改变,都是时代前行的缩影,一张小小的车票,见证了中国铁路客运的发展历程,也见证了中国人的时光印记。

火车票与时代同行

有诗人说，一个时代有一个时代的气质。就时代的行走记忆而言，承载时代气质的载体是什么？答案是：火车票。

一张薄薄的纸片，凝聚着一个时期社会、政治、经济、民生等丰富内容，从某种意义上，火车票是一个时代的写照，它与时代同行。一位经济学家说，火车票是个优良范本，能从中看到时代的进步，学到扎实的经济学思维。

直至21世纪初，每一个想坐火车的人，都必须到车站窗口购买火车票。当时，卖票可是一项繁琐的手工活，流程十分复杂，售票员卖一张票，快的要两三分钟，慢的要十多分钟。由于一票难求，人们往往要为一张回家的车票，在售票窗口排上几小时，甚至两三天的队。

作为中国人，一年中最具仪式感的一趟行程，就是春运坐火车。春运承载了背井离乡的中国人一年的乡愁。每年春运，相当于把全国人口"搓一圈麻将"，如果在这个节点去排队买票，绝对是一件让所有人头疼的事情，这不仅是用户体验差的问题，同时也是对社会资源的巨大消耗。

◁ 1997年春运,北京站售票大厅人满为患(原瑞伦/摄)

你能想象十多年前,为了一张火车票,带上小板凳,穿上棉大衣,通宵在火车站广场上排队的情景吗?

当年,春晚小品《有事您说话》形象地再现了买火车票的艰辛。郭冬临带着军大衣、小马扎、铺盖卷"三件套",乐此不疲地熬夜排队,替别人买火车票。那时候,能搞到车票,是特有面儿的一件事。

尽管如此,印在中国人心中回家过年的情愫越强烈,火车票就越珍贵,它寄予着每一次出发的热切期望,每一次告别的依依不舍,每一次归来的激动不已。火车票见证着时代的发展与进步。

第一章 火车票里的时光印记

火车票的由来

火车开启了人类历史的新时速。

早在1825年9月，当英国建成第一条铁路时，乔治·斯蒂芬森驾着他发明的"旅行者号"蒸汽机车，拖着载有450名乘客和90吨货物的30多节小车厢，以时速24公里从达林顿驶到斯托克顿时，正式宣告铁路运输事业诞生，马车已成为过去。

刚开始，乘坐火车的人不多，就在车厢门口现金交易，交钱上车。后来，乘火车的人多了，就有了售票业务，手工填写车票，凭票乘车。

1830年9月17日，世界上第一张火车票诞生。这天，在英国利物浦至曼彻斯特的定期开行的旅客列车上，首次使用了火车票。这是一张长88毫米、宽60毫米的硬纸片，上面只印有站名，而发车时刻、乘车日期及发行者签名均由售票者书写。这天，还同时发行了开业纪念的特别站台票。

从此以后，陆续开业的铁路纷纷效法利物浦至曼彻斯特铁路的做法，发行了大小各异的各式火车票。有的车票上除印有站名外还印上了公司的名称或乘车等级，但发车时刻、乘车日期及其他必要事项仍由售票者填写。此外，各铁路公司对自己的董事则发行了用象牙或金银制作的终身免票凭证，以显示他们的地位和特权。

随着铁路的优越性日益显现，乘坐火车的旅客越来越多，靠售票者逐张填写车票的办法，速度太慢，费力费时。于是，人们开始尝试新的票制办法。

19世纪40年代初，英国人托马斯·埃多蒙桑，对火车票进行了改革，即把一些固定内容先印在一个硬纸卡片的票面上，再根据售票时的个人情况书写在票面上，如发车时间、座位号等，这样就大大提高了售票速度。人们称之为"埃多蒙桑式火车票"。

埃多蒙桑式火车票用厚卡纸印制，尺寸为长57毫米，宽30毫米。由于这种火车票简便易行，很快被英国各铁路公司所采用。1841年，法国的巴黎—里昂铁路开业，采用了埃多蒙桑式车票。尔后，各个国家都觉得这种火车票好，于是，埃多蒙桑式火车票很快在世界上流行开来，被称为"1号火车票"，并逐渐演变为今日的标准型火车票。

埃多蒙桑式火车票并未涉及到颜色，后来英国四大私有铁路公司达成协议，规定一等车票为黄色或白色，二等车票为绿色或蓝色，三等车票为褐色、赤褐色或绿色，犬用车票为红色，其他车票则使用橙色。这项协议后来又纳入了欧洲国际铁路联盟关于国际车票的规程。

在火车票漫长的历史中，埃多蒙桑式火车票在绝大部分时间里，一直占据火车票的统治地位，经久不衰。只是近几年来，当它在中国遭遇电子火车票时，才感受到了有些力不从心，选择了默默退出。这是后话。

晚清、民国老车票

话说光绪二年（公元1876年），当左宗棠带着湘军征战新疆时，一条全长14.5公里的铁路以修建马路为幌子，悄悄地在上海与吴淞口之间铺展开来。当年7月3日，中国首条铁路——吴淞铁路正式开通运营。

吴淞铁路设旅客乘降车站3处，即上海站、江湾站和吴淞站。这条铁路是英国怡和洋行和其他外国人采取欺骗手段擅自修建的。后因当地政府和民众的强烈反对，清政府以28.5万白银赎回，并于1877年10月拆除。

有了火车，火车票也就应运而生。也就是吴淞铁路通车的当天，在上海至江湾段开行旅客列车，众人观之，乘客颇多。当时的乘客都是拿着一张小纸条上车，名曰"旅客路运单"，上面写着旅客姓名、座号、行李、起迄站名、付款总数等。这是中国最早的火车票。

当时的火车时速30公里左右,客货两用,客车分头、二、三等,车厢6节,客多时增加到9节。1876年7月5日,上海《申报》刊登题为《火轮车路告白》的广告,公布列车运行时间及票价。这是中国铁路史上第一张列车时刻表:"自上海至江湾每天往返各开行六班,运行时间半个小时;上等座单程票价半元,中等座足制钱二百文,下等座足制钱一百二十文。"

尔后,帝国主义列强侵略中国,他们先后在我国修建了好几条铁路,以扩充自己的势力范围。这些铁路并不是中国政府愿意修建的。由于各段铁路的经营者不同,旅客乘车长途旅行要分段买票,分段乘车,十分麻烦。火车票也是沿用各铁路修建国的车票形制,票面大小、颜色都不一样。就拿颜色来说,京汉铁路是法国人修建的,头等车票用红色;沪宁铁路是英国人修建的,头等车票是黄色的。由此,清朝末期的火车票五花八门、规格不一。

1911年5月,清政府宣布"铁路干线国有政策",强收川汉、粤汉铁路为国有。孙中山推翻清政府后,全部铁路收归国有,国内火车票票面设计也从无到有发展起来。大约从这个时期开始,中国纸板火车票问世,车票长60毫米,宽40毫米,用硬纸板制作。从民国年间开始,至上世纪90年代结束,这种纸板火车票在中国整整用了近80年。

民国初期,火车票也是按照车厢分等级的。1921年元旦,国有铁路的统一章程出台,将车票的内容、样式、颜色进行统一,并规定中国铁路客票使用卡片式车票。1936年,国民政府铁道部颁布《中华民国铁路客车运输通则》,将旅客客车车厢按照舒适度、待遇、价格进行等级划分,以不同颜色的纸张进行区分席位,舒适度依次递减,价格也相差好几倍,平民百姓大部分都乘坐三等车。一等火车票只乘坐本路的是红色,需跨路旅行的是黄色;二等火车票乘坐本路的为白色,跨路的为绿色;三等火车票乘坐本路的是蓝色,跨路的为棕色。人们可以根据各自的经济能力选择乘坐不同的车厢。

这时的火车票，票面基本上都是纵向排版设计，票面信息包括所属线路、车次、类型（特别快车）、始发站、目的地、席次、价格等，当日可用，过期作废，不准转借他人。不过，真正做到不准转借他人这种涉及防伪能力，只有车票实名制后才能做到。

民国时期，火车站窗口购买火车票的场面也是很火爆的。梁实秋曾这样形容当年在车站窗口人挤人的情形："买票的时候，气力稍微虚弱一点的人，就有性命之虞。"

采访中，广州铁路收藏家袁广平向我展示了他收藏的两张广九铁路火车票，为卡片式车票，长57毫米、宽31.5毫米，上面有1916年字样，文字排列有横有竖，包括车站、车次、日期、票价等信息。老袁告诉我："整个民国时期都是采用这种老式的火车票。当时旅客下车出站时，车站会收回车票，如果旅客需要，铁路部门就会开具一张收款凭证供旅客报销。"

据媒体报道，2007年，一张1983年的面值15元、昆明—上海的火车票，被一位香港收藏家以18万的高价入手。这是迄今为止，民间火车票收藏中价格最高的。

2010年，一套完整的清代龙马图邮票在香港亮相，创下了880万港元的天价。其实这套邮票还具有火车票性质。它诞生于1888年，由清朝台湾第一任巡抚刘铭传委托印制。当时这套邮票发行后，并没有做邮票用途使用，而是在中间加盖了铁路公司印章，被当作火车票使用，成为中国"最早的火车票"之一。邮票改作火车票，这是一段趣闻。

根据民国时颁布的《铁路客车运输通则》规定："乘特别快车要另加特快费，特快费按车等加费，以三等车计，二等车倍之，头等车再倍之。"老舍先生的多篇文章中，都描写过20世纪30年代乘火车的场景，他说那时乘坐头等、二等车的有各种不花钱或者半价买票的关系户旅客。

20世纪初，在孙中山、詹天佑等杰出人物的努力下，中国的铁路干线虽已有雏形，但与今日的四通八达仍不能同日而语，列车少，车速慢，稀缺的资源让票价居高不下。1919年，四川学者吴虞到北大任教时，在日记中清晰地记录了当时的火车票价："汉口至北京，二等车价二十九元（银元），头等卧铺另加四元，三等车价十四元五角，无床铺。"

陈存仁《银元时代生活史》一书记载，20世纪20年代，一块银元可以买30斤米，公司职位较低的职员和教师，算是有一些专长的劳动者，他们的月薪差不多只有20银元。一个月的工资，也就能买一张汉口到北京的无床铺三等座火车票。对于普通人来说，乘火车仍是一种奢侈。

新中国的火车票

2015年2月4日，这天是当年春运首日。

西安火车站在候车大厅组织了一次很有意义的活动，由售票员屈伟琴向广大旅客展示了新中国成立后不同时期的三代火车票，以一种特殊的方式，聆听新中国铁路前进的铿锵脚步。

新中国铁路的第一代火车票是纸板票。车票尺寸长57毫米，宽25毫米，为了节约用纸，比国际流行的埃多蒙桑式火车票的宽度小5毫米。票面上的一道红杠是快车，二道红杠是特快，没有红杠的是慢车。票面底纹的颜色分别代表座席、列车档次：软座车票为浅蓝色，硬座车票为浅红色，市郊车票为浅紫色，简易车票为浅绿色，棚车车票为橙黄色等。票面印有中文、盲文。人们习惯称其为纸板票。

屈伟琴介绍说，从新中国成立起，一直到90年代，我国都在使用这种纸板火车票，使用了40余年。纸板火车票，需要用手动机械砸票机，给一张张车票加标注日期，既费时又费力。直到20世纪80年代末期至90

年代初，虽然纸板票的形式没有变，但票面日期和编号改为由电动砸票机完成。当时火车站的检票方式，就是在车票上剪个豁口，代表了进站或出站，名曰：剪票。

细心的人可能会发现，豁口的形状并不完全相同，有 M 型、凸字型、倒 V 型等，同一个车站不同检票口的剪票形状都是不一样的，按照剪票的形状就能追溯到是哪个检票口检的票。

年近 80 岁的张修民老人，退休前是常州火车站的一名售票员。1978 年，他开始干售票员，几十年来，他收藏的一万余张火车票，见证了铁路改革开放以来的发展变化。

老人告诉我，20 世纪六七十年代，火车站每个售票员桌子上有两个全是小格子的盒子，一个装的是车票，一个装的是车次印章。卖票时就像"抓中药"，在上百个小格子里找对应的车票。这种硬纸板车票，制作比较复杂，一般都是提前预制好半成品票。旅客买票时，说明自己的目的地，售票员就从出发地到目的地的那个格子里面拿出事先印好的到站、价格等信息的车票，用针孔机或钢印，一张一张地在车票上打上当天的日期和车次，还要贴上座位号的小便条。如果旅客购买的车票站点超出事先准备的到站，就要由售票员现场制作，根据到站的里程、票价、时刻、停靠站、成人票、小孩票及残疾人票等不同信息，计算车票的有效期和价格。如果没有经过专业的培训，很难完成这些复杂的计算。在那个手工添注乘坐信息的纸板票时代，不仅售票速度慢，差错率也很高。

新中国铁路第二代火车票是软纸票。1997 年 10 月，伴随着中国铁路第一次大提速，铁道部确定了计算机车票的统一格式，采用软纸客票，底纹改为红色，票面上包含了起止站、车次、开车时间、座位号、票价、车型和席位等信息，车票上有一串条形码，用于扫描读取数据。这种票为双面胶版纸材料，票面采用一维条码数字防伪技术，油墨很好，字迹不易褪色。据说，这种软纸票在水中反复浸泡，也依然清晰可见。

1998年暑假,武昌站职工在武汉大学校园用电脑为学生售票
(原瑞伦/摄)

到 2007 年 7 月,沿用了一百多年的纸板式火车票逐渐退出历史舞台,由计算机打印的软纸车票取代。其实,纸板票与软纸票,都属于纸质火车票。关键是实现了从人工售票到计算机售票的重大转变,这无疑是一种历史性进步。

"不论是纸板票还是红色软纸票,都需要人工检票,每个检票口大概需要 8 个人同时作业,一趟 1000 人的列车光检票就要半个小时。"北京南站客运车间主任陈慧敏说道,这种方式不仅浪费人力,更会延长乘客的候车时间。

新中国铁路第三代火车票是磁介质车票,俗称"磁卡票"。2007 年 4 月,中国铁路实施第六次大提速,流线型和谐号动车组成为一道亮丽的风景。铁道部决定在动车组逐步推行磁卡客票。当年 7 月 1 日，上海站、上海南站、南京站和杭州站首次发售磁卡车票，试行刷卡乘车。

磁卡票是一种新型的一次性客票，正面为浅蓝色，背面为黑色，票面闪烁着银色金属光泽。它采用特种纸制作，比红票软纸票要小一些，纸质也更硬些，能同时满足磁性信息和热敏信息两种记录方式。磁性信息抗干扰能力强、可靠性强。热敏信息耐高温和适应长期保存的要求，即使在沸水中也不退色。

从 2008 年开始，一些大中型城市的火车站陆续开始发售磁卡火车票。磁卡票满足了自动售票、自动检票的要求，与之配套的是，自助验票闸机投入使用，乘客可自助刷票进站，大大提升了进站效率。

电子火车票，又称"无纸车票"，是新中国的第四代火车票。通俗地讲，电子火车票就是将原先的纸质车票，以二维码的形式出现在手机上，旅客只需在车站的验票闸机轻轻扫一下，就能直接乘车。

2018 年 11 月 22 日，中国第一张电子火车票在海南环岛高铁站问世。从这一天起，海南环岛高铁实行电子客票服务试点，取消了纸质车票。紧接着，全国高铁及城际铁路、普速列车实现了电子火车票的全覆盖。这意味着旅客乘坐全国所有旅客列车，包括高速动车组都不再需要领取纸质车票，直接凭购票证件进站乘车。自此，纸质火车票随风而去。

从人工售票到网络售票，从纸质票到无纸车票，火车票从"有"到"无"的不断变迁，忠实记录了我国铁路发展的"中国速度"和方便旅客购票的"中国温度"。其中，我们不仅能看到科技进步带来的火车速度的变化，更能看到铁路服务品质的升级，广大旅客的出行体验越来越好。

《列车时刻表》的学问

《列车时刻表》的时代印迹，清晰地记载着铁路发展的步伐。

列车时刻表是旅客列车运行图的表格化，呈现了列车在停车站的到达时刻、出发时刻、停车时间及在非停车站的通过时刻。列车时刻表是旅客出行指南，也是购票的依据。列车时刻表的变化，是社会进步的缩影。

沈阳收藏家詹洪阁从1987年开始收藏列车时刻表，三十多年来，共收藏了国内一百多种不同年代、不同版本的列车时刻表。有蜡纸刻印的，有铅字印刷的，还有电脑照排的，厚薄不一，大小兼有。透过这些有着鲜明年代痕迹的书页纸张和印制装帧，仔细品味时刻表中的列车车次、分秒时刻，如同阅读一部中国铁路编年史。

别看这不起眼的列车时刻表，背后却承载着丰富的历史。火车的发明，资本主义大生产的确立，铁路运输在社会进步中发挥着越来越重要的作用。列车时刻表不仅仅是方便了人们的乘车，更有意义的是，随着铁路时间与列车时刻表的不断精准、细化，直接影响、规范着人们的出行方式与生活方式。

◁ 列车时刻表是旅客出行指南，也是购票的依据

列车时刻表极大地方便了人们获取列车开行信息。在那些年代，一些经常坐火车出门的人，兜里都少不了要装着一本薄薄的《列车时刻表》，出门前都会翻一翻，查找自己想坐的车次和开车时间，合理安排好出行计划。

直到20世纪末和21世纪初，2元一本的《列车时刻表》依然是火车站书摊上卖得最快的一种"读物"，几乎人人都要揣上一本。1997年到2001年，中国铁路连续进行了四次大提速，列车时刻表也是不停地更新，往往一本还没用旧，就该淘汰了，就得买新的。

有人形容道，这有着明显的结绳记事的古代痕迹、用密密麻麻的数字堆积起来的列车时刻表，考验着你的眼力，稍不留神，就会错之千里。

时光流逝，一本本《列车时刻表》，伴随着铁路的延伸发展，延续了百余年，那些眼花缭乱的数码，让人们有了一种期盼和念想，人们似乎习惯了它的存在……

铁路标准时间

说到铁路对于人类社会的影响和塑造，今天许多人的思考可能仅仅停留在火车的大运量和快速度上。其实，远不止这些。比如说，人们精确到分秒的时间观念，就源自于火车。

火车的开行，列车时刻表的出现，钟表的准确性对普通人有了十分重要的实际意义。

遥想农耕时代，哪怕是工业革命前，人们的时间观念是模糊的，是看着太阳估量时间，过着"日出而作、日落而息"的生活。19世纪初，呼啸而至的火车，让人们警醒，让人们认识到时间的重要性。

细心的朋友会发现，在早期各地传统的老式火车站，都悬挂着一个显眼的大钟，有的甚至建有一座钟楼，整点报时的钟声，洪亮悠长，忠实地给所在城市传递着标准时间。火车站的"大钟"，显示了当时的标准时间，由此确立了独特的历史地位，有着深刻的现实意义。

火车重塑了人们的时空概念，一度使人感到"时间与空间的湮灭"。它不仅改变了大众的生活方式，也对世界经济、政治和人们的生活产生了深远影响。这种影响力首先在铁路发源地英国显现，并随着海外铁路和跨国铁路的修建逐渐扩展至全球。

在资本主义大生产的早期，时间是分散的、"各自为政"的，每个国家都有着自己的时间，甚至不同的城市和村镇，时间都不一样。时间的不统一、不精准，带来生产组织的混乱和社会生活的无序。火车的出现，一定程度上促使了标准时间的诞生。

蒸汽机车这一庞然大物，力气大，速度快，大大加速了人类行走和商品流转的速度。一条铁路连接着多个车站，火车巨大的运载量和相对快的速度，带来了人与物的位移，也带来了时间变化，由于各地的时间不统一，必然给两地运货和民众出行带来了混乱。

譬如说，一条轨道线路上要跑多趟列车，必须用时间来划分区段，规划出一张统一的火车运行时刻表。这个时刻表，无论对于运货还是载客，都存在一个非常棘手的问题，商家需要知道发货和货物到达的时间，旅客需要知道列车开车和到达的时间。然而，由于不同地方的时间标准是不一致的，也就无法按时间编排列车时刻表，导致商家无法准确领取货物，主人无法去车站接客人，引发了相当多的不便和抱怨。

要开行火车，就必须统一时间标准。因为市场的真实需求，于是世界上出现了第一个统一时间的行业，那就是铁路运输业。据历史学家研究，1839年，英国人乔治·布拉德肖创造了最早的列车时刻表，并于同年发行。我们时常说的"按表行车"，这个"表"既可以说是火车的时刻表，又可以说是钟表。

乔治·布拉德肖编撰的《布拉德肖指南》，是维多利亚时代的旅游指南，也是英国铁路系统的第一本综合时间表。那时，英国维多利亚时代的人生活在一个工业化大扩张的年代，铁路使人们的交流变得更加便利。当时，英国的铁路系统虽然已经发展到了庞大规模，但仍然是由一些零散的、相互存在竞争关系的铁路公司和线路组成的，而且每家铁路公司都各自发布自己的时间表。

布拉德肖这位英国大叔编撰的世界上第一本列车时刻表，无疑对统一铁路标准时间起到了很好的示范作用。

自1847年12月11日起，英国铁路开始使用统一的标准时间，当时是以英国格林威治天文台时间为标准。1855年,英国大部分时钟都开始使用格林威治时间。在19世纪,定时的火车在工业化国家依次出现了。

时间观念成为一个全新的概念。从此,英国各地的火车站都挂起了一面大钟,以其洪亮的钟声,统一全城的时间。以火车站的大钟为标准,诞生了火车标准时间。

那个时代,在火车的故乡英国,贵族和一些有钱的人外出时,随身都要带上一块怀表,而且都会自觉地与火车站的大钟对点。与人交谈时,大都以"我要赶火车"作为一个约定,表明时间的严肃性。火车教会了人们严格遵守时间,耽误了时间,就会赶不上火车。为了赶火车,老百姓甚至逐步养成了按点守时的习惯。

瑞士作家彼得·比克塞尔的微型小说《好记性的人》,讲述了一个人与列车时刻表的故事:我认识这样一个人,他能背得出一列列火车的运行时刻表。他把时间都消磨在车站上,整天观察火车如何进站、出站……他在车站上度日,只有五月或十月,列车运行时刻表变换的时候,才有几个星期不见他露面。在此期间,他在家中将新的列车运行时刻表从第一页审阅到最后一页,每发现一个变更之处,心中都有说不尽的高兴。然后,他把新的运行时刻表滚瓜烂熟地背将出来。

显然,列车时刻表是给"好记性的人"带来的唯一乐趣。一本列车时刻表,竟然是一个人的全部人生。许多人都觉得不可思议,可他就是千万火车迷的一分子。可见阅读列车时刻表不仅方便乘火车,还有其他的人生快乐。

1879年,加拿大工程师和发明家斯坦福·佛莱明在加拿大皇家学院的会议上提出标准时间的提案,其目的在于把加拿大的铁路系统和美国芝加哥交通枢纽的铁路系统连接起来,很快美国和加拿大采用了标准时间。自此,美国许多州几乎都立刻采用了这套标准时间系统,但美国联邦政府却在40年之后才使用这套系统。

1883年11月18日,美国铁路部门正式实施五个时区的时间划分标准。

1884年，在华盛顿子午线国际会议上，正式通过采纳佛莱明时区划分标准，称为世界标准时制度。

一百多年过去了，列车时刻表背后分明承载着资本主义的发展基因。资本主义作为一种经济制度，要求高效率、高精度的配合，进而时间成为了一种稀缺的资源。原有农业社会粗略的计时系统很难满足资本主义的发展，进而导致标准时间的出现，最终成为我们今日习以为常的计时方式。

以此延伸开来，随着人类社会的文明进步，遵守时间、准时准点，也就成为了现代人生活的基本准则。

时刻表的烙印

在沈阳收藏家詹洪阁的藏品中，最早的列车时刻表是光绪三十四年（公元 1908 年）的，当时叫"列车时刻图表"，是清政府印制的繁体字、没有阿拉伯数字、比 16 开大些的图表。

我曾经在中国铁路博物馆见过 1916 年版的《列车时刻表》，查阅从北京到奉天（今沈阳）的列车时刻，下午 3 时从北京出发，次日 12 时 10 分到达奉天，列车运行时间 21 小时 10 分。100 多年后，翻开 2023 年三季度的列车时刻表，乘坐高速列车从北京去沈阳，一站不停直达，运行时间 2 小时 44 分。

新中国最早版本的《列车时刻表》，编印时间可以追溯到 1949 年 5 月 15 日，是中国人民革命军事委员会铁道部印制的。这本《列车时刻表》以它的首创精神和独特姿态，喜迎中华人民共和国的诞生。

以中央人民政府铁道部名义出版的《列车时刻表》，始见于 1950 年 3

月,这是新中国成立后的第一本官方的《列车时刻表》。1956年5月11日,中国铁道出版社出版发行的首本《列车时刻表》面世,标志着《列车时刻表》商业属性运营开始。

几十年来,《列车时刻表》是交通行业持续时间最长、发行量最大的服务性工具书。1987年,一本《列车时刻表》发行量达到360万册,创历史之最。

翻阅列车时刻表,首先是五颜六色的封面跃入眼帘。新中国出版发行的《列车时刻表》,以著名的铁路标志性工程作为封面的居多。1959年发行的时刻表封面,是当年竣工的北京火车站的黑白图案。1969年发行的时刻表封面,是1968年建成的南京长江大桥的彩色图案。1971年发行的时刻表封面,是我国建成的第一条电气化铁路——宝成铁路的彩色照片。在20世纪50—70年代的列车时刻表上,新建成的长沙站、韶山站以及各种新型机车,都曾经是封面上的主角。"文革"时期的列车时刻表封面多以红色为主旋律,并配有语录。20世纪80年代以后,则和其他杂志一样,列车时刻表封面出现了美女形象。

1997年到2007年,我国铁路发展进入"快车道"。铁路经过六次大提速,主要铁路干线时速达到200公里。内燃机车、电力机车、动车组列车,机车、车型不断更新换代,越来越多的城市之间现实了"夕发朝至"。

旅客列车字头K、T、Z、D、G等符号的变迁,其背后是技术的发展和速度的提升,《列车时刻表》都将它们记录在册。以沈阳至北京的12次列车为例,1997年第一次大提速时,车次前没有字头,运行时间要10小时37分;1998年第二次大提速后,"12次"前面有了"K"字头,运行时间缩短到9小时25分;2000年第三次大提速,前面变为了"T"字头,运行时间又缩短了10分钟。2007年第六次大提速,京沈间开行以"D"字头的动车组列车,只需要3小时59分。京沈高铁通车后,"G"字头高速列车不到3小时。

2021年出版的《列车时刻表》显示，我国每天开行2000多列高速列车，通达半径500公里的城市群形成1—2小时交通圈，实现公交化出行；1000公里跨区域大城市间4小时左右到达，实现当日往返；2000公里跨区域大城市间8小时左右到达，实现朝发夕至。

从新中国成立后出版的《列车时刻表》上，我们还可以看到中国铁路的两个显著变化。一是列车时刻表由薄变厚——铁路车次越来越多，营运里程越来越长。1959年铁道部编制的列车时刻表，薄薄的一本小册子，只有100页；到2006年10月，中国铁道出版社出版的列车时刻表有279页；再到2016年，列车时刻表已经增加到了688页。二是列车时刻表由简变繁——铁路建设越来越快，列车速度越来越高。翻开20世纪五六十年代的列车时刻表，多是"国际联运加各线旅客列车"简单的内容体例排列；后来的列车时刻表，则含有"车次目录、站名目录"，还设有大站时刻表，内容更繁多，查询更方便。五六十年前的列车时刻表上，很多车次要经停几十个站点，一页装不下一趟车。如今快速、特快、一站直达列车多了，特别是高铁"G"字头比重最大，还有"D"字头、"C"字头动车组和城际列车。

2009年12月，武广高铁开通，广州到武汉由原来的11个小时，缩短至3个小时。由此，中国开始进入"高铁时代"。春运客流的"风向标"，也由广州站转向了高铁广州南站。

2018年2月，复兴号高速列车迎来春运首秀。以复兴号为代表的中国高铁也凭借超乎想象的速度令世界惊叹，从上海到北京全程1300多公里仅用4个半小时。2021年6月25日，西藏首条电气化铁路拉萨至林芝铁路开通运营，复兴号开进西藏，结束了藏东南地区不通铁路的历史，意味着复兴号动车组实现全国31个省（区、市）的全覆盖。

《列车时刻表》见证发展：从20世纪七八十年代的百公里时速的"绿皮车"，到本世纪初时速约200公里的"红皮空调车"，再到如今运营时速350公里的复兴号动车组，中国铁路在"加速度"中跨入新时代。

不离身的小册子

据中国铁道出版社副总经理杨新阳回忆，他当年担任列车时刻表编辑室主任时，是他工作历程中一段最红火的日子。一本小小的列车时刻表，发行量超大，不断地再版，始终供不应求，聚集起了出版社的主要收入来源。

相信很多人都有过这样的记忆：车站附近的问询处、书报亭、小卖部等场所，最打眼的位置必然摆放着《列车时刻表》。在每年4月、10月和春节期间，新图调整后，中国铁道出版社会以最快的速度，将时刻表印刷成页，一元一份，或装订成册，五元一本。生意相当红火，乃至经常脱销。

有位网友在网上留言：我不是火车迷，但我喜欢收藏《列车时刻表》，我喜欢静静地查阅时刻表上的每一个车站，幻想它曾经发生的故事。我记得，第一次见到火车时刻表，那是我八九岁的时候。当时的时刻表是薄薄的一本小册子，印了全路的所有车次时刻，封面上还印着广告。我在时刻表上看到了一个叫郭坑的车站，当时就觉得这个地名很好玩，因为我姓郭，我想象这个郭坑是不是郭家的祖上的居住地？时刻表给我了一种很踏实可靠的感觉，只要我愿意，我就可以买张车票，在某一天的那个确定的时刻，到这个叫郭坑的地方看一看。虽然到现在也没有成行，但我一直盼望着。

据铁路职工邵志勇回忆，20世纪70年代中期，他上小学，在火车站上班的父亲总喜欢在家里"月份牌"的底板上记列车时刻表。这个记载，分列于"月份牌"的左右两侧，竖向排列，分为"上行"和"下行"，记载着列车的车次、开行方向和时间。邻居们要坐火车，不愿意跑路到车站去查询，就到他家的"月份牌"前端详和揣摩一阵子，大部分时候也能猜一个差不多。

幼小的邵志勇不明白，如果父亲直接写上"济南方向""青岛方向"岂不更加简单明了，后来他明白了，这样写，或许是老铁路人的"专业"习惯。

往北京方向是上行，相反的方向则是下行。

20世纪八九十年代，几次铁路大提速后，车次的变化成为常态，《列车时刻表》也是一个版本接着一个版本的变换着。邵志勇的一个同学在火车站上班，属于窗口单位，每逢列车调图，他就会很神气、很及时地把各式各样、花花绿绿的列车时刻表送给邵志勇，有32开的、有64开的、有长条折叠形状的，还有单页的临时客车时刻表。当然，他每次来送时刻表，邵志勇都是要好烟好茶伺候，并陪伴着一通神侃。

一次，邵志勇和同事坐火车，习惯性地拿出随身带着的一本《列车时刻表》，想查一下火车的到站时间，同事咧嘴一笑，说了一句："你落伍了！"说着拿出手机，划拉了几下，各次旅客列车的发车、到站时间，一目了然。这时，邵志勇才知道网络上有多种列车时刻表的app程序，用起来极为方便和准确，包含着车次、发车时间、到站时间、票价、预订车票、换乘车站等，可以按照车次、车站检索，十分方便。

原来，在这不知不觉中，我们进入了数字化时代。

电子时刻表问世

进入21世纪，随着互联网的迅速发展，《列车时刻表》的发行量逐年下降，到了2016年，发行数仅有1万册。自2017年起，中国铁道出版社不再出版发行列车时刻表。自清末开始，使用了近100年的纸质列车时刻表终于退出了历史舞台。

20世纪90年代以后，《列车时刻表》的出版周期越来越短。全国铁路进行第六次大提速时，列车时刻表变换频繁，一本列车时刻表不到半年就因为提速停用了。不看新的列车时刻表，就等于没法坐车了。

特别是进入高铁时代后，动车组列车速度快、车次多、车流变化大。动车朝着市场开，有流开车，引流开车，"一日一图"成为时代的呼唤。列车时刻表的动态化，无疑颠覆了一年一本或半年一本时刻表的出版机制，只能由电子时刻表担当起每天更新列车时刻表的重任，因为中国铁道出版社不可能每日出版一本时刻表。再说，只有一天时效的列车时刻表，又有谁来买呢？

眼下，全国铁路大约每季度调整一次列车运行图。每一次调图，都会大幅度调整列车车次、时间。还有春运、暑运及节假的临时的调图。随着"一日一图"开行方案的动态化，未来时刻表每天的差异都会很大。

在互联网普及前，人们出行都是依靠嘴巴询问，或手写、脑子记列车车次和发车时间。事先查好资料，特别是发车的时间，誊抄到小本本上，每到一个地方，一出火车站就会重复这些流程，即使是游玩中，也总担心误了时间赶不上火车。现在这种担心完全没有了。

如今，人们使用铁路12306手机app就能查询车次、网上购票，再也不用纸质列车时刻表了，也不用网上购票后，再到车站排队领纸质票了。取而代之的是电子票，刷脸进站上车，一切都变得便捷、顺畅。

互联网改变了人们的信息获取方式。容量极大的电子版列车时刻表，可以不断更新列车开行信息，通过互联网传递给每位旅客使用。手机app让数据图表变得更加丰富多彩，数据更新更加及时，路线查询简易实用。庞大的旅客阵营，密集的信息查询，如此巨大的数据访问量，意味着同等规模的常驻客户群体在双向互动，铁路在增强开放和接受能力的同时，也拥有了强大的流量效益。

乡愁，
曾经是一张火车票

第一章　火车票里的时光印记

春节，是家的符号，是亲情的见证。

在中国，春节回家过年是一种风俗，一场盛事，更是一种情怀。春节是中国人仪式感最强的佳节。这种仪式感，作为一种文化基因，深藏于血脉中，如此顽强，很难更替。

一个人即便走到天涯海角，心中都扯着一根无形的线。有多少中国人，就有多少条线，这些线织在一起，就是中国人用情感编织的亲情之网。春运时节，当你站在车站、码头、机场，看看那些汹涌澎湃的人流，你就会强烈地感受到，心之所向，是怎样一种势不可挡的力量。

多少年来，繁忙的春运，一票难求，怎一个愁字了得？薄薄的火车票，分明沉甸甸的，一头是梦想，一头是乡愁。春节临近，在外打拼和求学的游子，最深的情感寄托就是"我要回家"。春运是一条载满乡愁的路，奔波在春运路上，乡愁就是一张火车票，连通着千万人的他乡与故乡。

这是一个庞大的"候鸟"群，在城乡间奔波、穿梭。他们是无数来自

△ 薄薄的火车票，一头是梦想，一头是乡愁。2005年春运，南昌站广场搭建的临时售票棚
（原瑞伦/摄）

田野的农民工，他们是用读书改变命运的莘莘学子，他们是远离故乡的城市上班族。一张火车票，成为他们春节回家的最大的痛。

电影《人在囧途》中，王宝强有句经典台词"有钱没钱，回家过年"。每年春运时节，都会准时上映人流迁徙的大片。2011年春晚上，韩庚、董洁、周冬雨等歌星在春晚上齐唱《回家过年》，"家在声声呼唤，声声呼唤召唤着我快一些回家"，成为年夜饭最动人的旋律。

中国春运作为人类历史上最大规模的周期性迁徙，承载着人们一年的辛劳、归乡的期盼和旅途的艰辛。每到春节，就会出现大规模的返乡潮，需求量太大，而运力有限，这就导致有一大部分人根本买不到回家的车票。

春运主要靠"挤"。每到春运，中国人就像打仗一样，大伙儿要回家，很多人就是买不到火车票。明知车票很少，而购票的长队却是神龙见首不见尾，因为只有排队才有希望。这可是一件既考验体能又考验耐性的苦差事。为了回家，你必须加入春运大军，裹着大棉被去排队。这就意味着挨冻、受饿、熬夜，意味着拥挤、杂乱、争吵，意味着排队、排队、排队。到头来，也许是愁肠百结，失落而归。

专家说，中国春运综合症是一个世界性难题，这是因为中国不可能按春运流量修铁路，春运期间短暂的需求高峰，无法支撑铁路硬件大幅升级的巨额成本。那么多人要同时回家，而且一年就那么一次，火车票自然成为了最奢侈的需求。

随着铁路的飞速发展，当年郭冬临在小品里演绎的火车站广场排队购票的"三件套"，现已退出了历史舞台，那种春运大潮如临大敌的震撼场面，已经离人们的生活越来越远。承载了几代人的春运记忆，永远停留在了那个年代。

中国春运简史

春运，拥有最丰富的情感记忆，见证了整个中国数十年的发展变迁，在故乡与他乡之间的滚滚人流中，编织出时代转型期的中国形象和中国故事。

一节节火车厢，一张张火车票，凝结了中国人旅途中的深厚情感，包含着奔波的生活场景和车轮上的摇晃日子。盯着售票窗口的眼神，转不动身的乘车感受，回家过年的急迫心情，都成为当年独特的中国社会景象。

春运，即"春节期间的交通运输"的简称，发生在中国大陆地区农历春节前后，此时有大规模交通压力，产生交通堵塞现象。春运一般是每年农历腊月十五到次年正月廿五，共40天左右。

"春运"一词正式出现，始于1980年的《人民日报》及新华社的新闻报道中。改革开放以来，随着对人员流动限制的放宽，越来越多的人选择离乡外出务工、求学。依照传统习俗，许多人都会集中在春节期间返乡团聚，节前返乡、节后外出，由此形成了堪称"全球罕见人口大流动"的中国春运现象。

回家过年的中国习俗和理念，构成了春运蔚为壮观的人口大迁徙场景。铁路作为大众化交通工具，每年这个时候，人们谈论最多、指责最多的非铁路莫属了。火车票作为旅客乘车的唯一凭证，在繁忙的春运成了紧俏货，买不到火车票，就意味着不能回家过年。

现在能查到的民国时期春运最早资料，是1927年广三（广州至三水）铁路管理局的呈报："查每岁旧历年关，以习俗相沿，行旅往来，为数甚重。本局为便利搭客起见，向于其时加开快车一次。"可见，早在民国时期铁路就有了在春节期间加开"临客"的做法。

新中国成立后，第一次春运可以追溯到1953年，当时称之为"春节客运"。当年春节的大年初一是2月14日。1953年2月9日，《北京日报》在第一版刊发题为《合理组织春节客运保证货运装车》的报道，介绍了北京铁路管理局积极做好春节输送旅客工作的做法，以及当下运输紧张的情况。12天时间送出旅客13万人，另有17万人要在一周之内离京，运力非常困难。北京铁路管理局发出紧急通告，请求旅客们如果没有特别要紧的事，最好改期迟走。

1954年春节前夕，国务院确定了"由铁道部统一指挥协调，必要时请党中央、国务院要求各省、市、自治区及解放军协助"的春节输送旅客工作方案。报纸配发短评，首次提出了"春节运输"概念。

这年春运，铁路旅客运送量为2300多万人次。

伴随着改革开放号角的吹响，大批农村剩余劳动力开始南下北上，人员流动大大加快。"东南西北中，发财到广东。"一夜间，广东形成了汹涌澎湃的民工潮。特别是春运期间，学生流、民工流、探亲流、旅游流等多客流叠加，给以铁路为主力的春运交通带来了巨大的压力。

1979 年，中国春运旅客发送量首次达到 1 亿人次。1985 年，春运旅客超过 7 亿人次；1994 年，春运旅客突破 10 亿人次；2006 年，春运旅客突破 20 亿人次；2012 年，春运旅客突破 30 亿人次；2014 年，春运旅客突破 36 亿人次；2015 年，春运旅客突破 37 亿人次。37 亿人次，相当于让非洲、欧洲、美洲、大洋洲的总人口搬一次家。由此，中国春运入选世界纪录协会"世界上最大的周期性运输高峰"，创造了多项世界之最。

著名作家冯骥才在《春运是一种文化现象》中写道："每每望着春运期间人满为患的机场、车站和排成长龙的购票队伍，我都会为年文化在中国人身上这种刻骨铭心而感动。还有哪一种文化能够一年一度调动起如此动情的千军万马？能够凸显故乡和家庭如此强大的亲和力？"

冯骥才先生还生动地描写道："大约是腊月二十九吧，一个又矮又瘦的中年男子赶火车回家。火车马上要开，车门已经关上。这男子急了，大概他怕大年之夜赶不回去，就爬车窗。按常规，月台上的值勤人员怕他出事，一定要拉他下来，车上的人一准也要把他往外推。但此刻忽然反过来，车上的人一起往窗里拉他，月台上值勤人员则用力把他推进车窗。那一刻，车上车下的人连同那中年男子都开心地笑，列车就载着这些笑脸轰隆隆开走了。为什么？因为人们有着共同的情怀——回家过年。"

采访中，一些退休了的火车站老客运员回忆道，每逢春运，每天一睁眼最怕的就是聚集在车站里的旅客走不了，担心发生踩踏事故，每天胆战心惊的。那时的站前广场、候车室全是人啊，人山人海的，看着吓人。旅客像潮水一样，一拨"潮退"后，广场的地面上满是挤掉的鞋子。每趟车都是超员 100%，定员 108 个座位的车厢，可以挤上 300 人。

当年的火车站售票窗口，传统的人工售票场景

当班售票员嗓子喊哑了，也不敢喝一口水，因为怕上厕所。不仅不敢喝水，吃饭也是匆匆几口，怕耽误了卖票，遭旅客埋怨。2007年春运，上海站售票员、上海市劳模邹俊创下一个夜班（10小时内）售出车票3000余张的人工售票最高纪录，平均每12秒就能售出1张车票。这个人工售票记录，至今无人打破，也许永远也无法被打破了。

几十年的春运历史，沉淀着中国人复杂的情感。装着梦想，带着乡愁。回家途中，大家都是赶路人，而在旅途的尽头，就是灯火闪烁的家。温暖的火炉旁，家人们静静地等待着。

望不到头的回家路

回家过年，是在外漂泊游子心中的强烈期盼。由于铁路的经济性、大流量，人们长途旅行一般都是选择坐火车。然而，多年来，这都是一条无比艰难的回家路，一条望不到头的回家路。

进入腊月，各大火车站都紧张起来，春运有如飓风来临，来势之猛，愈演愈烈。距腊月底的那几天，春运人流可谓排山倒海，不可阻遏。春运意味着拥挤、排队与"肉搏"，寒风中裹着军大衣，排队两三天只为一张回家的火车票。每年春运时期，各大城市的火车站都会在站前广场上搭棚，设立多个临时售票窗口，以满足民工流、学生流和接亲流排队购买春运火车票。

国铁集团客运部主任黄欣长期在铁路客运部门工作，20多年前就在广铁集团公司客运处工作。据他回忆，春运时的广州站前广场挤得水泄不通，排队购票的人群能甩出几公里外，有不少人是带着铺盖卷来通宵排队的。

"以前每到春运，成都北站广场上挤满了人，旅客彻夜排队买票，队伍最长可以排到二环路以外。每个人都想买到珍贵的火车票，以便尽快踏上返乡旅程，但更多人只能失落而归。"成都北站车间副主任游佳回忆道。

南京网友周鹏熙回忆说，20世纪末南京西站的始发车很少，都是从上海开过来的过路车。每人限购两张火车票，当场出票。售票员抽屉里就那么多票，卖完就没了。每一次购票，我们家都是全体出动。"出门前，召开家庭会事先商议好，有哪几班车可以选择，列出一个预购方案。然后兵分多路，头天晚上十点左右，分别在三山街、大行宫、南京西站去排队，等第二天一早开窗卖票。记得那一年，为了给姐姐买两张去兰州的票，我在南京西站连续排了三天三夜，挨冻受饿，心里猫抓一样着急，总算是买到了票。这种场面至今想起来就难受,三个昼夜啊,啃方便面,站着睡觉,不啻于一种折磨,但在那个年代,又有什么办法呢?"

记得2007年春运,我以郑州铁路局党委宣传部部长的身份,包保郑州火车站。这天深夜,天空突然飘起了雪花,寒风吼叫着,也许太冷了,广场上的人流朝候车大厅涌来,大门很快被堵塞了,候车大厅内外人山人海。站长焦急地对我说:"这么大的人流,会发生踩踏事故的。"我问道:"候车大厅还能放进人吗?"站长摇头:"完全堵死了。"我说:"还有别的办法吗?""必须让旅客有序流动,我想好了,组织30名服务员,引导旅客在广场排队转圈。""转圈?这大冷天的,让旅客在广场转圈?""是的,转圈。再不转圈,就会踩死人了。"

不一会,车站广播开始播放紧急通知:接上级通知,车站即将增开临时客车,请大家迅速在广场排队购票。这时,广场上有人已是举起了牌子,大声叫喊着:"排队,排队,在牌子下排队。"眨眼间,人们蜂拥而去,人挤人地排起了长队。举牌人高高举起牌子,嘴里喊着:"跟我走,跟我走。"一条条长长的队伍流动起来,走出站前广场,转到二七塔下,再转回广场。就这么一圈又一圈,广场上的人群松动了,紧张的局面缓解了,人们的身子也暖和了……

我亲眼看见,在这转圈的购票长队里,有一位打工妹因长时间排队精疲力尽,为了不让自己与丈夫被人群冲散,她在睡梦中都不忘紧紧抓住丈夫的衣服。是啊,春运的长队里,可以站着睡觉,睡着了还抓着人。

江西老表程助华2001年来广州打工,每年春节回家,令他记忆最深刻的就是排队买车票的场景。"那个队长得吓人,我看着头都要晕了。"程助华回忆道,当年,抢购春运返乡车票就像一场"战役",他要和工友或者老乡们组团"作战"。

"组团作战,就是分工轮流排队,你累了去旁边坐一下,过一会儿再来轮换,还要有人负责去买饭。"程助华解释说,那时候排队买票,有小

▲ 2005年春运期间，郑州火车站广场人挤人的购票长队（铁柱/摄）

第一章 火车票里的时光印记

板凳算是高级装备，有时候就直接坐在废旧纸板上休息，基本是一大早去排队，到晚上才能买到。

程助华说，有一年春节前，我与老乡天不见亮就来到火车站买票，整整排了四个多小时的队，好不容易轮到我时，谁知售票员却说，票卖完了，要等三天后才有预售票。我只好耐着性子，在痛苦与煎熬中，等待了三天。当终于拿到了那张小小的火车票时，我激动地哭了，所有的劳累顿时烟消云散。

随着网上订票的兴起，程助华记忆里的排队场景已经消失了。"网上买票又方便又快，我们两口子自己省了很多麻烦。"程助华说。如今回家的火车票，都是儿子在老家用手机买的，他们只需拿着身份证进站就行了。

排队见妈妈

春运时，不仅旅客着急，铁路职工也很紧张。广大铁路职工昼夜奋战在春运一线，一场接着一场的硬仗，对每一名铁路职工都是意志上的考验。尤其是客运职工，他们忙碌在售票窗口，紧张地售票或维护购票秩序。他们穿着厚厚的棉大衣，拿着手提喇叭，在站前广场、大厅、站台，不停地吆喝着，引导旅客、检测车票、回答旅客的各种问题……喉咙发炎、声音沙哑是铁路春运人的常态。

"就像打仗一样，在车站几十天不能回家，每天在车站广场和候车室疏导人流，生怕出事。"每当提起当年的春运，已经退休的北京西站原党委副书记姚鸿仁仍然心有余悸。

2008年的节前春运，中原大地接连下了几场大雪，冰天雪地。郑州车站广场上挤满了排队购票的人群，人们绕着广场转了一圈又一圈。队伍里有位穿着铁路制服的老大爷，抱了一个三岁左右的小女孩。孩子说："姥爷，我都好久好久没有见到妈妈了，我好想好想妈妈的。"姥爷说："丽丽是个乖孩子，我们马上就会见到妈妈了。"

两个小时过去了，爷孙俩跟着队伍在广场一圈圈地转着。他们终于来到了窗口前。丽丽抬头一看，窗口里正是妈妈。她高兴地大喊道："妈妈，你怎么还不下班啊。"妈妈从窗口伸出手来，亲热地抚摸着女儿的脸，眼睛红了。

这位售票员名叫李华，当年29岁。

每年春运开始，郑州火车站的售票员就会集中住在站上的休班室，工作连轴转。春运开始后，李华就没有回过家。她想女儿，女儿想她。于是老父亲想了一个法子，抱着外孙女排队在买票的队伍里，就是为了让外孙女与当售票员的妈妈见上一面。

我得知这个故事后，特地带了一些记者去郑州火车站售票室采访。李华对记者说，望着窗外看不到尾的购票人流，姐妹们口干舌燥也不敢多喝一口水，因为怕上厕所耽误时间，引起旅客的埋怨。

"那时候的旅客们，性子特火爆，好不容易排到了窗口，没票了，或售票员要去上厕所，十有八九会破口大骂。"曾任郑州车站党办主任的郑秀梅回忆起当年的春运，心里酸酸的。

郑秀梅说，许多旅客买不到票，他们不会认为是铁路运力不足，而认定是铁路员工开后门把票弄走了，于是把怨气撒向了无辜的售票员。譬如说，黄牛党手中的票从何而来？绝大多数旅客都认为，黄牛党的票是从铁路内部流出去的，可铁路人则感到比窦娥还冤。铁路规定售票员有十不准，其中就有上班不许带手机、不许离开窗口等等，票柜内的车票是插翅难逃啊。

不可否认，由于铁路客票一票难求，无数黄牛党以此为生。由于火车票是不记名的，黄牛党采取雇人排队、窗口霸位等手段，赢得了滚滚红利。

实名制初期时，由于铁路售票技术条件受限，没有互联网，只能都是由售票窗口提供纸和笔，购票人写清楚乘客姓名、性别、身份证号码，购票时交给售票员。售票员将这三项内容输入电脑，然后再实名售票。

有人算了一笔账，以郑州火车站为例，每天到发旅客列车278趟，每5分钟就有一列车发出。高峰期日发送旅客12万人，平均30秒钟出售一张车票。如果凭身份证实名购票，每次核对、输入一个旅客姓名和身份证号最少需要60秒钟，每张票的售票时间就要翻番。

突然消失的长队

突然间，火车站广场那拥挤的购票长队消失了。

一条条高铁线相继投入运营，大幅压缩时空距离，为沿线百姓出行带来了便利，也极大地缓解了春运的运输压力。山，依然是那些山。水，也依然是那些水。但是，因为高铁的到来，所有的一切都变得不一样了。

高铁改变了中国，让人们的出行快了起来。往日坐火车几十个小时的车程，如今缩短至几个小时；以前坐火车几个小时的车程，现在缩短至几十分钟。

有了充实的运力作后盾，车多了，车票也就多了。自动售票机、电话订票、网络售票等新模式，不断满足日益多样化的购票需求，开始逐步压缩长长的购票队伍，人们逐渐摆脱了买不到票的焦虑和烦恼。

2012年春运，铁路12306系统全面拥抱互联网，新一代客票系统正式上线，实现了电话订票、互联网售票。尽管刚开始的网络售票并不畅通，磕磕绊绊，

▽ 互联网售票系统正式上线后，郑州火车站售票窗口传统的票柜被电子计算机取代（铁柱／摄）

但给了大家希望与信心。广大旅客足不出户，就可以在铁路 12306 网站和 12306 手机 app 上购买火车票，开启了便捷出行的新时代。

随着购票方式的改变，一些大的火车站售票厅不断"缩水变形"，售票厅从"挤油油"到"空荡荡"。这时尽管人们依然需要到火车站售票窗口、代售点排队取票，但事先已经通过互联网或电话订好了票，大家心中有数，神态自然、自如。再说，取票速度快，队伍自然也不长。

济南火车站售票厅于 1995 年 6 月启用，开张就不够用。2011 年 1 月春运开始后，由于排队购票的人太多，只好紧急在广场上搭棚，增加了一批临时售票窗口，但仍然满足不了需求。

春运结束后，济南火车站实施扩建改造工程，售票窗口临时搬迁到了火车站广场的板房内。经过 187 天的改造后，9 月 16 日，新售票大厅正式启用，售票大厅整体外扩 2.7 米，较过去新增加面积 2800 平方米，总建筑面积 7963 平方米。自助售票大厅共设有售票机 40 台，东、西两侧各 20 台，人工售票窗口多达 21 个。

然而，出乎意料的是，在接下来的几年里，济南火车站春运期间窗口排队买票的旅客逐年减少，火车站的售票面积只得不断缩小。原因是越来越多的旅客通过互联网购票了。2017 年 2 月 16 日，济南火车站进站通道启用人脸识别系统，持有二代身份证和磁卡车票的旅客可以直接"刷脸"进站。2019 年 12 月 10 日，济南火车站正式启用电子客票，旅客实现了刷身份证进站乘车。

不用去车站排队购票，也不用去车站排队取票了，因为没有纸质车票了，使用的是电子客票，而且电子客票就在每个人的手机上。许多网民十分感慨地说，这变化也太快了吧，也就眨眼之间的事。

2021 年初，济南火车站再次进行整体改造，新的售票大厅集售票、改签、退票、自助、咨询五大服务为一体，面积比原来的售票厅缩减了一半，人工窗口和自动售取票机也进行了大大的缩减，售票厅门前的招牌增加了"取"字，变成了"售取票厅"。这也是出于照顾极少数没有手机的老年人旅客罢了。

2022年1月3日，春运首日这天，我去济南西站采访，二层的售票大厅，18个人工售票窗口只开了5个，其中有两个为改签和退票专用窗口，剩下的3个为人工售票窗口，在售票处旁还有10台自动售票机。虽然是"抢票首日"，但售票大厅并没有排队的现象，只有零零散散几位乘客前来咨询、购票或取票。车站负责人告诉我，如今绝大多数乘客已习惯了通过铁路12306网站、12306手机app等网络方式购买车票。

由此，各地火车站排长队购票的场景几乎同步消失了。随着电子客票在全国普速铁路推广实施，乘坐普速列车的乘客无须取票，直接刷身份证进站、乘车，省去了取票环节。"刷脸进站"智能验票系统，加快旅客进站速度的同时，也缓解人工验票的压力。

2023年春运，我穿行在各大火车站采访，眼下的春运与往年有着天壤之别，客流平和，井然有序，人们的脸上洋溢着从容的微笑。这一切都得益于高速铁路网的完善，让中国人的春运回家路立刻变得平坦、通畅起来，让人们的心情变得轻松、舒畅。

高铁路上，不仅"缩"了长队，"瘦"了行李，更"短"了旅途。飞驰的高铁，承担起绝大多数旅客运输任务，让千里之外的家不再遥远，让折腾的"囧途"，变成舒适的"坦途"。

如今，只要通达高铁的地方，"一票难求"的情况明显缓解，旅客选择高铁出行已成为趋势。人们可以提前十几天订票，可以从容不迫地上车旅行，除去春运、黄金周这样的客流高峰，旅客们基本上都可以享受到座位。平常时期，北京、上海、杭州、武汉、广州许多重点地区的旅客，基本上实现了随到随走。

眼下，尽管春运高峰期还不能完全满足所有人的购票需求，但随着"八纵八横"高铁网的形成，已经改变了春运格局。更为重要的是，高铁正在重构中国人的人居版图，促进了高密度城市人口向外疏解。凡是开行高铁的城市，春运压力大大缓解，旅客出行更加便捷，旅途时间不断缩短，乘坐体验舒适舒心，越来越多的中国人选择高铁出行。

随着我国社会经济不断进步，春运的面貌和品质也不断发生着新变化，人们春节返乡的脚步正变得顺畅而有尊严。从"囧途漫漫"到"说走就走"，从"通宵长队"到"扫码刷脸"，从"硬板纸质"到"电子客票"，从和谐号首秀，到复兴号奔驰……每年春运如约而至，每年春运都在进步，每一个改变的细节都述说着几十年间春运的变迁，讲述着速度与温情的故事。

岁月更替，华章日新。火车快了，客站美了，风景别样红。因为有全世界最大、最完善的高铁网络参与，运力供给更给力，运输组织更高效，中国春运进入了平安、有序、温馨的崭新时代。

古人云，离弦之箭。意思是说，像离开了弦的箭一般，冲出去，形容速度快。其实，箭速大约在每秒50米，折合为时速180公里。在今天中国的高铁中，复兴号时速350公里，和谐号300公里，已远远超过了箭的速度。

乡愁曾经是一张火车票。眼下有形的纸质火车票不在了，而时尚的电子票还在，永远的乡愁还在。乡愁是维系社会温情的纽带。树高千尺不忘根，无论走多远，不管在何方，乡愁总能把你和故乡连在一起，触发你潜藏在心底的温柔。有乡愁在，就有了面对挑战的勇气，就有了生存的动力和力量。

火车票里的时光印记，有我的童年，有你的青年，还有他的暮年。一路走来，时光在变，环境在变，一切都在变，唯有不变的是，一年又一年人们对回家的期盼，一年又一年化解乡愁的万家灯火。

收拾好行囊的人们，带着亲人的祝福，起程再出发，奔向天南海北。奔驰的高速列车与大自然的绿水青山，交织成一幅幅流动中国的温暖图景，描绘出一幅幅和谐中国的美丽画卷。

火车载着我们驶向远方。

高铁网的快速延伸,互联网的快速发展,铁路12306系统的神奇架构,成就了舒展、大气的互联网售票系统,让人们迅速进入"拇指时代"。铁路12306系统以其顺畅、功能多样的卓越表现,满足广大旅客便捷、舒心的购票需求,公开、公正地共享运输资源,实现了人们对美好生活的向往。

第二章

12306 系统究竟有多牛？

有人问，中国互联网技术最牛的系统是什么？

专家的回答是：铁路12306系统。

铁路12306系统全称为"中国铁路客票发售和预订系统"，作为全球规模最大的实时在线交易系统，它是中国铁路旅客运输和服务的核心支撑平台，是国家关键信息基础设施。

12306是中国铁路客户服务中心的电话号码，也是铁路唯一票务官网的品牌名称，具有车票预订、在线支付、改签、退票、订单查询、常用联系人管理、个人资料修改、密码修改等功能。

说通俗一点，旅客通过互联网购买火车票是否顺畅，取决于铁路12306系统是否畅通，功能是否完善、健全。每天面对巨大的访问量和交易量，系统要实时地对动态中的在售或待售火车票，进行动态监控、访问和管理，一切都在变化中，其难度是可想而知的。

数字化时代，人类自然而然地在分享着许多共同的经验，从而深刻地感受到数字文化的影响。网络成为人们认识世界与感知现实的重要路径，它几乎全方位地渗透现实，以足不出户的姿态行走世界。

专家告诉我，铁路12306系统是一个建立在云计算技术基础上，支撑超大规模并发交易、海量数据存储、灵活扩展、安全可靠的高效综合信息系统。如果将铁路12306系统有形化、具体化，那就是旅客熟悉的12306网站和12306手机app客户端，另外还有各铁路局所在地的12306客服中心。这是一个三体合一的组合体。

有数据表明，铁路12306系统年度峰值售票量达40亿张，单日最高售票量已达到2695.2万张。高峰日均访问量超2000亿次量级，相当于平均每个中国人每天访问了100多次。这是一个什么概念呢？一年售出的火车票首尾相接可以绕地球9圈。凭借铁路12306系统平台，铁路互联网售票比例达到了85%以上，单日最高能够达到90%。

说起铁路12306系统代号，很多人都很好奇：它是怎么来的？有什么寓意吗？单杏花解释道：这本是原铁道部向工信部申请的中国铁路客户服务中心的电话号码，按工信部的管理规范，政府服务咨询电话号码都是123打头，后两位是铁道部挑选的。后来铁路客票系统网站、手机app也都取名为铁路12306。至于说寓意，六六大顺嘛，就是希望每位旅客都出行平安顺畅。仔细一想，123相加为6，全称12306，真是六六大顺呢！当中的这个"0"，自然代表着"圆满"和"顺畅"。

铁路12306系统一路走来可谓是饱经磨难。开通最初几年，曾经历了车票秒杀、网站流量巨大导致拥堵瘫痪、验证码遭遇质疑等一系列考验，让本应该方便旅客的工具变得不方便，给旅客出行购票造成困扰，遭到了网友们的无情吐槽。

如今，那个动不动就崩的"任性小孩"长大了，成熟了。面对越来越巨大的点击量，铁路12306系统沉着稳定，快捷高效。其功能不断完善，候补订票、高铁选座、重点旅客线上预约服务等，每一次进步，都彰显了中国铁路客票人的智慧与拼搏创新精神。

高铁网的快速延伸，互联网的快速发展，铁路12306系统的神奇架构，成就了舒展、大气的互联网售票系统，让人们迅速进入"拇指时代"。铁路12306系统以其顺畅、功能多样的卓越表现，满足广大旅客便捷、舒心的购票需求，公开、公正地共享运输资源，实现了人们对美好生活的向往。同时，铁路12306系统以"中国标准"的姿态"走出去"，让便捷的购票体验惠及更多的境外民众，让美好出行成为构建人类命运共同体的一部分。

世上最难的
系统架构

2023年的一个春运日，我走进坐落于铁科院内的铁路12306系统监控中心大厅，就像走进了一个巨大的科学实验室。

这里安静得出乎想象，只有电脑等设备在工作中发出的丝丝电流声。一排排电脑前，值班人员全神贯注地工作着，显示器上跳动着五颜六色的数字和图形。

迎面是由106块大小屏组成的一面大屏，大屏中间呈现出一幅巨大的中国铁路示意图，一个亮点代表一座城市，亮点间被密集的弧线连结着。眼前正是繁忙的春运时刻，实时视频画面显示：一条条铁道线，列车飞驰，一座座火车站，人流如潮。人们背着大包、小包，兴冲冲地登乘火车，踏上了回家的路。

北京、上海、广州是这张图上最亮眼的3个点。由此，像光源一样发射出千万条轨迹，指向隐身在中国地图上的各个小站点。无数个亮点，组成一条条灿烂的星河，繁忙而欢快地流淌着。

铁路12306系统监控中心大厅
(刘坤弟/摄)

大屏上,那些图表和数字飞速跳动着、变幻着。亿万次的客票查询访问,在无形地、快速游走着。这些查询访问,被发送到各铁路局客票中心交易系统,果断、迅速地完成了一张火车票的实时交易。

我注意到,大屏上8位数字的售票显示牌的后3位数字,一直在不停地变动。秒针每咔哒一步,就是3位数。眨眼间,就卖出了近千张票。购票信息伴随着海量的访问量,分别从亿万部手机出发,沿着网络时空飞驰,抵达这里。然后,又满载着喜悦,原路返回。

刚刚从各个工位巡视回来的单杏花,脱下白大褂,微笑着对我们说:"欢迎大家来监控中心体验春运的繁忙,每年春运,当旅客准备回家的时候,也正是我们团队一年中最忙碌的时候。"

此时的单杏花,站在大屏幕前,如一朵傲然挺立的杏花，自信、满意地注视着跳动的数据，与这些不相识的亲人们对话、交流……

40天时间，几亿人口，30多亿次出行量，仅铁路旅客就多达近5亿人次，巨大的数据汇聚铁路12306系统，汇就成一张中国"春节人口迁徙图"。购买火车票的海量点击率，火车票的紧俏性、动态性，加之车次、站点、人数等复杂的逻辑关系，以及库存的不确定形态等，导致铁路12306系统架构的复杂性、艰巨性。

有个流行词叫"秒杀"

铁路12306系统，被称为世界上"最繁忙的网站"。

每年春运、暑运、黄金周时期，返乡流、学生流和外出游玩的人们几乎都面临着同一个问题：抢火车票！这时铁路12306系统的海量请求，是平常访问流量的3—5倍，呈现出高流量、高并发特点。

有着强烈的购票需求，又有着普遍化的互联网和移动设备，很容易形成全国几亿人都在同一时间抢购火车票的热潮。瞬间遇到的巨量请求，很容易衍生"秒杀"现象。

所谓"秒杀"，即网络卖家发布某些时尚商品时，买家在同一时间蜂拥而上进行抢购的一种消费现象。由于商品紧俏、价格低廉，往往一上架就被抢购一空。一般而言，我们把瞬间称之为秒，其实比秒小的时间单位还有毫秒、皮秒、飞秒。

显然，铁路12306系统的秒杀，是因为非常期间车票供需矛盾巨大而产生的一种抢购现象。其特点是持续时间短，抢购人数多，参与人数大大高于商品数量。2012年刚开通时，铁路12306系统一天的PV值（网站页面的浏览量），大约是在 2500 万到 3000 万，而到了 2015 年春运时，一日的 PV 值就达到了 297 亿，流量几乎是原来的 1000 倍。如此快速攀升的海量请求，假如不能及时分流或动态调整网络带宽、增加服务器数量，就会造成网络阻塞，导致系统不稳定或瘫痪。

问题的严重性还在于，铁路 12306 系统售票的第一步程序是余票查询，只有查到余票后才能购票。旅客买票的时候，需要不断地刷新余票查询操作，这趟车没票，就查另一趟车，一趟车一趟车地查，直到查到有票为止，或失望为止。这个负载量和计算量都是天量，对数据资源的消耗是非常恐怖的。

还有另一个现实问题，就是铁路 12306 系统是允许非本人买票的，只要添加乘车人就可以了，这就代表着，同一个人的信息，完全有可能在不同的时间节点被不同的买家添加，这又带来了巨大的计算压力。

数据显示：2020 年春运期间，铁路 12306 系统每次订票交易平均响应时间为 0.5 秒，高峰日平均每秒要承受 170 多万次的点击量。

春运时期，全国上下几亿人都在这段时间抢票，同一时间起码有百万人同时购票，铁路 12306 系统要实时调动数据，防止购票人买到同一车次同一座位的票。除此之外，还需要计算卖票之后如何分配下一段区间，以及线上售票与线下售票相协调的问题。线上出了一张票，线下售票系统随时都要做到实时、快速更新。显然，这些都要在秒杀过程中完成。

秒杀现象反映了铁路 12306 系统计算的超级复杂性。这个复杂性在于，必须根据余票情况、起止站、身份信息、旅客需求等，寻找合适车次，而且还要与各车站售票系统连接，以免出现因为数据时差问题，导致买到一张早已售出的车票。这就要求，铁路 12306 系统要在 15 分钟内完成交易，并且将未售出的车票，尽快返回到系统余票库，以便尽快满足其他人的需求。

由此，铁路 12306 系统承受着这个世界上任何系统都无法超越的 QPS（每秒查询率），上百万的并发再正常不过了。如何在 100 万人同时抢 1 万张火车票时，系统能够提供正常、稳定的服务？这无疑是一个世界级难题。

真的比淘宝还复杂？

感受了铁路 12306 系统购票的秒杀威力，自然有人会问：同样是商品交易网站，为什么在淘宝网买东西那么容易，而铁路 12306 系统却不行，淘宝网的访问量也是巨大啊？

殊不知，尽管铁路 12306 也是电商系统，但与普通的电商平台相比，有着本质的区别。铁路 12306 系统库存的复杂性，要比淘宝、京东高很多倍，运算量也大很多倍。专家认为，传统的分布式数据库、缓存、负载均衡技术，并不能满足铁路 12306 系统的需求。

铁路 12306 系统卖的商品是火车票，购票就类似于购买商品，商品有库存的概念，火车票也有库存之说。在淘宝网，一件商品就是一件库存。而铁路 12306 系统的库存概念要复杂很多，因为车票是动态的。车票卖的是座位，一个座位可能是一张车票，也可能是几张车票。通俗地说，一个座位可能变幻出好几张车票，成为多个商品。

一般情况而言，有人在淘宝网上购买了 1 件商品，库存就减 1。而火车票商品则不同，一个座位会产生几件、十几件商品，不是简单的库存加减能完成的。铁路 12306 系统每卖出一张车票，不仅要减少首末站的库存，还要同时减少这趟列车所有过路站的库存。淘宝网等电商的订单都是独立的，而火车票则是动态关联的，这就导致了铁路 12306 系统背后数据量、计算难度、架构的复杂程度，都会呈现几何倍数的增长，远高于社交软件和电商平台。

举例说明，从北京南站到上海虹桥站，一个座位有可能是一个商品，前提是这个座位上的旅客从北京南站上车，到终点站上海虹桥站下车。假如这位旅客是去济南，济南上车的旅客是去南京，南京上车的旅客是去苏州，苏州上车的旅客是去上海，这样一个座位就成了好几个商品。

单杏花在央视举办的《开讲啦》节目中举例说：一列从北京西站开往深圳福田站的高速列车，途径15个站，车票能够形成136种排列组合，1200多个座位，多则可能卖出去三千至四千张车票。不仅如此，精准的座位配票，均匀分配车厢人数，防止停站期间旅客上下车来不及等情况，都是信息系统和大数据需要计算的环节。

还有火车票的车次、站点、人数，在出售时都会产生无数种排列组合的方式。比如，从北京到广州，沿途有多个站点，理论上乘客可以选择任意一段区间购票，所以每买一张区间票，可能同时裂变出多张区间票。每一趟车、每个经停点都有可能成为你的始发站，而且这条线上有几十个车站在同时售票，必须保证车票数量的同步，这个难度是可想而知的。

2019年，淘宝网的订单创建峰值约为每秒54.4万笔，即使全天维持峰值，订单量也不过470亿单。Trustdata的数据显示，2019年"双11"当天淘宝app的日活跃用户为4.76亿。若以此计算，铁路12306系统的最高日访问量，相当于淘宝网"双11"当天活跃用户每人点击400次以上。

值得说明的是，淘宝网等电商的每单业务不需要一次性完成所有流程，而铁路12306系统必须一次性完成，这进一步加大了难度。从下单，到付款，到锁定票，都是一气呵成的，这压力可想而知。铁路12306系统除了线上订单以外，还要兼顾线下订单所形成的数据，包括一条线路各个站之间的最优售票计算，各个站点的余票量计算，非常复杂，而且其日常活跃用户较大，每天都在发生巨大的变化。这就导致铁路12306系统本身是一个线下与线上同享数据的复杂业务，复杂度要高出淘宝网"双11"一个数量级。

诚然，火车票与其他的票（机票、戏票、体育场馆门票等）也有不一样的属性。无论从信息计算的复杂程度、请求的数量，还是计算时间的要求以及逻辑模块的设置等方面，航空、公路售票系统和电网、电信等缴费系统，与铁路12306系统都不能同日而语。铁路12306系统的复杂程度，大大超过了这些票务、缴费系统。

不仅如此，假如再添加一些更人性化的服务，如根据订票者身份证里的年龄优选上下铺、优选号等，那么查询和出票逻辑就更复杂了。另外，系统每隔10分钟更新车次的余票，而10分钟前的余票信息是没有参考价值，因为在10分钟里已经售出数十万张车票。

车票始终是动态的

专家告诉我，车票的动态性，是构成铁路12306系统复杂逻辑思维的关键所在。

在铁路12306系统里，有几百条行车路线，有3000多个车次（G、D、K、Z、C等）、5000多个火车站，不同的席次（硬座、硬卧、软座、软卧）、座位等级（商务、一等、二等）和车票等级（普通、军人、学生、残障、小孩）等因素，将这些参数换算成数学模型，就会形成数亿条关于车票的排列组合。

以北京西站到深圳北站的G71车次高速列车为例，它要经停17个站（北京西站是01号站，深圳北站是17号站），全列车有3种座位（商务、一等、二等）。表面看起来，这不就是3个商品吗？G71商务座、G71一等座、G71二等座。实际上，G71有136×3=408种商品（408个SKU）。这是怎么算来的？

其计算方式是，如果卖北京西站始发的票，有16种卖法（因为后面有16个站），北京西到保定、石家庄、郑州、武汉、长沙、广州、虎门、深圳等。同理，石家庄站上车的，有15种下车的可能，以此类推，单以上下车的站来计算，有136种票：16+15+14……+2+1=136。每种票都有3种座位，一共就是408个商品。

如果售出了一张北京西站到武汉站的二等座，客票系统就会立即自动生成一张武汉站到深圳北站之间的同席位二等座，同时取消北京西站至石家庄站直至武汉站之间的车票，这叫减库存。此外，还需将这些车票数量的变化实时同步到网站上。可见铁路12306系统，是在不停地计算生成新的"商品"。

再看看铁路12306系统出票时怎么减库存。旅客A买了一张北京西站（01号站）到保定东站（02号站）的，那"北京西到保定东"这个商品的库存就要减1，同时，北京西站到石家庄、郑州、武汉、长沙、广州、虎门、深圳等15个站的商品库存也要减1。出一张北京西站到保定东站的票，实际上要减16个商品的库存。

这还不是最复杂的，如果旅客B买了一张北京西站（01号站）到深圳北站（17号站）的票，除了"北京西到深圳北"这个商品的库存要减1，北京西站到保定东、石家庄、郑州、武汉、长沙、广州、虎门等15个站的商品库存也要减1，保定东站到石家庄、郑州、武汉、长沙、广州、虎门、深圳北等15个站的商品库存要减1，总计要减库存的商品数是16+15+14+……+1=136个。

可以想象一下，几万人举着钱对你高喊：卖给我。你好不容易在钱堆里找到一只手，拿了他的钱，然后转身找另外的135个同事，告诉他们减库存，而这135个同事也和你一样被几万人围着，也和你一样，每卖出一个商品要找几十个人减库存……这就是12306库存的动态之神，比任何电商网站的库存机制都复杂几十倍、上百倍。

一张火车票的核心信息包括：出发时间、出发地、目的地、车次、座位号。持有票的人就拥有了一个凭证，该凭证表示持有它的人可以坐某个车次的某个座位号，从某地到某地。所以，一张火车票，对用户来说是一个凭证，对铁路部门来说是一个承诺，那对铁路12306系统来说是什么呢？

一列高速列车的物理座位数（站票也可以看成是一种座位，因为站票也有数量配额）不等于是可用的最大配额。所有的物理座位不可能全都通过铁路12306系统来销售，只能销售一部分，还要留给沿线车站窗口一部分，通过线下的方式销售。不仅如此，可能有些站点上车的人会比较多，有些比较少，铁路12306系统还会给不同的区间，配置不同的票额。

譬如说，从北京南站开往上海虹桥站的D31次列车，共有765张票。北京南站有260张，杨柳青站有80张，泰安站有76张……如果杨柳青站的80张票售完后，就会显示无票，即使其他站有票，杨柳青站也会显示无票。每个车次的票都会有各种座位的配额和限额的配置，所有的配置策略都是基于座位类型、站点、区间采取的。

关于票的配置办法抽象出来看，主要有三种：一是某个区段最多允许出多少张票，二是某个区段最少允许出多少张票，三是某个站点上车的最多多少张票。当用户订票时，把用户指定的区段和这三种配置条件进行比较，三个条件都满足，则可以出票。不满足，则认为无票。

举例来说，A、B、C、D、E、F、G……是一列高速列车途经的所有站点。座位总配额是100，假设B站点上车、E站下车的人比较少，那就可以设定BE这个区段最多只能出10张票。所以，只要是用户的订票是在这个区段内的，就最多出10张。再比如，一列车总共100个座位配额，希望全程票最少满足80张，那我们只要给AG这个区段设定最少80张。那任何订票请求，如果是子区间的，就不能超过100—80，即20张。这两种条件必须同时满足，才允许出票。

通过上面的分析，我们知道一张火车票的本质是某个车次的某一段区间（一条线路），这个区间包含了若干个站点。然后我们还发现，只要区间不重叠，那座位就不会发生冲突，就可以被回收利用，即同时预先出售。

经过更深入的分析，我们还发现了区间售票的四种关系：一是不重叠，二是部分重叠，三是完全重叠，四是覆盖。不重叠的情况我们已经讨论过了，而覆盖也是重叠的一种。所以我们发现如果重叠，比如有两个区间发生重叠，那重叠部分的区间（可能跨一个或多个站点）就会争抢座位。因为假设一列高速列车有 100 个座位,那么每个子区间(两个相邻站点的连线),最多允许重叠 99 次。

通过上面的分析,我们知道了一个车次能够出售一张车票的核心业务规则是什么?座位是不变的,车票却是动态的。这就是说,一张车票所包含的每个原子区间的重叠次数 +1,都不能超过车次的总座位数,实际上重叠次数 +1,也可以理解为线段的厚度,也就是车票的动态度。

这种动态度还表现在,让几千万甚至上亿的人同时登录、同时抢票,其业务模式的难点在于,动态中的动态,即车票始终是动态的,抢票人始终是动态的。

分布式集群架构

专家告诉我,铁路 12306 系统每售出一张火车票,要经过生成订单、减扣库存、用户支付这三个基本的阶段。由此保证车票不超卖、不少卖,每张售出的车票必须支付才有效,还要保证系统承受极高的并发。这就要求系统必须建立一个科学有序的体系架构。

"铁路 12306 系统建立之初,经常发生网络堵塞,开始我们总是在代码上找原因,不停地更换代码。后来明白了,是传统架构受限,不是简单的代码问题。"单杏花反思道,"我们过去习惯把系统装在一个大房子里,一旦需要扩充系统,或者说故障检修,都十分不便。"

后来,单杏花团队从中国空间站的组合体构架中得到启示。中国空间站组合体是由天和核心舱、问天实验舱、梦天实验舱和一艘载人飞船、两艘货运飞船构成。其优势是,可以根据需要不断地扩充舱段和飞船。

借鉴中国空间站组合体的架构,把系统分别安装在一个一个小房间里,

铁路12306系统"四网"架构图

需要扩充时，采用集装箱方式加仓，由此摆脱了传统架构的局限性，实现了按需弹性动态扩展。并发量增加时，还可以通过动态增加X86服务器来应对，保持毫秒级的响应时间。

单杏花解释道，这种分布式集群架构，即以互联网为主干，连接客服外网、客服内网及客票网，组成的铁路12306系统"四网"架构。它可以根据不同的负载能力和配置策略，将用户的流量均衡到不同的服务器上，多层叠加，层层均衡负载，适应了高流量高并发系统的需要。

单杏花称之为分层过滤，分而治之。即使如此，集群中的单机所承受的QPS也是非常高的。

据悉，铁路12306系统采用的是集中与分布相结合的客户/服务器体系结构，由国铁集团中心系统、各铁路局地区中心系统和所辖车站网络系统组成。包括客流预测、缓存服务、用户管理、车票查询、订单及电子客票处理等多种功能。设置有多个相对独立的业务分区，以及外网、内网和客票网三级网络安全域。客票系统网络采用分层拓扑结构，划分为三层：核心层、汇聚层和接入层，形成了完整、系统的体系架构。

据铁路12306系统原技术负责人、现任国铁集团科技和信息化部副主任朱建生介绍，"利用云计算资源""按需及时扩充"和"快速调整"，是铁路12306系统的架构精神，其核心就是要建立一个从下到上全面"可伸缩扩展的云平台"。底层的硬件架构要支持可伸缩扩展，上层的应用系统架构也需要支持可伸缩扩展。这种体系架构精神是中国铁路客票人多年积极探索、不断创新的结果。

与此同时，团队科研人员巧妙地协调好流量旺季与淡季的关系。如果完全依据旺季流量对计算能力的需求储备计算软硬件资源，淡季一到，大量资源就被闲置了。于是，铁路12306系统设置了一种弹性计算架构，旺季时扩展，够用；平时压缩，不浪费。同样，内存计算是"分布式"的，即同一项工作，分给好多台计算机来做。采取共用"云系统"方式，租用阿里云和腾讯云平台，应对在春运等旺季剧增的计算量。

采访得知，铁路12306系统拥有两个计算中心。两个中心能力相同，不分主从，各自承担50%的系统任务。一个出现故障，另一个会立刻接过它的工作，保证服务运行不会被任何意外中断。

自1996年正式启动全路客票发售和预订系统研发，至今经历了1.0、2.0、3.0、4.0、5.0、5.1、5.2等多个版本的升级，以及新一代客票系统一期、二期、三期工程建设。1996年的1.0版本，首次实现了铁路售票由手工售票向计算机售票的转变；1997年的2.0版本，实现了地区中心联网售票；1998年的3.0版本，实现了全国联网售票；2002年的4.0版本，适应当时的铁道部的收入清算需求，实现了提前180天预约；从2006年到2010年的5.0、5.1、5.2版本的升级，主要实现了自动售检票、电话订票、实名制售票等业务。特别是5.0版本实现了票额共享、席位复用、剩余座位调整等一系列售票组织技术的创新，在售票组织策略、席位控制等方面取得了一系列理论成果和技术上的突破。

2011年春运结束后，原铁道部决定研发以铁路12306系统为标志的新一代互联网客票系统。单杏花作为这一重大课题的核心研究人员，全面负责铁路12306系统的研发与建设，从需求分析、流程梳理到结构设计，再到研发、测试、部署、调试，加班加点，全过程参与。她率领团队成员设计提出了新一代铁路客票系统的体系架构，先后攻克了云计算、海量数据存储、超大规模并发交易、异构数据库平台、数据同步等关键技术，为铁路12306系统的建设描绘了宏伟蓝图，并一步一步将蓝图变成现实。

经过多年的努力，铁路12306系统不断优化核心架构，持续提升用户购票体验，实现了大量的技术、服务创新，如自助验证取票、人脸识别进站、候补下单、互联网订餐、重点旅客服务预约、遗失物品查找、机器人问询、动车组Wi-Fi服务平台、动车组选座和接续换乘服务等……

回顾铁路12306系统的发展历程，高峰日售票量由2012年春运的119万张，增至2013年春运的364万张，系统架构的优化与调整起到了至关重要的作用。2014年和2015年，春运网络日售票量分别超过500万张和600万张。2023年9月22日，当天网络售出车票达到2695.2万张，系统畅通平稳，再次验证了铁路12306系统架构的合理性和有效性。

理想与现实的距离

长长的购票队伍何处是尽头?

多年来,为了提升旅客购票体验,让买票不再如此艰难,线上购票作为其中一个解决方案,中国铁路客票人一直在思考、科研和尝试中。

记得铁路 12306 系统刚刚上线时,网上针对是否应该推出互联网购票平台,有过激烈的争论,有人支持,有人反对。反对者认为,网络购票损害了老年人和农民工的利益,因为他们不会上网,不说春运高峰期,就是平常,他们也不会从网上买到火车票,所以网络购票对弱势群体来说太不公平了。持赞成意见的人则认为,网络购票为大多数人提供了便利,不能为了迁就少数人,而让大多数人跟着一起不方便。双方各执一词,高低难分。

后来有经济学家站出来说话,他们认为,从本质上讲,这是一个效率和公平如何权衡的问题,有一个政治主张,叫作效率优先,兼顾公平。为什么要效率优先呢?因为这个世界上并没有绝对公平,公平的背后全都是对效率的考量,而考量的范围,既不是个人也不是某个群体,而是整个国家。从全社会的范围来看,通过网络购买火车票,可以节约大量的时间、人力成本,提高生产效率,从而创造出更多的社会价值。而多创造出的这部分价值,可以让全国人民都受益,那些不会上网的弱势群体也是受益者之一,获得的利益远远大于他们买不到车票带来的损失。

这种算大账的比较方式,让许多人醒悟,很快平息了这场争论。

铁路12306系统刚开通时,针对不太熟悉网上购票的农民工、老年人乘客,铁路部门采取了电话订票、线下窗口售票与互联网售票同步的措施,开通电话订票线路达10.8万线,平均每天有近200万旅客实现了电话订票。

然而,铁路12306系统上线之初,没有赢得预期的好评,而是一片吐槽声。由于低估了网站的访问量,导致铁路12306系统频频超过负载能力,经常遭遇高峰期堵塞,用户登录不上,买不到票。

在相当一段时间里,铁路12306系统充当着让人"又爱又恨"的角色。爱的是铁路12306系统方便了数十亿人次的出行,尤其是进入高铁时代后,人们很难想象,如果没有12306网络购票,人流蜂拥至车站广场,那火车站将会是什么样子,该是一副怎样的情景?恨的是铁路12306系统满足不了人们追求美好生活的需要。

理想中"有流就有车,有车就有票"的宏伟构想,遭遇了现实中的尴尬,眼看着实行网络售票了,却挤不进去。眼看到网上有票,就是抢不到手,即使抢到了,又支付不了。逢节假日必瘫痪的铁路12306系统,引起网民们的强烈不满,也引发了强烈的社会反响。

"首铁在线"开先河

铁路12306系统的起源，可以追溯到最早的火车票网点售票系统。大约是20世纪70年代末，当时的售票系统与各铁路局的调度系统联通，开始是电话系统维系，后来才有了网络，这个系统很重要，涉及到核心调度业务、车辆流动、票务计算等，庞大、传统而复杂。

铁路信息化之前的票务系统，可以说是原始、封闭的。售票都是各自为阵，票额是块状划分。例如一列从北京站开往上海站的旅客列车，假设有10个车厢，中途经过济南、南京两个大站，那么票额分配就是给济南站留一个车厢，给南京站留一个车厢，这两个车厢北京站只出售短途车票，不售卖到上海站的。这种票务分配有着很强的政策性，各个车站之间没有联网，互不知晓。

在此期间，哈尔滨铁路局曾经主持开发了一套使用C语言的票务分配系统，在主机上按规定将每一趟列车的所有客票进行分配，即将票额分配逻辑用程序实现。同时各车站加入了抢票功能，先把自己可以售卖的车票抢下来，再按照需要卖给窗口外面等票的旅客。

这时，铁科院以及北京、上海、广州等铁路局（集团公司）也都在尝试计算机售票和联网售票，并取得了许多积极成果。

建设中国铁路客票发售和预订计算机管理系统提上了议事日程，铁道部成立全路客票发售和预订系统建设领导小组和工作组，以强有力的领导体制保证该项工作的顺利有序进行。"中国铁路客票发售和预订系统"课题，被列为"九五"国家科技攻关项目。

2000年，北京推出了第一个互联网购票网站"首铁在线"。这是北京铁路局在线上搭建的一个实验性质的网络购票平台。此时，电脑虽然已经呈现普及之势，但还处于用ADSL拨号上网的时代，网速只有100K/S，大概是1M的带宽。当时社会上了解网络订票的人并不多，网络购票采取的是会员制，每次要交上几元到几十元不等的服务费，才能享受到提前预订火车票的服务。

有位网络工程师在网上发帖追忆道，那是进入新世纪后的一个春节前夕，我通过拨号上网，在"首铁在线"网站订好票后，又花了9个小时排队，才取到票，而且是最后一张。上午9点订的票，然后我去代售窗口排队，从11点排到20点。虽然花了这么多时间，但依然很开心，因为我是那天排队的最后一个——不是说我动作迟缓，而是代售点要关门，站在我后面的都被挡在门外了。所以那次我感到特别幸运，忽然间，眼前的城市呈现出五光十色般的美好。

然而，"首铁在线"自上线起，便遭受到了北漂一族的巨大冲击，网络经常处于堵塞状态，或干脆瘫痪。毕竟那时的人们对于用户体验的期待，仅仅是不用线下排队而已。"网站卡了，等等就好。"相比于昼夜露天排队，待在屋子里等网络还是舒服得多。

随后的日子里，人们订票的流程和遇到的困难大致相同。电话订票，占线打不通；"首铁在线"网络购票，由于网站访问量过大，经常崩溃停摆。在"首铁在线"尝试网络购票的那几年里，人们的购票体验不能说是拉胯，简直就是忍耐、再忍耐。"明天也许会好些吧。"人们在期盼中，度过一天又一天。

经过不间断地抢修、维护，"首铁在线"在"正常和瘫痪之间"坚持了8年。

到了2008年春运前夕，一路跌跌撞撞的"首铁在线"，终究没能承受住最后一根稻草的压力，在经受又一次瘫痪后，宣布停止网络订票业务，只提供部分信息查询服务。理由是：因网站登录人员过多，造成服务器瘫痪。

"首铁在线"尝试失败后，同样作为一线城市的上海接棒北京，在2009年也上线了一套网络购票系统，并且还提供送票上门服务。可让人郁闷的是，这套系统上线仅一天，就因为系统故障关闭，此后再无下文。

12306 正式上线

2010年1月30日,铁路12306网站余票查询系统开通试运行。其主要功能是,用户在该网站可查询列车时刻、票价、余票、代售点、正晚点等信息。没有网络售票业务。

这一年,中国互联网顶级域名"cn"正式写入全球互联网根域名系统。当年中国互联网网民达4.57亿人,其中移动网民3.03亿人。媒体认为,通过互联网购买火车票是一场不可逆转的潮流,必然会发生。

2011年6月12日,铁路12306系统正式试水,通过互联网发售京津城际铁路车票。第一天网上售票1000多张,很顺利,很轻松。媒体评价为:网络畅通,过程完美,效果理想。

正如所有的历史故事一样,12306的故事也是由几个关键节点、关键时刻组成的。这天是中国铁路互联网售票的一个关键节点,尽管刚开始只是试卖,而且只卖特定车次的火车票,但想买京津城际火车票的旅客,不用到车站广场排队了,这分明是新希望的曙光。毕竟坐在家里网上排队,与站在车站广场线下排队有本质区别,一时间,网民们雀跃欢呼。

半个月后,在京沪高铁开通运营前夕,铁路12306系统开始发售京沪高铁车票,仍然是十分顺畅。2011年9月30日,开始发售全路动车组车票。同年12月23日,铁路12306系统开始发售全路旅客列车车票,铁道部最终兑现了"2011年底互联网售票覆盖全路所有旅客列车"的承诺。

时任铁道部新闻发言人王勇平曾骄傲地宣称,互联网正式成为铁路售票新渠道,全路旅客列车实现网络售票全覆盖,标志中国铁路进入电子商务时代。

自此,铁路12306系统与十几亿中国人的出行紧紧连在了一起。人们开始告别站前广场排队购票的艰辛,再也不用为一张火车票披星戴月、忍冻挨饿了。

尽管如此，当年铁道部对铁路12306系统上线，采取了十分慎重的态度，从试点到正式，从动车组到普速列车，网络售票范围一步一步扩大。而且很低调，尽量减少社会的注意力。

铁路12306系统正式进入大众视野后，一度在社会上好评如潮。中国人似乎等待这一天太久了，大家兴奋地点击电脑页面，享受着新时代的便捷与时尚。现代化的互联网售票，以其方便、快捷与公平的姿态，与风驰电掣的和谐号动车组列车一道，组成了又一抹亮丽的风景线。

铁路人都知道，春运是一块试金石，对铁路12306系统来说更是如此。2012年春运的到来，对铁路12306系统来说，是第一次大考。铁道部从上至下，都保持着高度的警惕性。这是互联网售票的首个春运，面临着亿万之众的购票大军、潮水般的点击量。

☑ 铁路12306系统互联网售票示意图

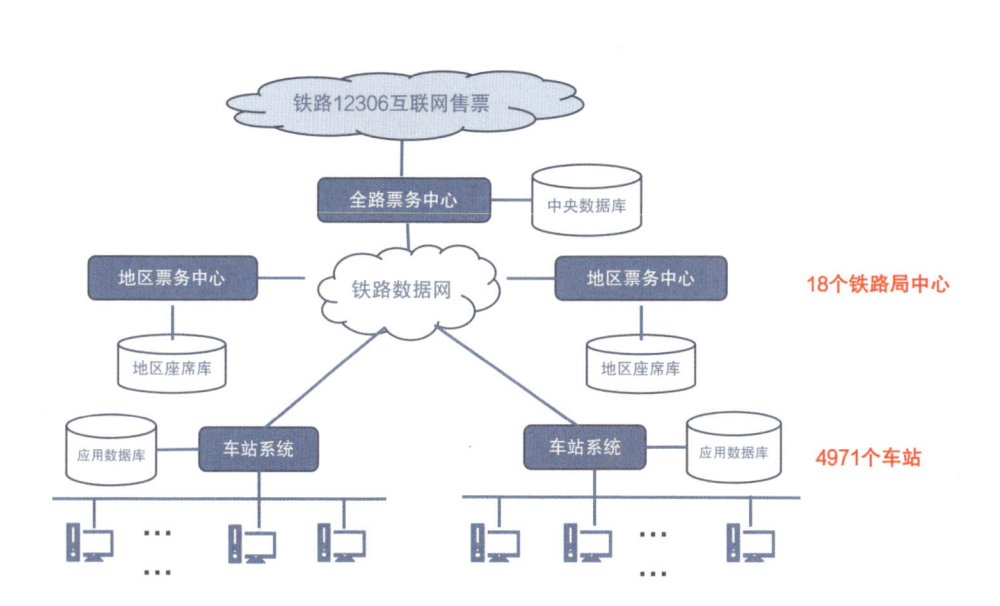

△ 12306团队的大年除夕之夜

2012年1月2日，距春运开始还有6天，铁道部领导一行专程来到铁科院检查工作，而且直接来到了位于电子计算技术研究所（以下简称电子所）的"中国铁路客票系统监控中心"，听取铁路12306系统运行情况的汇报，观看了全路互联网售票系统的演示。

铁道部领导特别强调，互联网售票是今年春运售票工作的新举措，要做好系统的盯控卡控，确保各系统平稳运行，确保各环节不出问题。

当天下午，在铁道部运输局统一指挥下，组织了一支由运输局、铁科院、铁路公安局、铁道部信息技术中心、资金清算中心和相关厂家组成的合署办公团队，明确相关单位责任分工。铁道部运输局营运部主任王培坐镇指挥。

全路上下严阵以待，尤其是铁科院合署办公团队、全路客运、车务系统职工，都在高度警惕、严密监视铁路12306系统上线后的运行状态。

2012年1月8日，春运首日，时任铁道部副部长胡亚东在国务院新闻办举行的春运新闻发布会上宣布，从1月1日到7日，铁路12306系统日均点击次数已经超过10亿次，与中国流量最大网站百度齐平，系统运转稳定、正常。

胡副部长的这番话，通过央视的新闻联播节目传遍了全路，让中国铁路人紧张的神经，似乎缓解了许多。

堵塞＋瘫痪

让人始料不及的是，2012年春运刚启动，铁路12306系统就瘫痪了。

铁路12306系统的首次春运亮相，堪称灾难级别，可以用"惨败"来形容。

1月9日，铁路12306系统的点击量超过14亿次，达到14.09亿次，比前几天的日均访问量10亿次，增长了近50%。访问量环比激增10余倍，瞬间成为全球最繁忙的网站之一。专业人士估计：登录铁路12306系统，平均刷新网页至少500次才能买到一张票。

令人心悬的是，急于购票的各地网民蜂拥而至，铁路12306系统流量暴增，服务器几度崩溃。经过几次大面积堵塞后，网络系统终于彻底瘫痪了。购票者焦急地围坐在一台台电脑前，屏幕上"找不到网页"的提示，冷酷地飘荡在空空如也的页面上，叹息声阵阵。

据Alexa网站2012年1月12日发布的统计数据，铁路12306系统7天内访问用户，占全球互联网用户的0.902%。

许多人进不了12306系统网站，好不容易登录进了，要么刷不出车次信息，要么点击不了购票按钮。有人好不容易抢到票了，却无法支付，或者支付后拿不到票。不知有多少人，抱着满心的希望，却面对着不断转圈的浏览器，最后只得点击退出。很多人因为网站的各种问题导致抢票失败，甚至耽误了去线下排队买票的时机，怨声载道。

事后专家分析认为，铁路12306系统接入带宽明显不足和余票查询量巨大，是导致拥堵和瘫痪的主要原因。"互联网购票第一步是余票查询计算，只有查到余票后才能继续购票。当春运的余票查询请求像海啸般汹涌而来时，网站的核心交易处理能力不足，导致了网站入口直接堵塞。"单杏花回忆道。

专家测算，如果铁路12306系统登录高峰期间的并发量达到1GB，那么，同时在线访问人数可能已达到500万。500万是一个什么数据？

安天实验室总工程师张栗伟解释道："同时在线达到500万，已经超过百度空间的规模。如果同时交易500万笔，这个规模大约是淘宝最大促销2011年'双11'时第一小时总成交量笔数的2倍，无论从哪一个方面看，这都是一个巨大的数字。"

安天实验室是以网络信息安全为主要领域的综合性信息技术研发机构，国家级网络安全应急服务支撑单位，在奥运网络安保中，安天有9名工程师被评为奥运网络安保功臣。

张栗伟认为，这种定点放票的机制也是造成访问数量剧增的原因之一，明显的洪水效应，一旦超出服务器的承载能力，响应时间就会显著变长，交易失败率增加。

霎时间，人们将对铁路12306系统的"爱"转成了"恨"。它免去了上亿人起早贪黑、顶酷暑冒严寒的排队购票之苦，但网站堵塞、刷不出票时，一次又一次让许多人失望、着急与抓狂。

据悉，当时铁路12306系统把高峰日售票目标定在100万张，系统各环节的能力也都是按高峰日售票量设计的。然而，没能想到，铁路12306系统最高峰时一天售出了119.2万张火车票，超出设计时每日最大售票量的20%。由于网络堵塞,当时的系统平均每秒只能成功售出几十张火车票,运算压力大时这个数字还会掉到10以下。

伴随着一片批评声和责怪声,铁路12306系统成为了全球骂声最多的网站。不少网友在网上吐槽:没有爬不上的山,只有登不上的12306。一个调侃12306刷不出票来的"嘻唰唰"视频,风靡大江南北。

当时有些所谓的专家撰文指责铁道部,几亿元研发的系统,还不如几千元做的系统。加上少数不明真相的人推波助澜和恶作剧式的炒作,铁路12306网站一下子被推到了全民关注的风口浪尖。这一年,"12306"登上了多家主流媒体的"年度热词"榜单,"卡顿""失败"频繁出现在有关报道里。

由此,单杏花和她的团队,面临着巨大的压力与考验。此时12306的天空成了一张巨大的网,拥塞着幽暗的鱼。单杏花的心沉甸甸的。

回忆起当年的情形,单杏花团队的一名成员说:"前台抓狂了,我们后台也抓狂了。服务器跑到一定负荷后,访问者还在源源不断进入,我们不得不进行限流。"

"不论我们前面是怎样的随机变量,不论未来有多大的方差,挺过了波峰,胜利还会远吗?"单杏花冷静下来,给大家打气鼓劲,一定要坚定信心,咬紧牙,渡过难关。

100万是什么概念?

事后一直有人追问和质疑:为什么铁路12306系统的设计能力是每日100万张票?为什么不设置得高一些呢?

单杏花坦诚地说:"中国铁路客票系统模式是世界上绝无仅有的,没有成功经验和现成模版，只能'摸着石头过河'。当时我们也经过周密的市场调研，并参照借鉴了德国、法国、日本铁路的经验。这些发达国家铁路互联网售票比率仅占17%左右，按我国当时的日均售票总量推算，我们将互联网售票比例提升到25%，即每天100万张左右的售票量。谁也想不到预设能力与实际需求竟然有这么大的差距，当时真的是山洪海啸一般，让人猝不及防啊。"

当时铁道部决定，春运期间将20%左右的票源投到刚开通的铁路12306系统平台进行互联网销售。"每天可处理100万笔购票需求，当时估算应该够用

▽ 2007年9月，12306技术团队赴日本考察

的。"一位负责此项工作的原铁道部工作人员在接受《中国青年报》记者采访时说。

许多网民不接受这种说法，认定是决策失误，明显渎职。单杏花感叹道，那段时间不知是怎么挺过来的。

"当时没有别的方法，因为网站始终在运行，就像办公室一边办公一边装修，我们只有昼夜奋战，尽最大努力去优化系统。"单杏花说。面对网上铺天盖地的嘲讽乃至谩骂，他们也没办法，更没时间来澄清——因为再澄清也没有用，对旅客来说，只有解决了问题，才是硬道理。

单杏花和伙伴们心里也委屈，实在憋得难受，就站在窗前看看外面，然后再回到电脑前继续工作。窗口的大杨树和夜空中的星星作证，那些日子铁路12306系统的办公楼，每天晚上都是灯火通明。

针对带宽不足的问题，当机立断，迅速将带宽由600兆上调至1000兆，不久又上调至1500兆，后来调到了15G，高峰时调到了35G；针对系统程序问题，更新优化设计，从架构等关键环节上寻求突破和创新。

谈及那段郁闷的时光，单杏花终生难忘："面对首次春运大考，我们只能背水一战，当时，大家都特别紧张，网站点击量巨大、购票请求汹涌而来，呈爆炸式增涨，大家都紧紧地盯着屏幕，一分一秒地关注网站的运行，形象一点地说，连眼睛都不敢眨一下。那个时候，全社会都在关注12306，铁道部领导、院领导、所领导也一直与我们一起忙碌到大年三十，可以说是同甘共苦、肝胆相照，给予我们巨大的激励和鼓舞。"

铁科院紧急动员，成立了以院长康维韬、党委书记王君历为组长，院所两级领导为成员的春运客票系统保障领导小组。院长、党委书记、常务副院长率先垂范，每天坚持在客票监控中心现场办公，协调指挥，全力做好保障工作。院领导与团队成员在一起，经常工作到深夜才离开。

"只要互联网售票运转着，我们就是胜利，当然也有可能出现新的问题。而解决这些问题，恰好是提升我们自身技术实力的最好机会。"

喜欢啃"硬骨头"的康院长总是把挑战当成机遇，让单杏花和团队成员感触颇深。

铁路12306系统终于挺过来了，顶住了日点击14亿次的压力。2012年元月20日晚上，铁路12306系统新版上线，日售票量翻了一番，由60多万张攀升到119.2万，创造了日售票量最好成绩。这一刻，单杏花和伙伴们像是又重新活了一次，感觉整个身心都被掏空了。

冷静下来后，单杏花想到了《杨绛传》里的一段话："学会控制情绪，是一个人成熟的标志，控制好了自己情绪，你的人生就赢了一大半。有能力管理好情绪的人，才有能力把握自己的人生；有能力拥有好心态的人，更容易获得幸福。"

此时此刻，单杏花感受颇深。面对几亿之众的票务交易网站，系统设计、运用管理都必须讲科学，不能感情用事，广大旅客买不到票的心情是可以理解的，作为一个科学工作者，必须控制好自己的情绪，从容不迫，沉着应对，决不能被民众的情绪所影响。

铁路12306系统遭遇瘫痪的现实，让单杏花明白了一个道理：中国的事情和外国不一样，参照只能是参考，中国的事情必须立足中国的实际。

依然经常被"卡"

接下来的日子，铁路12306系统的表现有了很大的进步，但依然不尽人意，经常被卡。点击量在急剧增长，系统投资改造的脚步似乎总是跟不上。在这种情况下，"卡"与"崩"似乎成为一种常态。日常"小卡"，春运时"大崩"。

此时的铁路12306系统，就像是个没接受过社会毒打的"小学生"，虽然信心满满,但是瘦弱的身躯,承受力有限,稍微多一点订单和登录人数就足以让它手忙脚乱。特别是抢票软件的横空出世,大大加重了系统的承载量,网络三天两头堵塞、卡死。上网人数稍多,登录必卡;按时段放票时,登录必卡;先是刷不出验证码,好不容易刷出了,后续步骤还要卡。

2012年9月,中秋国庆双节来临之前,铁路12306系统又一次全线崩溃。经受过春运网络瘫痪阴影的广大网民,已经提高了承受力,似乎习惯了铁路12306系统在重大节假日时的崩溃现象。

2013年初,春运来临的前几日,铁路12306系统3天之内两次刊发公告称,因硬件设备故障/机房空调系统故障,正组织抢修,暂停互联网售票服务。

事后铁道部给出的回应也无法令人满意:"当初没有预料到大家对于网站的热情那么高,由此预先设计的承受量太小,导致使用出现了问题。"

这一次,许多网民真的是被激怒了。堂堂铁道部推出的官方网站,竟然公开宣称"承受量太小",那些投资都打水漂了?人们只关心12306长成了什么样,却没人关心它累不累。一时间,几乎所有人都对铁路12306系统充满了仇恨。

骂归骂,埋怨归埋怨,铁路12306系统投资改造工程终于见到了成效。经过一段适应期后,终于强大起来。在2013年春运中,铁路12306系统竟然没有出现大规模的卡顿。这年1月15日,总共发售客票695.1万张,网络购票265.2万张,占到近四成。全天超过1700万人次登录系统买票,点击次数高达15.1亿次。比2012年春运期间网络最高日售票的119.2万张,能力提升了1倍多。

然而,在此后的2014年春运时,铁路12306系统又彻底瘫痪了。毕竟通过互联网买火车票的旅客越来越多了,而且呈逐年大幅增长的趋势。加之多如牛毛的第三方抢票软件,敲门声不断,防不胜防,导致铁路12306系统的压力越来越大。

12306团队对机房设备进行日常巡检（刘一赢/摄）

2014年1月15日，神曲《一票难求》火遍网络。歌中道尽了抢票难、归乡难，以及登录12306有多难。"循环登12306，耗尽我大半宿，订不到指已抽。"无疑是对2014年春运抢票人的真实写照。

这年1月20日，《人民日报》刊发了本报记者陆娅楠与铁路12306系统技术负责人朱建生的对话。题目是：12306春运能否不再瘫痪？借此不妨摘抄一段，让大家一同掂量其分量。

记者：今年春运售票期间，12306网站曾再度瘫痪，高峰时段的点击量有多高？

朱建生：1月9日，当日开始出售1月28日的火车票，是今年的售票高峰日。这一天，12306网页点击量高达144亿次，相当于全中国每人至少在12306网站点击了10次。这一天的网页浏览量高达88亿次，相当于全中国每人都浏览了 12306 网站 6 次页面。

记者：不少旅客觉得平时通过 12306 网站订票还是很方便的，但是一到春运，订票的速度就慢了很多，旅客们期待是否能通过不断增加带宽等措施，使春运购票也能畅通起来？

朱建生：春运高峰期的点击量、浏览量是平时的几倍，甚至十几倍，我们只能在满足日常需求与高峰期售票需求之间寻求一个最佳点，合理进行硬件配置。打个比方，这就好比网站的能力是每秒处理几千张票，但是高峰期的需求是每秒几万甚至十几万的购票需求，那么我们只能对需求进行异步化处理，通过有序排队让大家等待一下。不过我们也在不断完善等待环节的用户体验，尽量缩短等待时间。

……

朱建生长期担当着铁路 12306 系统的技术负责人，他一直处于舆论的风口浪尖上。在 12306 被吐槽、挨骂的关键时候，他都是以技术专家的身份，勇敢地站出来，接受媒体采访，介绍网络运营情况，争取广大旅客的理解和支持。

朱建生坦诚地说，网友急于买票，心情是可以理解的，其实，很多网友都在积极地帮助我们想办法、出主意。我曾经读过网友"代码狗"在西西河论坛中发表的一个帖子，里有一段话非常专业：从物理原理讲，服务器每秒钟能承受的计算量是有极限的。从经济角度考虑，一个网站不太可能以最高峰值的承受力为标准来建设。这就必须找到一个合理区间，一个适当的度。

铁路 12306 系统大数据显示：2014 年春运期间，全国铁路 40 天发送旅客约 26678 万人次，比 2013 年春运多运送 2631 万人次。这年春运，通过互联网售出的火车票共计 11441.8 万张，占总售票量的 44.9%。比 2013 年不到 40% 的比例，高出 5 个百分点。

让网络畅通是硬道理

"在奋斗中成长,在拼搏中前行。"这是铁路12306团队的生存格言。

与其他的网站千方百计寻求流量不同,铁路12306系统从来不为提升访问量发愁,反而一直头痛的是访问量太大。正是这一特征,令其他网站垂涎、羡慕。从某种意义上看,特征就是优势,应该如何发挥这一优势?

这么多年中,铁路12306系统一直在饱受网络堵塞的困扰和社会吐槽的郁闷,在2012—2013年期间,是用户体验最糟糕、被吐槽最多的阶段。尤其是2013年,为了应对黄牛党用各类抢票软件抢票,铁路12306系统所推出的购票验证码,一经面世,就遭受了广泛的责难。

根据官方公布的数字:在登录铁路12306系统后,需要数千个PV(页面访问量),才能出一张火车票。这个说法并不能得出"出票效率低"的结论,但是恰恰很形象地说明了铁路12306系统查询量的巨大。那么,应该如何破解海量查询量的难题?

单杏花真诚地说:"网友对铁路12306系统的关心与支持,是我们做好工作的强大动力。"在诸多的吐槽声中,有埋怨、指责,也有对网站建设的探讨和建议。单杏花认为,多听听民众的呼声,集思广益,换一种思路,也许就是"柳暗花明又一村"。

专家认为,铁路12306系统堵塞问题,绝不仅仅是带宽和硬件问题,更大问题在于系统架构、逻辑算法、库存同步、数据缓存机制、内外网数据交换等诸多方面,必须统筹考虑,一个一个地攻克难关。

面临重重困难,说到底,尽快让铁路12306系统畅通才是硬道理。

余票查询入"云端"

经分析论证,铁路12306系统余票查询访问量巨大,占据了访问量的70%以上,这是导致网络瘫痪的重要原因之一。如果加上其他查询,仅查询请求就占到了网络访问量的90%以上。尤其是在抢票软件出现后,抢票服务器不停地向铁路12306系统请求查询余票,大大增加了网络负载,余票查询成为整个网络系统的压力汇聚地。

上网买票,首先要查询有没有余票。每一次查询,都要跑遍所有的数据库同步查询当前的余票信息。尤其是春运时,余票查询请求就像海啸般汹涌而来,将网络空间塞得满满的。想进的人进不来,进来的人没法查,网络负荷沉重。

更棘手的是,峰谷与平常的查询量有着天壤之别,几乎没有办法在成本和并发能力之间做一个好的平衡。以往的做法是,从几个关键入口流量控制,保障系统可用性,但这样会影响用户体验。

余票计算也是一个非常复杂的过程,因为一趟列车有多个停靠站,它是一个动态复杂计算的过程,相比简单的商品库存简单加减要复杂得多，如果计算稍微慢了一些，就有可能导致系统堵塞。

由此引起的连锁的反应是：刷到余票的用户提交订单总是提交不成功，订单提交成功的人看不到车票，看到车票的人无法点击支付，支付成功的人看不到成功的订单。这一连串的故障反应，呈现出雪崩式状态，如同推倒的多米诺骨牌，一张接一张地连贯性倒下，一点也不含糊。

有专家认为，解决网络堵塞问题，最直接的办法就是加大通道的带宽。那么新的问题又来了，如果按照春运期间的访问量拓宽铁路12306系统通道，那平常就会有部分通道闲置，显然会造成极大的浪费。

专家还设想，春运繁忙期间，把占用流量巨大的余票查询模块与铁路12306系统的其他版块分离，使之具备独立部署能力。然后，在云上独立部署一套余票查询系统。这样子铁路12306系统和云上各有一套余票查询系统，调度更为灵活；云上的余票查询系统与12306原有的余票查询系统互相补位，根据实时的负载情况，来调配不同的访问比例，充分利用云的弹性。这样必然会大大减轻铁路12306系统的访问量，缓冲网络因大流量导致的堵塞局面。

事实上，当今云计算的基础架构虚拟化技术已经非常成熟，运用起来也是十分自如。当网络阻塞时，可以动态增加带宽，当服务器CPU到达高位时，可以快速从资源池获取虚拟机资源来分摊负荷。软件定义的数据中心，可以轻松完成这些伸缩性扩展的配置。

2013年12月8日，铁路12306手机app客户端正式上线。它与铁路12306网站共享用户、订单和票额等信息，手机购票成为大家庭的一员，铁路售票进入"拇指时代"。

从这个时候开始，铁路12306系统尝试与各类商业公司合作，从阿里云、腾讯云引进云计算服务，把网站访问量最大的余票查询业务分担到"云端"，大大提升了铁路12306网站和12306手机app的流畅性。

网上曾一度传闻，说自2012年开始，12306网站就与阿里云开始合作。单杏花纠正道，2012年春运时，时任铁道部副部长胡亚东曾经与马云联系，探讨铁路12306网站堵塞问题。马云派人来与12306网站进行过一些经验交流，12306网站也吸取了阿里云一些好的做法，大致如此。

2014年，铁路12306系统尝试与阿里云展开合作。采取购买服务的方式，铁路12306系统租用阿里云。这年春运期间，阿里云承担铁路12306系统中75%的流量（余票查询业务）。铁路12306系统分流之后，效果十分理想，系统运转越来越稳定。

由此，铁路12306系统搭建起了混合云架构，将大部分余票查询流量分流到阿里云。利用外部云计算资源，扩展了铁路12306系统的网络空间，而且做到了根据高峰期业务量的增长，按需及时扩充。通过双中心运行的架构，系统内部处理容量扩充一倍，可靠性得到有效保证。同时对铁路12306系统的互联网带宽进行适当扩容，根据流量情况及时调整，保证高峰时段网民顺畅访问。

自此，铁路12306系统大大提高了春运时期的负担能力，票务业务量提高了10.4%。无论是12306网站，还是12306手机app，海量的访问已经不再是难题。尽管抢票依然困难，但是网络崩溃已经属于"稀罕事"了。

用单杏花的话来说，铁路12306系统租赁阿里云，就是"花钱买服务"。对于铁路12306系统来说，高峰期租赁阿里云，高峰期后完璧归赵，不仅节省了基础设施的投资，也减少了资源浪费。对于阿里云而言，可以充分利用扩容资源，不同时间段，分配给不同客户。如"双11"时扩容的服务器，春运时就在铁路12306系统派上了用场，这无疑是一种双赢的结果。

2016年春运期间，铁路12306系统进一步扩大了租赁云端容量，实现了100%"云查询"，查询能力可以达到每秒40万次。数据显示：春运期间每次订票交易平均响应时间为0.5秒、网站PV值每天超400亿次，"云查询"扛住了每天多达250亿次的访问。

铁路12306系统分流之前，查询系统每秒只能支持300—400个查询吞吐量，高流量的并发查询只能通过分库来实现。分流之后，每秒可实现高达上万个查询吞吐量,而且查询速度可以保障在20毫秒左右,保持了毫秒级的响应时间。

通过采用公有云和私有云相结合的模式,铁路12306系统进一步提升了数据处理能力。混合云模式,不仅让铁路12306系统避免了因为高并发的流量冲击导致宕机,还可以避免敏感性资料泄漏,保护用户数据安全,提高了系统的容灾能力。

单杏花解释道,铁路12306系统是一个弹性的、扩展的混合云架构,核心数据只在核心部位,扩展的功能则可以用一些外延的服务器,或者和公有云开展合作,"这些跟整个核心部位是不交织的,相互之间不受影响"。

由此,升级改造后的铁路12306系统,单次查询的最长时间从之前的15秒左右下降到0.2秒以下,缩短了75倍以上;支持每秒上万次的并发查询,高峰期间达到每秒2.6万个查询吞吐量,成功破解了系统高并发访问的难题,整个系统的效益明显提高,达到了国际领先水平。目前,铁路12306系统的售票处理能力已提升到日均1500万张,运行顺畅、平稳。

多头优化调整

单杏花认为,铁路12306系统要实现畅通无阻,靠技术上的小修小补是不够的,必须应用新思路、新技术,给性能提升带来杠杆式的作用。Gemfire分布式内存数据平台就是这样一种技术。

专家告诉我,铁路12306系统分布式内存数据平台,是通过云计算平台技术,即将诸多X86服务器内存集中起来,形成一个资源池,然后将全部数据加载到这个资源池之中,进行内存计算。

事实证明,新的数据平台效果明显。铁路12306系统在经过Gemfire改

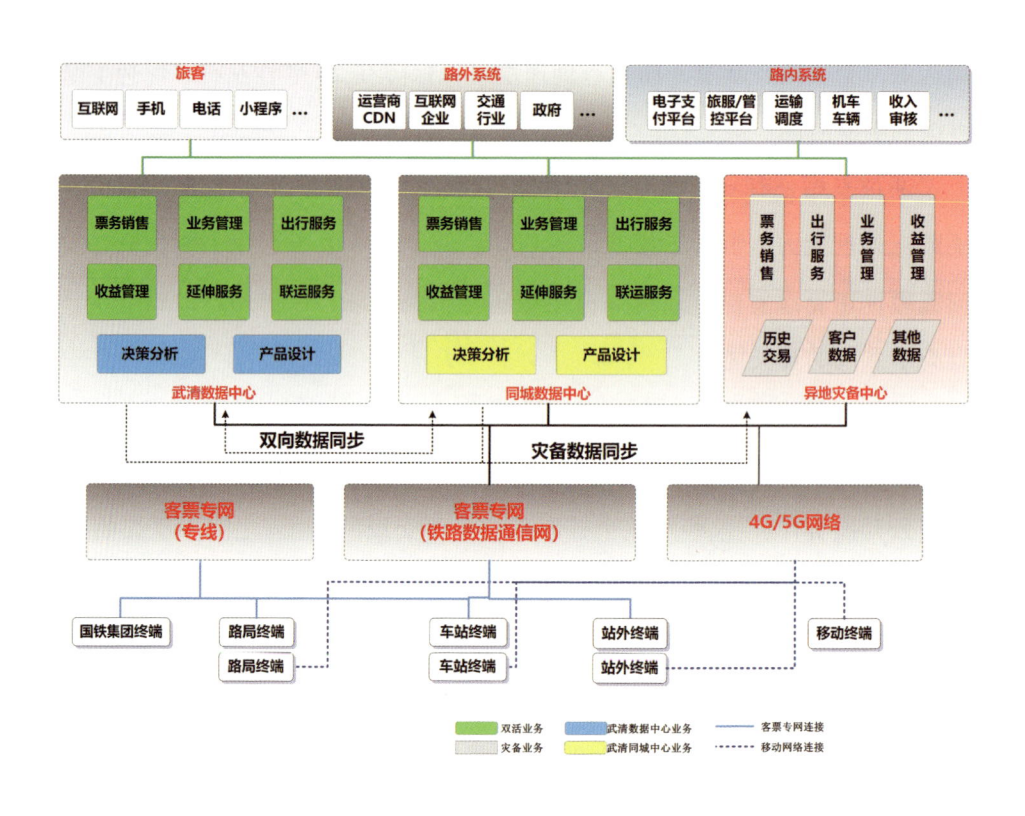

▲ 铁路12306系统功能结构图

造后，能够通过客户业务逻辑性和数据关联性，运用云计算平台技术，将关联性强的数据放置到同一个服务器节点。2015年，铁路12306系统升级后，总共建立5个Gemfire集群，提高灾备能力。这样任何一台机器故障，其它机器上还有备份数据，并不会影响整个系统的运行，也不会造成数据缺失。

此后几年，单杏花团队不断利用创新理念追赶时代脚步，持续优化调整12306核心系统架构，"读写分离、售取分离""异构数据同步""弹性扩展""双中心双活""异步交易排队""分布式缓存"等方法和核心技术，都是在这个时期、在巨大的压力下自主研发出来的。

正是如此，团队的研发者们不断钻研、创新，最终攻克了铁路12306系统的多个难点，不仅在技术层面取得了重大突破，在用户体验、安全和稳定性等方面都取得了一系列成果。

无论是移动端，还是PC端，我们都能看到铁路12306系统在经历过几次技术更迭后，实现了完美的蜕变，尽管还有缺陷，但已经拥有了掌声。这些成果被大众所认可，证明了技术团队的努力和项目的多方面成就。

在硬件方面，系统运行的服务器数量从最初的不到百台，增加到目前的数千台，以保证能够应对高并发的访问量。在软件方面，系统引入了新技术，改进了用户界面设计，提升了使用体验，同时也增强了安全性，加大了对不法分子的打击力度。

网络是铁路12306系统的通道，网络带宽决定了上网速度的快慢。随着访问量的快速增加，铁路12306系统保持适当的网络带宽是必要的。多年来，国铁集团不断加大对铁路12306系统的投入改造，扩充了网络带宽，提升了系统交易处理能力，优化了网站购票操作流程，升级了手机客户端新版，让旅客对售票系统的访问更顺畅。

2013年12月8日，春运大战前夕，铁路12306系统顺势推出列车信息查询等功能，同时，还增加支付宝购票、退票及退票款实时到账等功能。猛然间，铁路12306系统人气急剧攀升。据数据统计，12306手机客户端当日在360手机助手中的下载量是17.1276万人，用户评价397条，其中好评占了60%以上。

面对访问量的快速增长，假如不能在短时间内动态调整网络带宽或增加服务器数量，就会造成网络阻塞或是服务器性能无法满足要求，甚至让整个系统不稳定。

从2012年春运到2015年春运，铁路12306系统从10亿的PV值增加到297亿PV值，PV值成长30倍；网络带宽从1.5G调整到12G，带宽成长8倍；而铁路12306系统的日售票量从110万增加到564万，成长5倍。出票处理能力从每秒200张提升到每秒1032张，也是5倍的成长。

2014年9月18日，铁路单日售票量首次突破千万大关，达到1039.9万张，其中互联网售票比例高达61.2%，创造了铁路互联网售票的最高纪录。

2015年春运，铁路12306系统顺利过关，挺过了最高峰297亿次的日访问量，第一次摆脱"瘫痪"阴影。这年春运抢票高峰期，预售量增长26%，每张车票出售时间约0.96毫秒。当年春运销售的1.15亿张火车票中，互联网售票占比54.6%，总计6281万张。互联网售票首次超过窗口售票。

与此同时，铁路12306系统制定了分时段放票规则，避免放票时间集中，一哄而上，导致通道拥堵。全路18个路局和香港地区客票中心，每天从早上6点到晚上23点30分，分成了21个放票时间点。这样既可以分散互联网海量的集中购票访问请求，减轻系统的并发查询和购票的压力，起到削峰避堵的作用，保证了铁路12306系统的稳定。

时任铁科院电子所副所长、12306技术负责人朱建生认为，2015年春运，铁路12306系统经受住了考验，得益于系统建设的5项措施：一是利用外部云计算资源分担系统查询业务，可根据高峰期业务量的增长按需及时扩充；二是通过双中心运行的架构，系统内部处理容量扩充一倍，可靠性得到有效保证；三是对系统的互联网接入带宽进行扩容，并可根据流量情况快速调整，保证高峰时段旅客顺畅访问网站；四是防范恶意抢票，通过技术手段屏蔽抢票软件产生的恶意流量，保证网站健康运行，维护互联网售票秩序；五是制定了多套应急预案，以应对突发情况。

12306成熟起来

2019年10月25日，国务院新闻办公室举行记者会，5位高铁一线的科研工作者来到现场，与中外记者见面交流。

会上，时任12306技术部主任单杏花骄傲地宣称，铁路12306系统已成为全球最大的票务交易系统，一年售出车票30多亿张，网上售票比例超过了80%，互联网高峰日售出车票达到了1282多万张，高峰时每秒售票超出1000张，网站高峰日访问量超过了1600亿次。正是因为铁路12306系统这些年的变化，才让中国人民多年来挥之不去的"通宵达旦排长队购票"之痛彻底成为了历史。

铁路12306系统经过一次次的换代和优化，很快成熟起来。网络空间不断扩展，网站以及手机app客户端的UI设计也明显改进，更加贴近美好的使用体验。系统功能不断优化升级，折射出铁路售票组织的不断完善，满足了上亿用户在线抢票功能，让旅客摆脱了几经周折还是一票难求的窘境。订餐外卖到车厢、接送站叫车服务接入，甚至连入住酒店，都在铁路12306系统上"千呼万唤始出来"。

经过二十多年的建设，中国铁路客票系统取得举世瞩目的成就，为世人所赞，为国人所自豪，它是所有参建者共同努力的结果，集体智慧的结晶。特别是铁路12306新一代客票系统开通十余年来，经过一系列的技术攻关，系统的承载能力有了质的飞跃，单日售票能力从1000万张，提高到了1500万张，直至突破2000万张。新功能、新服务的相继上线，展示出强大的生命力和无比灿烂的前景。

2012年，旅客在铁路12306系统购票后，可以直接刷身份证进出高铁站；2012年到2017年间，新增了列车正晚点查询服务，推出接续换乘、动车组选座、微信支付等新功能，极大提升了旅客购票体验；2018年春运，一大批车站实现"刷脸进站"；2019年5月，"候补购票"功能悄然上线，将铁路候补购票服务扩大到所有旅客列车；2021年1月，客服网售票服务时间，由每日的6点提前到每日5点，退票业务办理时间调整为全天24小时……

2018年春运高峰日，铁路12306系统点击量已超1500亿次，是2012年春运的100倍，高峰日售票量已超110万张，也是2012年春运的100倍。

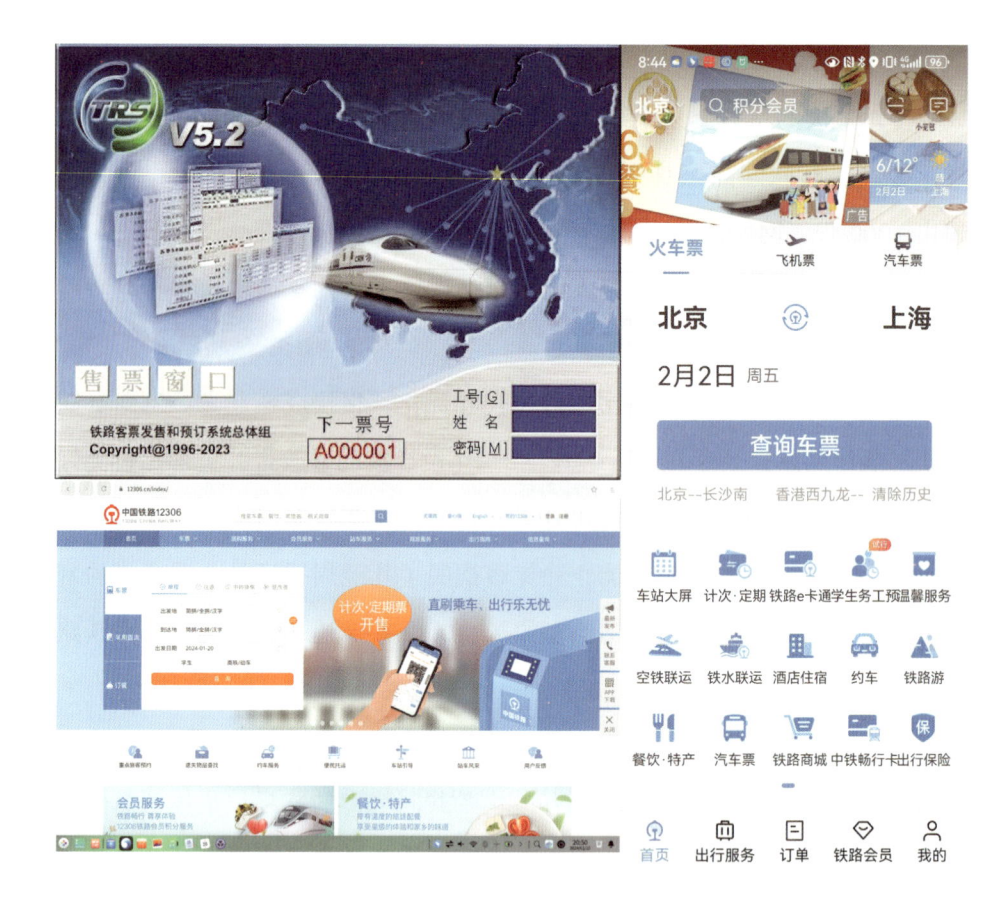

图为铁路 12306 系统的三个界面图，左上为车站窗口售票首页，右侧为手机 app 首页，左下为 12306 网站首页

铁路 12306 系统已成为铁路售票的主渠道，网络购票成为春运购票的第一选择。

有数据表明，从 2012 年到 2019 年的 8 年间，春运中的互联网售票占比，实现了从 21% 到 84% 的飞跃。进入互联网时代，中国人像适应移动支付一样，迅速适应了网络购票。

2012 年至 2023 年的十年余间，铁路 12306 系统经历了一些负面评价的考验，广大科技人员和运营工作者终于挺过来了。采用国际先进的信息技术，运用开源、云计算、大数据等新技术，不断优化铁路

12306系统架构和通道，不断扩充、提升系统能量，战胜了海量访问对系统的冲击。

这十余年间，铁路12306系统实现了票额、座席、计费、制票、结算、统计等多项工作的计算机管理，极大地提高了工作效率，减低了劳动强度，形成统一的客票信息源，实现了信息共享。实现了全国范围内计算机联网预订、预售、发售本地票和异地售票，极大地方便了旅客购票出行。

这十余年间，铁路12306系统结束了站前广场彻夜排长队购票和售票大厅人头攒动的历史，随时随地动动手指，就能完成购票用户体验，让每一个身处异乡的人，都能够便捷、舒适地买到回家的车票。

这十余年间，火车站大量特警维护购票秩序的现象一去不复返，车站周边的交通压力得到大大缓解，再也不需要聘请大量武警战士、志愿者帮助维护春运售票秩序，车站售票员逢年过节也可以回家吃个团圆饭了。

经测算，铁路12306系统每年为铁路节约售票成本3亿元以上，每年为全社会节约购票的直接交通成本至少在100亿元以上（以旅客到火车站购票，每人往返交通费3元计算）。还有亿万旅客省去了排队购票而节约出来的宝贵时间，更是无法用金钱衡量。

随着铁路12306手机app购票、自动售取票机、自助人脸识别进站系统、二维自动安检报警系统、人体智能快速云安检暨数据采集系统的相继推出，以及互联网订餐、重点旅客服务预约、遗失物品查找、机器人问询、动车组选座、商务座接待等功能多样化，铁路12306系统的综合能力、服务功能大幅提升，极大地方便了旅客购票，丰富了旅途体验，让人们坐火车出行多了几份潇洒与从容，有了更多的获得感和幸福感。

一位农民工网民在网上留言道：虽然我们骂过、恨过12306，但我们心里很清楚，最终还是12306免除了我们通宵排队的痛苦，铺就了平坦的回家路。我们不会忘记，12306给予我们的关爱、守护和支持。

采访中，单杏花清醒地认识到，回望铁路12306系统的研发之路，并不是一开始就有一定高度和清晰站位的。在计算机技术和网络信息时代刚刚到来，很多未知数尚未被认知和接受时，铁路客票系统的研发推广只能是"摸着石头过河"，在探索中蹒跚前行。这个时候，存在争议和质疑是很正常的，我们必须放下身段，甚至放下自己的顶层设计和高端目标，从服务铁路的需求出发，迂回曲折地推动发展，从而争取更多的支持者。

毫无疑问，尽管现阶段的铁路12306系统依然有很多不完美的地方，但这是发展中的问题，一天比一天好起来是不争的事实。12306系统顽强地站立起来，它庞大坚实的构架，正在不断地成长壮大，以其不断完善的多种功能，精准地服务于广大旅客。

采访中，单杏花回忆道，当时有人说，你们别做了，还是让别人干吧。我很不服气，凭什么说我们做不了？客票系统的每一行代码，每一个功能优化，每一次系统升级，都是我和团队亲自做出来的。要确保网络系统畅通，必须实现多更新技术的突破，不害怕困难，就是一种坚强，路要靠自己一步一个脚印地走，即使面对更猛烈的风暴，我们自主创新的决心都无比坚定。事实证明，我们做到了。

"走出去"拓展新境界

2023年是共建"一带一路"倡议提出十周年。

凭借具有独立自主知识产权的高铁装备制造技术体系，中国高铁以"中国标准"出海，为世界铁路贡献中国方案，释放出强大的能量和影响力。中国铁路已成为"走出去"的亮丽名片。

近年来，随着跨境电商等众多企业在海外市场扩张，中国品牌通过提升客服质量、产品品质，赢得了海外消费者的信任和支持，形成了出海营销的拳头产品。务实推进政府间重点合作项目，深化政策、规则、标准合作对接，把中国对世界美好未来的想象，照进了现实，用中国发展的新成果，带动当地经济，惠及当地民生，为世界各国发展提供了新机遇。

中国铁路全方位、全系统地走出去，包括先进的互联网客票系统。随着广深港高铁、中老铁路、雅万高铁等跨境高铁、国际铁路的开通，中国铁路12306系统极大提升了旅客的乘车体验，向世界展现中国高铁硬实力和信息技术软实力。

跨越山海，心手相连。作为"一带一路"倡议的标志性项目，中老铁路、雅万高铁项目在实施过程中，12306 技术团队经历了当地文化传统、法律法规，以及政治、经济等多重考验，系统创新取得新突破，在不断提升智慧、积累经验的过程中，找到了解决问题的办法。

进入新时代，中国铁路跨境互联互通取得重大进展，为促进高水平对外开放发挥了强大的支撑作用。积极推进铁路"走出去"，服务共建"一带一路"高质量发展，推动世界各国共同搭乘互联网和数字经济快车，为构建网络空间命运共同体贡献了中国铁路智慧。

粤港铁路一体化

广深港高铁是一条跨境高铁，北起广州南站、南至香港西九龙站，全长 141 公里，是中国华南地区连接广州、东莞、深圳和香港特别行政区之间的重要高速通道。2011 年 12 月 26 日，广深段通车运营。2018 年 9 月 23 日，香港段通车运营，标志着香港、广州与深圳融入一小时生活圈，香港正式步入"高铁时代"。

早在 2015 年，12306 技术团队就开始参与广深港高铁互联网客票系统建设，与易程科技股份有限公司合作，前者负责整体的中心级客票系统建设，后者负责车站级客票系统建设。

2020 年 1 月 30 日，由于新冠肺炎疫情影响，香港西九龙站口岸关闭，往来中国内地与香港间的列车暂停跨境运营。2023 年 1 月 15 日，广深港高铁福田至香港西九龙站段恢复跨境运营。

这期间，大陆境内的高铁客票已经实现了电子票，要实现广深港高铁香港段与大陆境内的高铁客票联通，前提是香港铁路公司与内地财务系统要联通，然而这种跨境联通，有着许多政策、条例和法律障碍。为此，12306 技术团队借助香港段暂停跨境运营的机会，一直在努力寻求破解方案。

采访中，广深港网络售票系统负责人、铁科院电子所客运与电子支付事业部国际票务部副部长胡志鹏介绍道："跨境电子支付的退改、货币政策的限制、金融管制、隐私信息的保护等问题，都是广深港高铁网络售票系统建设的难点所在。"

胡志鹏解释道，譬如说隐私保护，香港有关条例规定，凡是计算机发出指令含隐私信息的，必须在本地完成硬件加密，然后传至于服务器端完成解密。这个过程很绕，也很复杂。

针对难题，单杏花组织团队成员一同攻关，形成改进方案，通过在中端引进加密设备——加密卡、在服务器端使用加密机等措施，满足了隐私信息密文传输的要求。

这段紧张繁忙的时期，也是疫情防控最严格的时期。胡志鹏回忆道，他与同事们往返于北京与香港之间，经常会因行程码变色被隔离。有一次从香港回北京，路途时间竟然花了 28 天。

经过反复研讨，12306 技术团队开创性地制定了广深港铁路客运专线深港段客票系统接口设计方案，在内地设置相对独立的香港段票务负载中心，并接入国铁票务系统平台，实现了粤港两地铁路客票系统一体化融合。由此，为旅客提供了便捷的售、退票等无差别一体化服务，对推动"一带一路"建设、进一步完善粤港澳地区综合交通运输体系具有示范意义。

2022 年 4 月，广深港跨境铁路全线实现客票电子化。同年 10 月，实行了港币电子支付跨境退改。电子票不仅在广深港跨境高铁通用，还可以在大陆和香港跨境退票和改签。

2023 年 8 月 14 日，广深港高铁"地铁化"正式落地，推出跨境"灵活行"，包括增加改签次数、设置"无座票"。凡是持深圳福田至香港西九龙站间有效车票的旅客，在办理过一次改签或超过改签时效后，仍可于票面乘车日期当日办理三次"灵活行"变更车次手续，为往返深港两地的乘客提供更多弹性空间和良好的乘车体验。

中老铁路联网售票

2023年4月13日，首趟中老铁路跨境旅客列车开行，昆明至万象间实现了当日火车通达。

中老铁路是以中方为主投资建设、全线采用中国技术标准、使用中国设备并与中国铁路网直接联通的国际铁路。自2021年12月3日中老铁路开通，截至2023年9月25日，国内25个省（区、市）开行了中老铁路跨境货物列车，货运量达2642万吨；发送旅客超过2100万人次，60个国家和地区的近10万名旅客，乘坐动车组列车从磨憨站出境，实现跨境旅行。

中外旅客一张张兴奋的笑脸，旅客手中的一张张中文、老挝文和英文标注的火车票，凝聚着单杏花团队研制中老铁路客票系统的智慧与汗水。

2020年10月，中老铁路客票系统项目组成立，开始进行系统架构搭建和系统设计开发。此时，中国铁路12306系统已经享誉世界。由于海外市场地域广阔，语种多样，系统语言不仅需要支持客户端还需要支持客服端，才能提升客户体验、保证客服工作效率。

2021年初，12306技术团队派出李天翼、年历朋、宋阳、耿军英、王威、王泽龙、张隆悦等7位同志，克服疫情影响，来到老挝。"中老铁路票务产品的设计、研发、运维等全流程，必须从国际化视角考虑，充分结合老挝国情、旅客习惯等因素，同时在系统设计、开发过程中借鉴中国铁路12306系统成熟的技术模式和业务模式，服务旅客的美好出行。"出行前，单杏花进行了一番短暂的战前动员，给团队加油鼓劲。她强调："这次我们挑起的是中国铁路12306系统'走出去'的示范工程重任，必须干好、干出样板。"

成熟的铁路12306系统，面对几亿用户，系统庞大、功能复杂，如果简单地移植到中老铁路的老挝段，必定会造成很多功能冗余，增加维护成本。经过深思熟虑，单杏花提出了模块化设计思路，追求中老铁路客票系统的轻量化、定制化。

此后一年，单杏花带领系统工程、票制票样、电子支付等专业团队，重新开发了一套基于微服务、高可用安全架构、全面支持国际联运的老挝铁路客票系统。

中老铁路开通时，国内段的旅客购票已与铁路12306系统联网，旅客可以通过铁路12306网站、手机app客户端、人工窗口、自动售取设备等多渠道购买车票，或通退、通改。通过数字技术，实现了验检合一功能，简化了出行环节，便捷了旅客出行。

中老铁路老挝段开通时，电子客票系统顺利上线，实现了窗口单程、往返票发售、退票以及改签等业务。鉴于老挝国情实际，中老铁路运营前期，老挝段暂不实行实名制购票，也不具备网络售票条件。

中老铁路开通运营的当天，单杏花就时刻关注中老铁路的售票数据，稳定上升的售票量，让她激动万分。单杏花知道，前期保障中老铁路开通运营，仅仅是闯过了第一关。老挝段铁路的实名制购票、票据票号管理、互联网售票、手机app及老挝本土支付方式引入等需求，都会纷至沓来。

中老铁路开通不久，12306技术团队就迅速展开了中老铁路全线互联网售票系统建设。单杏花多次带队前往昆明铁路局调研，了解中老铁路沿线各站窗口售票情况，了解老挝当地居民的生活习惯，很快设计出了适应老挝铁路特殊票务组织模式的互联网售票系统方案。

方案形成后，单杏花积极与中方派往老挝工作的铁路职工联系，听取他们对互联网售票、手机app页面操作的意见，多次对页面设计进行修改完善。综合考虑平台的支持性、系统性能、技术稳定程度、安全性、开发成本等因素，满足海外平台发布要求，慎重地开展技术选型。同时，充分考虑了未来中老铁路客票系统上线后的其他延伸功能。

作为一条国际铁路，沿线的中国、老挝及东南亚其他国家旅客购票，有着多语言、多币种支付需求。单杏花组织团队成员，从汇率换算、尾数处理、存根数据、票款结算、页面展示等多个方面展开详细研讨。一个数字计算或记录错误，都会导致票款错误、结算不平。为了让系统算得又快又准，会议室的面板上写满了公式，团队全流程验证方案可行性，确保数据在系统的流通毫无遗漏。同时，引用多语言表，通过语言方式，实现了多语种的相互切换。

与此同时，在客票系统处理售票、改签、退票等业务时，也需要考虑汇率如何换算、以什么基准换算的问题，这需要制定详细的业务规则。单杏花从旅客的视角，罗列所有的业务场景及处理规则，试想如果是自己购票碰上这样的规则是否能够接受。她一遍遍修改，文档里详细写着操作步骤及系统逻辑，最终确定了便于工作人员操作、便于旅客理解的多币种支付业务规则。

如何保障系统上线运行流畅、给旅客带来更好体验？单杏花团队对软件系统进行建模和仿真，模拟真实环境下的系统运行情况，并测试系统的各项性能指标。在多次仿真试验与大量数据分析中，不断在内存管理、网络管理、安全、系统性能等方面对方案进行优化。经过数周打磨，最终完成网络架构安全、业务流程合理、操作界面友好的互联网售票和手机app的设计方案。

2022年5月，中老铁路网络售票系统完成第一期建设，实现了多币种支付。同年10月，中老铁路全线实现计算机售票。

2023年3月15日，中老铁路老挝段互联网售票及手机app正式上线，实现了线上线下同时办理业务，标示着中老铁路客运信息化水平进一步提升，老挝铁路一举进入互联网售票时代。4月11日，中老铁路客票系统有效支撑了跨境旅客列车车票的发售，保障了中老铁路跨境旅客列车的开行。

随后，中老铁路国际列车正式开行。

雅万高铁的风采

2023年10月17日，印度尼西亚首都雅加达，G1137次动车组驶出哈利姆车站。印尼及东南亚第一条高铁——雅万高铁正式开通运营，标志印尼迈入高铁时代。

雅万高铁是中国共建"一带一路"倡议和印尼"全球海洋支点"构想对接的重大标志性成果，是中印尼两国务实合作的旗舰项目，全线采用中国技术、中国标准。

印度尼西亚总统佐科在乘坐雅万高铁后表示，雅万高铁是印度尼西亚以及东南亚最快的列车，最高运行速度可达每小时350公里，是印尼运输业进一步现代化的标志。

诚然，雅万高铁智能票务系统是由中国铁路12306系统技术团队完成的。单杏花再次带领团队出征，闯过了一道又一道技术难关，将中国铁路12306系统的先进技术和多年积累的经验、优质的服务理念，输出雅万高铁，让印尼人民体验最现代化的票务服务。

雅万高铁作为"中国标准"首次在海外落地的高铁项目，票务系统是全要素输出中的重要部分，单杏花要求各个环节都要追求"极致"。2023年4月17日，12306技术团队派出胡志鹏、王雪峰、黄亮、孙华龙等同志奔赴印尼，一个月后完成了中心级应用部署和静态测试。

单杏花带领团队全面摸清印尼国情、语言、法律法规，以及民众出行的风俗习惯，提出综合运用"平台+应用"架构、服务化应用和开源技术体系的主流系统设计理念，制定了"一个平台+6个子系统组成的整体雅万高铁信息化系统"方案，以国内先进、成熟的旅客全流程电子客票技术为依托，形成了满足雅万高铁运营需求的铁路旅客运输数字化表达能力，完成了售检票作业和票务管理的数字化过程，确保了雅万高铁智能票务系统的稳定、高效、安全运营。

单杏花表示，尽管雅万高铁只是一条线路，也要让搭乘这条高铁的旅客，享受像中国高铁一样的全方位、智能化购票、进站、乘车、出站体验。

然而，实现起来谈何容易？

这个过程，让单杏花操碎了心。她曾经为实现多维度票价浮动机制的技术瓶颈迟迟不破而困扰，也因支付结构方案各方意见难统一而陷入困惑，还因智能票务系统带来的诸多难题而惆怅……单杏花就是不服输，她以不获全胜决不收兵的执着与勇气，带领团队将前进路上的"绊脚石"一一搬开。

"全列选座"是雅万高铁网络购票的一个亮点。相比国内网络售票的"相对选座"，对座位的实时性要求高、更新快。雅万高铁每列动车组编组8辆，设VIP、一等、二等座席，总定员601人，可以重联运行。刚开始设计时，团队设计人员按照国内的经验设计了模糊选座的机制，采用靠窗、靠过道、A、B、C、D、F的选座模式进行选座。单杏花认为，这种模糊选座模式不能满足雅万高铁的需求，建议根据印尼旅客的选座习惯，参考航空选座模式，实行精准、全列选座。

全列选座需要实时、动态地展示全列车的剩余席位位置和数量，计算量相比模糊选座成倍地增加，每售出一张席位，多个区间的可选席位均需进行实时刷新，迅速将实时剩余席位信息展示给旅客。

为此，技术团队经过多轮讨论，提出了两种方案：一是锁定席位，选座时，将席位直接锁定，这样方便选座。问题是，旅客不实际提交订单时，会浪费大量算力，并导致其他实际购买车票的旅客无法选座已锁定的席位；二是不锁定席位，旅客选座后，提交订单时，再检测已选席位是否可售，可售时则锁定席位，不可售时，旅客可实时更换已选席位。这样席位始终处于动态中，瞬息多变，选座不好把控，也很消耗算力。

两种方案，各有优劣，技术团队成员无法达成统一意见。单杏花与大家一道认真分析利弊，不断优化方案，提出了基于席位位图的数据处理和智能选座模型。采用基于动车车底数据和席位分布特征的席位位图数据处理和识别方法，创新选座位图动态渲染算法，结合上面两种方案优点，构建了席位智能选座模型。通过席位状态多次检测，实现席位的虚拟锁定，最大程度上保证旅客席位可选即可得，在减轻算票压力的同时，又给旅客顺畅、便捷的选座体验。

单杏花精益求精的工作态度，感染着雅万高铁项目组的同事们，大家集思广益，不断地优化、迭代，最终为旅客提供了智能、高效的全列选座功能。精准选座在雅万高铁的成功实践，也为国内高铁最终实现精准选座提供了好的范例和成功经验。

雅万高铁票务还有一个亮点，就是开辟了第三方分销平台发售雅万高铁客票功能，与当地其他票务软件接口，实现了高铁、普铁、轻轨、接驳车衔接换乘，票款一并支付。运用雅万高铁手机 app 页面，自动完成用户注册，按照流程完成购票流量。

2023 年 5 月 8 日 14 时 20 分，雅万高铁首张客票样票成功打印，印尼中国高速铁路有限公司董事、客票部门负责人及印尼铁路公司负责人见证这一重要时刻。样票的成功打印，标志着票务系统主体功能调试完成，为票务系统的正式上线运营迈出至关重要的一步。

同年 8 月 18 日，雅万高铁网络售票系统开始试运行，内部发售纪念票。10 月 14 日，正式发售 10 月 18 日的雅万高铁商业运行客票。

"从郑和下西洋到共建雅万高铁，中国是我们的老朋友。"在印尼网络上，一首说唱歌曲《雅万之歌》走红网络。歌曲在印尼传唱，中国推动高质量共建"一带一路"的故事也在全球续写。

突然间，多家网络公司瞄准了铁路12306系统。一夜间，出现了大量的抢票软件及第三方加价代购网站。这些抢票神器如雨后春笋般冒了出来，它们利用多种技术手段向铁路12306系统发起大量访问请求，实施"抢、占、囤、代"等行为，在网上抢票牟利。

第三章

"抢票神器"遭遇战

尽管铁路 12306 系统刚上线时，并不是很顺畅，甚至不时会瘫痪，但相比在车站广场风餐露宿地排队购票，已经是幸福了许多，极大地提升了人们的购票体验。有了互联网购票，人们似乎大大地松了一口气。

正当铁路 12306 系统人气大增之时，想不到半路杀出了个"程咬金"。

时间到了 2013 年春运，突然间，多家网络公司瞄准了铁路 12306 系统。一夜间，出现了大量的抢票软件及第三方加价代购网站。这些抢票神器如雨后春笋般冒了出来，它们利用多种技术手段向铁路 12306 系统发起大量访问请求，实施"抢、占、囤、代"等行为，在网上抢票牟利。由于这些抢票软件可能存在与钓鱼网站链接、含有木马病毒等问题，对用户的信息安全和系统的平稳运行带来极大的风险。

单杏花将抢票软件的无序访问，称之为"风险请求"。这种风险请求，一方面大幅增加了网站负载和带宽压力，另一方面带来了个人信息泄露风险，极大地破坏了公平、公正的网络售票秩序。尽管铁路 12306 系统官方一再表示抗议，但这些抢票神器乐此不疲，一直非常活跃。

于是，印证了互联网时代一个尽人皆知的真理：巨大的访问量伴随着巨大的市场和商业空间，其中蕴藏着巨大的"商机"和利润。为此，一些人不惜铤而走险。

随着购票实名制的实行，车站窗口对旅客购票实行一对一的验证，逼迫"黄牛党"迅速撤退，从车站广场转移到网络空间。它们借助各式各样的"抢票神器"纷纷登场，在铁路 12306 系统兴风作浪。

抢票软件的原理很简单，就是 24 小时不断监控铁路 12306 系统的剩余票量，用机器不停地读取数据，实现快速刷票、抢票。"黄牛党"拥有着高级定制版本的抢票软件和最优秀的网络条件，以及储存着众多的身份证，不仅可以同时登录多个账号，而且访问速度也快，所以在抢票方面拥有得天独厚的优势。

从"等"到"盼"再到"抢"，春运这场世界上最大规模的"人口迁徙"

产生了巨大的购票需求。人们惊讶地发现，新技术的出现，在改变现状的同时，也成为了某些不法者觊觎的"肥肉"。它们利用网民急切购票的心理，加价收取费用，同时利用旅客隐私，进行不法行为。

在这个过程中，12306技术团队一直在不断出招，与之较量。直到2018年，铁路12306系统构建起风控系统，才算是垒起了真正的铜墙铁壁。通过识别包括浏览器、IP地址在内的一些异常行为，并予以及时拦截。何为异常行为？通俗地讲，正常旅客购票每次手工操作需要一秒钟，而风险请求则可能达到毫秒级，这种异常行为，无疑会被风控系统及时拦截。

12306风控系统实现了对风险请求的预判、出击和打击。通过大数据平台，实时收集铁路12306系统购票用户的行为数据，以及第三方数据，及时对风险请求进行识别与处置，由此建立起多级联动体系和多维度数据分析，大大提高了打击抢票软件的精准度。

谁抢了我的火车票?

春节回家,俨然成了一场人性和人品的考验。

年关临近,回家过年是人们心中最重要的事情。有钱没钱,回家过年。这种急迫感和坚定性,跨越了地域的限制,再远也要回家团圆。铁路作为一种大众化交通工具,坐火车回家,成为许多中国人的选择。诚然,买到火车票是回家过年的重要前提,买不到火车票何谈回家?

于是,"黄牛党"出现了。那条起跑线还在,规则却已被打乱。

古往今来,哪里有需求哪里就有生意。每逢春运,"买票难"成为舆论关注的焦点,而有一个群体却一直因"买票难"大发其财,这个群体就是人们常说的黄牛党。随着互联网购票的普及,黄牛党也纷纷转战网络,通过攻击铁路12306系统来锁票、抢票。在以秒计时的网络抢票中,他们依旧可以轻松买票,赚得盆满钵满。其奥妙是,他们手中有"抢票软件"神器。

2015年春运时期,中国铁路总公司春运数据显示,自开售春运火车票以来,铁路12306系统登录用户总数约7亿,而售票数量约为0.6亿张。

这意味着每 10 个登录用户，只有 1 个人能从网上买到票。

如此紧张的购销矛盾，让网上黄牛党有了可乘之机。旅客在铁路 12306 系统买票时，每一次操作都是在请求一个接口，只有在请求到接口后，才能进行查询、下单、支付，实现一次完整的购票操作。黄牛党手中的各种抢票软件，就是通过技术手段，以比人工快得多的点击速度，快速对这些接口发送申请，以达到刷票抢票的目的。

虽然抢票软件技术手段优秀，但是终究还是违法的，见不得人的，所以这一类黄牛党其实数量不是特别多，但是的确对这个大的生态平衡产生了巨大的冲击。

数据显示，铁路 12306 系统高峰时每秒有 20 万人同时在线，一些热门线路车票在 20 秒内就全部售罄，而这些车票的一部分进了黄牛党的口袋。黄牛党抢走的不仅仅是火车票，还抢走了人心。

"黄牛党"溯源

作为一门古老的职业，黄牛党的历史远长于火车的历史。

黄牛党有不同的称呼，在百度上叫票贩子，北京话叫拼缝儿，上海话叫黄牛党或打桩模子，更直接的称呼是：票虫儿。

据说，新中国成立前的上海市场，有一些投机倒把的小贩，靠着囤积货物，如大量布匹、粮食等物资，赚一些差价。然而，他们没有大资本家那样的雄厚实力，结果往往血本无归。这些巨亏后的小商贩们以"案板上的黄牛"来自嘲和装可怜，自称黄牛党。

还有一种可信的说法是，牛有很多种，其中黄牛皮硬毛多，一年换两次毛。所以黄牛党是挣毛利的意思。加上黄牛在农村一般是肉用居多，不用做苦力，有偷懒耍滑的意思，一般带有贬义。

到了20世纪六七十年代，物资紧缺，买东西都需要凭票，不管是买粮食，还是缝纫机、自行车、电视机等商品都需要各类票证。黄牛党做的是囤积倒卖的生意，先囤积，再倒卖。"党"是上海人在给社会现象分类时最惯用的概念系统。在当时的上海，有许多人用倒卖粮票来获利，人们用黄牛党来形容一堆人在那里抢购物资或票券，有如"黄牛群之骚然"的场景。

进入八九十年代，随着市场经济开放，劳动力在中国大地上迁徙，直接带动了交通业的发展。春运时期，广东街头、火车站前广场，都是排长队的买火车的人，前呼后拥，拥挤不堪。

这时黄牛党又开始倒卖火车票了。因为火车票紧张，不少旅客通过黄牛党买高价票。黄牛党常用的伎俩是，反复排队或雇人排队，买到大量火车票后，再将车票加价出售，赚取暴利。

这是火车票售卖相对透明的一段时期，每趟车的预留票额都会在车站公示。虽不及现在便利，却只有火车站广场通向售票窗口的那一条"起跑线"——排队。想买到票，路只有一条：对照窗口上方小黑板上的列车预留票额，越早去排队，越能买到票。

一位资深互联网人士回忆道，当年他在上大学时，寒暑假都会去火车站窗口排队买票，一些热门线路火车票往往都被黄牛党霸占了，只能花高价从他们手中买。黄牛党通常采用的办法，就是雇人排队，把热门的票全都买下来，然后再去卖给别人。

与时代同行，如今的黄牛党也同样进入了互联网时代，"抢票软件"是他们的新式武器。套路还是一样，就是将手里抢来的一堆车票，倒卖给其他人，从中牟利。

黄牛党行为本质上是一种囤积居奇、扰乱市场秩序的违法行为，别看一单只赚几十或者几百块钱，如果不加监管规范，黄牛党就可能会垄断这部分票源的定价权，而旅客也只能如"俎上之肉"，任人宰割了。

黄牛党是一大社会公害，他们通过倒卖、囤积、抬高价格，最后转手卖出，从中赚取价差，归根到底就一个词：利益。其实，黄牛党背后也有着基本的经济学原理，本质上是因为市场供不应求、供需失衡的原因所致。当某一个商品在市场需求很旺盛，但市场供应却短缺，商品此时就变得很稀有，黄牛党就利用这种供需不平衡或信息不匹配来获利。

经济学家认为，黄牛党的出现，是相关经济制度有漏洞的必然结果。黄牛党的存在有着一定的必然性与必要性。在传统的春运火车票市场，人们希望按先来后到获得数额远远不够的火车票，但这是不符合市场经济规律的，因而导致许多民众的宝贵时间资源被浪费在排队上。黄牛党的出现，将火车票的实际价值以货币的形式重新量化，这符合市场规律，大量愿意以货币换取时间的消费者，催生了黄牛党的出现。

从市场运营规范和监管角度来看，黄牛党的行为扰乱了市场秩序，进行市场炒作，打乱了市场价格，损害了多方的利益，成为过街老鼠。从另一方面来看，一些人害怕黄牛党消失，当急需车票时找不到购票渠道。

现实中，确实有一些人选择直接花钱解忧，花上几十元，买下顶级加速包，支付一定的费用，就能更快、更稳当地买到车票。采访发现，在某些知名抢票软件上，有近八成人都选择"最高速"。一些媒体评论表示，这是火车票市场的自主调节，一些人愿意用更高价格换取更多机会。

这样，由于黄牛党的参与，春运抢票成为了一场拼人品、拼资金的混战。

陈羽的"生意经"

2011年，铁路12306系统诞生之初，还比较幼稚，还没有那么多"招数"，无论是先期开通的网站，还是后来的手机app，一直被网友吐槽页面设计差、网络反应慢、卡顿等问题。

也许正是因为铁路12306系统最初经常被吐槽、用户体验不好，才催生了这些黄牛党和抢票软件的市场，但几万人甚至更多的人同时使用这些抢票软件，必然会对铁路12306系统产生一个庞大网络冲击，让其体验更差，形成了一个恶性循环。

"真是太痛苦了,刷了很久的网页,才买到了一张站票,从北京到深圳,站十几个小时,车厢里挤满了人。"北京工作的陈羽回忆起当年买票的艰辛，痛苦满满。

更让陈羽痛苦的是，他所要往返的北京与深圳的列车，年年都是春运热门路线。每年春运，他都被迫每天花大把时间在网上寻机"捡漏"。然而，往往都是徒劳的，充其量买到一张站票。

从2015年的春运起，陈羽作出了一个决定，再也不买站票了。在这样的执念之下，他尝遍了各类买票的方式，花很多时间摸清铁路12306系统抢票的方式，做了很多的买票攻略，最后还是决定花钱找黄牛党买票。

正是陈羽这类对春运车票有着刚需的人们，为黄牛党创造了一个相对稳定的市场，而在黄牛党的上游，则有一批抢票软件助阵。就这样，陈羽通过朋友介绍认识了一个专业黄牛党，买了几次票之后，两人就成了朋友。

初次见面，这位黄牛党警惕性很高，说话不拖泥带水，简洁明了地交代了代替抢票的相关流程，要求陈羽提供在铁路12306系统注册的账号、密码、姓名，以及购票要求、手机号码等个人信息。黄牛党并不着急让陈羽付佣金，说是成功下单之后，再进行佣金结算。

黄牛党代买火车票的佣金是100元。黄牛党很自信，他并不介意陈羽私下自己抢票。当天黄牛与陈羽一同抢票，令陈羽惊讶的是，他还没看到网上放出票，黄牛党已经下单成功。在付给黄牛党100元佣金后，陈羽成功地买到了除夕前一天从北京开往深圳的卧铺票。

也是为了解决自己以后的买票问题，陈羽成了这位黄牛党的徒弟。黄牛党带一个徒弟，会把线上的渠道给你，也会教你一些行业规则，然后要收取几千元的学费。

除了交学费的成本，还要掏钱买抢票软件，陈羽介绍："一开始黄牛党师傅会推荐相对好用的抢票软件，然后把你拉到抢票软件群里，每一个抢票软件拥有者都会有自己的QQ群，这种抢票软件群很多，一个群少则几十人，多则上千人。春运大概有一个月的时间，买一个抢票的账号就可以，价格不到一千元。"

慢慢摸清套路的陈羽觉得，其实做黄牛党很简单，买到抢票软件的账号后，准备一两台电脑，再摸清楚铁路12306系统的规则，就可以放手干了。

陈羽并没有把做黄牛党这件事太放在心上，一些买票的客户也都是朋友之间互相介绍的，可是没想到的是，仅经历一个春运，他的两个微信号就加满了客户，而且还收回了几千元的成本。

陈羽结识一个黄牛党朋友，以前在一家大型企业工作，在抢票软件出来不久，他误打误撞进入这个圈子后，就辞职回到了老家。"在家里拉了一根光纤，摆上几台电脑，一年就干三个时节，春节、五一、十一，不到三个月的工作时间，挣个二三十万。"

据陈羽介绍，按照购票操作流程，包括填写个人信息、车次、验证码等，编写成一套程序自动执行。一般手工操作这套流程需要几分钟的时间，往往还没填完信息，票就已经刷没了。而抢票软件比手工操作快得多，只需要一秒，甚至十分之一秒就可以完成了。

那么，黄牛党的抢票高效率是如何实现的呢？

陈羽说：黄牛党之所以能成功抢票，他们全靠一款价值9000元的抢票软件。该软件能自动识别火车票购票验证码，识别仅需一秒钟。放票瞬间，在普通购买者还没在网站上看到票，黄牛党那边已经将购票信息提交成功。

李冬与他的 QQ 群

2015 年 1 月 10 日，是在北京打工的江西女孩阿苗在铁路 12306 系统刷票的第 22 天。像往常一样，登录、查询，阿苗想买的 Z67 次的火车票，依然是满屏幕的灰色。自动查询了一个小时后，她终于放弃了。

"我只能去找黄牛党帮我抢火车票了。"阿苗自言自语地说。

像阿苗一样，由于在网上买不到票，转向黄牛党求救的人并不在少数。

伴随着实名制和网络购票的普及，传统囤票黄牛党的生存空间被扼杀，以"代抢火车票"为主要形式的新一代黄牛党"生意兴隆"。

在 QQ 群查询功能里，输入"火车票"出来的几百个搜索结果里，"12306 代抢火车票""12306 火车票交流"等，绝大多数群都与代抢火车票有关。每天有数以万计的人活跃在这些 QQ 群里，李冬就是其中一个。

这天下午，阿苗很偶然地加入了李冬的 QQ 群。

"我一天加了好几个群。其中有个群里，有人告诉我买票找管理员，我就随手选了一个。"阿苗说。

这个被阿苗偶然选中的人便是李冬。事后证明，李冬果然没有让阿苗失望。

对于抢票，李冬自信满满。这不光来自他花 5000 块买来的软件，还包括他的顶级电脑和网络配备。

这是一个名为"12306 火车票代抢捡漏"的 QQ 群。这个群由一个群主、七个管理员、和上千名等待买票的普通人组成。

在黄牛党眼中，每一个代抢火车票的 QQ 群，都如同一座潜在的"金矿"。每个群代抢火车票的价格都大同小异。业内约定俗成的代抢价格通常是：代抢一张卧铺 150 元、高铁动车 120 元、硬座 100 元、无座 80 元。

如果已经错过车票首次放票时机，再去找黄牛党去代购剩余票，这样抢票难度就会增大，需要给付给黄牛党的佣金也会增加，卧铺票是 180 元，座位票是 130 元，动车票是 150 元。而如果是指定车次或者时间段的车票，还需要额外加收 50 元。

尽管黄牛党的收费标准各有不同，但预售票的佣金大多都是 100 元起，而"捡漏"的话，佣金都在 120 元以上，一般都不接受议价。

排名越靠前，QQ 群的人数越多。在这些 QQ 群里，群主和管理员们垄断着群里的代抢火车票的生意。新加入的求票者，只能通过私聊的方式与管理员对话。

"不是管理员的，谁敢在我们群接代抢的单子，发现了直接秒踢。"李冬说。

在群里，每天都有人被禁言或被踢出，每天也都有新的求票者加入，如同一台运转的"永动机"。

要想当上管理员，并不是那么容易。不光要跟群主搞好关系，还要支付一定的费用。李冬花了 2000 元钱，向"12306 火车票代抢捡漏"群主买了一年的管理员资格，如同花钱"买官"。

"2000 元看起来很多，实际上接 20 个单子就能赚回来。"李冬说。

对于新一代黄牛党而言，QQ 群的存在让他们不用为客源发愁，因为大批像阿苗一样的求票者会主动找上门来。他们要考虑的，仅仅是怎么买到票。

"一个字，快。"李冬言简意赅。怎么快？他解释道，春运期间，几亿人都在铁路 12306 系统刷票，要想抢到票，你必须比其中 99% 的人都要快。

"一般人登录铁路 12306 系统，输入账户密码，填验证码，选中出发地、目的地和时间，再点查询，怎么也得 2 分钟。即使提前登录好，鼠标移动到查询按钮上，等页面刷新出来，看到票，你再去点预订，也要个 3 秒钟。太久了，抢票要以毫秒来计算。"李冬说。

李冬解释道，抢票的关键是要有一个足够快的软件，市面上见到的这些软件，都弱爆了。铁路 12306 系统强制的 5 秒一次刷新，如果无法突破这个，那就毫无意义。我们自己的软件速度快，5000 块钱一年，100 毫秒刷新一次。

李冬现场展示了他的软件能量：导入一个购票任务，填入北京到上海，刚点下开始，一瞬间，软件就提示火车票票已预订成功。其使用的软件购票日志显示，24 分 32 秒 772 毫秒的时候查询到有票，提交订单的时间是 24 分 33 秒 37 毫秒。从刷出票到提交订单，耗时 265 毫秒，约等于一眨眼的时间。

"你还在傻乎乎地等页面刷新出来，我这边票都订完了，你还怎么买？而且这个软件能输入 30 个不同的铁路 12306 系统账号，同时抢 30 张不同的票，每秒刷新 10 次，你还怎么跟我比？"李冬得意地笑了。

采访中，我以打算入伙的身份咨询得知，抢票黄牛党使用的软件五花八门，有工作室自己写的全英文软件，还有较为直观的仿铁路 12306 系统页面布局的软件，也有李冬使用的这种能多线程工作的高端软件。软件的价格从 40 元到 5000 元不等。

无论哪种软件，都离不开输入 12306 账号和密码，以及身份证信息。这意味着，要想让黄牛党抢票，用户必须将个人信息提供给黄牛党使用。

春运抢票来临前，李冬给自己电脑换了个英特尔 E5 系列的 CPU，仅八核心处理器，花去了 6000 元。他还安装了商务专用光纤，以及与处理器级别配套的路由器。这一套设备价格不菲，花去了近 2 万元，其回报是，可以将"刷票—买票"过程的时间缩短到极致。

"这么说吧，我现在的光纤，接出去 80 个电脑开个网吧，一点压力也没有，现在就我一个人用。你说快不快？相当于我们都要从广州到北京，你还在广州某个村子里的时候，我都到了广州白云机场，论抢票，你怎么可能抢得过我？"李冬说。

谈及成本的回收问题，李冬很得意。他说："前期投入的几万元成本，最多一周就能收回了，剩下的就是利润。"当问及今年春运赚了多少的时候，李冬笑而不答:"一个月吃饱,一年不饿。"

对于媒体关于春运黄牛党的新闻,李冬说自己都看了。他说:"新闻里写的基本属实,今年这一行的竞争,远比去年激烈,但购票需求摆在那,谁也不愁没有客户,就是看谁有本事刷到票。"

这天,阿苗接到了李冬的电话:"票刷到了!抓紧时间付款!"

登录铁路 12306 系统,付款。然后按照约定,阿苗通过支付宝,向李冬支付了 100 元佣金。阿苗悬着的心落地了。

想回家的人买到了票,替人刷票的人拿到了钱,在黄牛党和求票者之间,这样的交易,春运期间每天都在进行着。

据悉,黄牛党往往都有自己的代抢票微信"朋友圈",或春运火车票代抢 QQ 群,这些朋友圈和 QQ 群规模都较大。有些黄牛党同时经营几个群,群里成员都在千人以上。黄牛党之间联系紧密,一般都是采取团队作战形式。

采访中,我结识了一个火车票代购 QQ 群的管理员,这个群就是采取的团队合作形式。管理员告诉我,他们共有 8 人,大家分工合作,分别以水果命名。其中"桔子"专门负责到论坛、贴吧、微信里发广告,"西瓜"和"梨子"等人专门刷票、检漏,统一收钱的是"香蕉"。

从代购流程来看,一些黄牛党对购票者的"诚意"警惕性很高。首先,抢票前,乘客需要提供乘车人相关信息,包括姓名、证件号、日期、出发到达地点、座位席别、联系方式等。其次,抢到票后,黄牛党会通知乘客自己登录铁路 12306 网站,在未完成订单内查看车票订单并在 30 分钟内付款,支付完成后,30 分钟内通过支付宝、微信红包等方式,将代购佣金转给黄牛党即可。

然而,在这类 QQ 群中,人员也颇为复杂。有乘客就在某个千人群里晒出了群内某"假黄牛党"的信息,"假黄牛党"佯装买到了票,并截图发给了该名乘客,乘客没有留心,便轻易付了佣金,最终上当了。

一票难求怪黄牛党吗？

早在 2009 年，央视《新闻会客厅》节目组通过网络做过一次社会调查，关于"为何一票难求"的问题，4.3% 的人认为，票太少了；36.1% 的人认为，铁路运力不足；59.3% 人认为，黄牛党太多。关于"怎么才能买到票"的问题，大多数人回答是，找黄牛党，或者是托关系，回答通过正规渠道购票的，只占 15.4%。虽然数据旧了点，但可以看出，大家对黄牛党的厌恶感和信任感同在。

一些网站纷纷推出抢票神器，虽然一些人付出几十到几百不等的代购费，但确实帮不少人解决了刷票难的问题，提高了抢票的成功率。然而，这绝对回避不了沦为黄牛党的嫌疑和对软件抢票是否合法、公平的质疑。毫无疑问，在广大群众眼里，黄牛党应该是千夫所指。究其根本，黄牛党真的是春运买票难的元凶吗？

买不到票归罪于黄牛党，而事实上，黄牛党只是结构性问题的表象。面对春运中 30 亿人次短期内的大范围迁徙，铁路系统难免运力不足。因此，春运火车票始终面临着僧多粥少，分配匮乏资源的问题。供求不平衡构成了黄牛党敛财的基本条件。

所以，从经济学的角度说，黄牛党是市场竞争环境下的正常产物。并不是所有黄牛党都面目可憎，在世界上其他国家甚至还有合法上岗的黄牛党。

面对供不应求，如何分配就成了关键。黄牛党的兴起，一定程度上也是钻了分配方式不平等的空子。网络售票看似让买票变得简单方便，但从另一个角度看，却破坏了先到先得的平等原则，而是需要比拼网速和熟练程度。从这个意义上讲，不管是利用更多的计算机知识，还是利用更快的网速，甚至年轻人的手疾眼快、更熟练的操作，只要是"抢"，只要具备不一样的技术能力，都是不公平的。

在此背景下，黄牛党更是凭借技术优势抢得先机，扮演起市场调价者的角色。然而，市场配置资源追求的是效率，而非公平。于是，当代表市场的黄牛党遇上带有生活"必须品"性质的春运车票时，问题就显现出来了。回家过年是在外工作农民工最基本的需求，而黄牛党的逻辑却是谁出钱多就把票卖给谁，这就意味着他们是在通过损害他人的利益满足自己。

可见，黄牛党抢票其实是市场经济的缩影，在供需不平衡、分配不平等的情况下，黄牛党所代表的市场调配机制进一步剥夺了农民工买票的权利，让他们既买不到票，也买不起票。而只要分配机制不改变，只要人口大迁徙依然存在，黄牛党就永远有机可乘。背井离乡、辛苦劳作的农民工永远会被拦在回家的路上。

当然，平台通过技术手段，高频率向铁路12306系统提交查询、购票请求，可能会加重系统负担，甚至可能导致系统崩溃。对此，铁路12306系统可以通过技术手段进行限制。如果购票平台恶意突破这些限制，可能涉嫌破坏计算机信息系统，就应该受到相应的处罚。

有专家认为，不是黄牛党抢先买好了车票，就能随心所欲地加码，然后卖给乘客，从而增加乘客负担的。恰恰相反，是乘客之间因为争夺火车票，使得火车票的实际票价大大超过了票面价格，所以才为黄牛党创造了颠扑不破的生存空间。

他们认为，是乘客在春运高峰期本来就乐意支付的较高票价或排队成本，引来了乐意提供有偿服务的人。各种各样打击黄牛党的策略，没有正视这个经济因果关系，所以注定是无效的。

按照经济学原理的深层次分析，造成春运难的根本原因，显然并不只是黄牛党。黄牛党游离于法制之外，利用春运车票的稀缺以及价格管制，从中获利的行为，是市场中追求利益最大化的产物，有一定的必然性。

出于经济效益的考虑，国家不可能按照春运高峰的运力需求来修建铁路。在这种情况下,如何尽量公平地分配有限的运力,是一个非常复杂的课题。只靠"打击"购票平台,解决不了问题。甚至,春运不仅仅是一个交通运输问题,更是社会结构问题,需要从多个层面一起想办法解决。

一场没有硝烟的"战斗"

"我要回家。"这是春运期间千百万旅客的呼唤和刚性需求。

铁路 12306 系统自上线以来,除了因堵塞遭吐槽外,再就是与电子黄牛党的斗争,倍受关注与争议。黄牛党产业也从线下搬到线上,人们将网络平台上的抢票软件及操纵者称之为"电子黄牛党"。

电子黄牛党网上抢票,除了运用先进的电脑和更高速的宽带外,最重要的工具就是专业版的抢票软件。这专业版抢票软件比网络免费抢票软件更高级,更快速,抢到火车票的几率也更高。一旦有火车票放出,瞬间被秒杀。

其操作逻辑是,一方面提前安排好预订票,直接用最先进的抢票软件去抢票,对于网上的剩余票,则用技术手段让它们处于一个锁定的状态,一直牢牢攥在手里面。

每当春运临近,提速宝、光速抢票套餐、引擎自动抢……这些炫酷的抢票神器,对于急于回家的人们来说都是致命的诱惑。抢票软件问世以来,确实帮助部分旅客抢到过车票。抢票软件看似给了旅客便利,然而,这种

◪ 与电子黄牛党作斗争，考验着12306团队的智慧
（刘一赢/摄）

便利是加价买来的，其背后存在着一定的安全隐患。

抢票软件不仅冲击铁路12306系统的平稳运行，还要额外收取旅客更高的退票手续费和改签费。还有抢票软件留存的旅客信息，很可能被拿来做旅客并不知道的商业行为。还有推荐买短途票乘长途车的行为，直接影响着铁路运输秩序。

如果将铁路12306系统比喻成一个网络游戏，那么广大旅客就是普通玩家，车票是玩家们破关必不可少的珍稀道具，而抢票软件却是不折不扣的外挂。如果没有抢票软件这个外挂，众多旅客都在同一起跑线

上公平竞争，共同争抢车票这个珍稀道具，由于机会均等，因此无论胜负，大家都能心平气和接受这个结果。但是，一旦抢票软件这个外挂强行介入，必然要打破原先的公平环境，让拥有外挂者抢先起跑，而众多普通旅客自然慢上一拍，抢到车票的几率大幅减小，此举何有公平可言？

问卷调查结果显示，在节假日高峰期，75%的学生参与了抢票。在抢票过程中，近九成的学生注意到第三方购票平台上系统自动弹出来的付费"加速"抢票服务。有54%的受访大学生表示，即便购买了付费"加速"抢票服务，最终还是抢不到票。

"刷票软件确实给我们的系统带来很大压力。"单杏花说。机器每秒钟可以点击发送请求成百上千次，大大增加了系统的任务量，也无形中增加了其他不依靠软件用户的购票难度。

面对突如其来的挑衅，铁路12306系统义无反顾地与抢票软件开始了持久的攻防较量，一场没有硝烟的战斗日趋激烈。

抢票软件为何物？

自从网络购票全面普及后，抢票软件成了一门好生意。

一年一度的春运大幕开启后，火车票叫紧，热门方向的车次一票难求。一时间，琳琅满目的抢票网站、抢票软件，成了"香饽饽"。其速度快、成功率高，导致大量车票集中在了代人刷票的电子黄牛党手中。然后，利用多个社交平台出售，以此赚取高价服务费。

有数据显示，2018年春节期间，铁路12306系统浏览量最高达813亿次，平均每秒165万次。抢票软件这类电子黄牛党，通过每天放出无数个爬虫机器人，模拟真人登录12306网站，不间断地刷新网站查询余票，并第一时间下单。曾经有人总结了一份《中国爬虫图鉴》，网上抢购火车票是互联网爬虫的重灾区，占比高达20.87%，而在所有的出行爬虫中，有89.02%的流量是冲着铁路12306系统去的。

抢票软件的原理十分简单，技术的核心要领主要在两个方面，突出一个"抢"字。一是放票秒抢，抢票软件可以"以毫秒级"的速度刷票，瞬间购票；二是能做到24小时随时监控余票，一旦有人退票或改签，马上抢购。

据央视报道，央视记者以2000元的价格购买了一款专业软件进行刷票体验，在输入信息后，该软件在短短10分钟内买到了1245张车票。参与调查的网络工程师称，该软件破解了铁路12306系统每5秒钟抢一次的限制，以毫秒速度实时刷票，因而比人工快很多。

有不少旅客发现自己想买的票"瞬间被秒抢"，不得不去找抢票软件试试运气。于是，"加速包""好友助力""分流"等各种抢票方式随之走红。

采访得知，当时市场上的抢票软件主要分为两种：一种是"抢票专版浏览器"，即各大浏览器内置"抢票插件"，以360、猎豹为代表；另一种就是在线旅行服务商的官网或app，即是各大电商平台、在线旅游平台推出的抢票功能，如携程、同程、途牛、美团、智行、去哪儿、飞猪、高铁管家等，都推出了相应功能。

这些抢票软件，应用方式虽各不相同，但抢票速度大体上都差不多，分为低速、中速、高速、极速、光速、VIP档次，低速不花钱，后面速度越快、花钱越多，抢票几率也越高。根据平台的说法，不同级别之间的抢票速度差别很大，某平台上显示，极速抢票和低速抢票之间的成功率竟然有36%左右的差距。

通俗地说，抢票神器就是通过加速软件来模拟人工购票流程，周而复始地发起购票请求，直到得手为止。从运作流程来看，抢票软件首先是模拟人工购票，包括登录账号、查询票源、输入购票信息、生成订单并完成支付，最终获取票源。

无形之中，抢票赛道的背后远不止是购票者之间的你争我抢那么简单。这些软件套路连连，能不能抢到票不说，首先得掏钱。不同的抢票速度对应着不同价位，可是该没票的时候，还是没票。

铁路12306系统官方信息表明，抢票软件以极高频率（毫秒级）提交刷票请求，有些抢票软件背靠大公司，可以使用极高速网络、高性能的计算机来抢票，由此大大提高了成功率。

工信部互动媒体产业联盟副秘书长杨崑表示，抢票软件可以不停地刷新铁路12306系统服务器，速度比用户手动刷新快得多。

我们不妨用一个形象的比喻，如果说把旅客登录铁路12306系统买票，看成是"人工敲门购票"的话，那么抢票软件就是各式各样的"敲门机器"，能够实现高频次不停地敲门。机器点击速度是人工的几十倍甚至上百倍，人点击一次查询是秒级的耗时，机器模拟人点击查询则是毫秒、微秒级的耗时，刷新一次的速度仅为100毫秒至500毫秒。这样一来，"敲门机器"敲开门的概率和机会自然比人工敲门要多得多。如此这般，抢票软件就像排队加塞和霸占窗口一样，可以占据有利地形，在网上不停地刷票、购票，严重地破坏了网上售票的公平秩序。

表面上看，对网民来说，多一件抢票利器自然是好事，可以方便抢票。但是，问题并不那么简单。抢票软件可不是白给的，需要用户支付额外的费用。一般带抢票插件的浏览器是免费的，而其他的软件都有收费项目。

据《北京青年报》报道，2018年春运期间至少有58家平台推出了抢票软件，打着"服务用户"的旗号，依旧是收钱抢票的套路。声称可以免费抢票的，则要求用户把软件链接发送到多个亲友群，形成"病毒营销"，不花钱，你就得花时间，而且大都没有结果。

抢票软件一般有"加油包""加速包""会员优惠"等噱头，其实就是花钱提升抢票的成功率。如携程、同程、去哪儿、飞猪等在购买火车票的平台上，都提供类似抢票加速包的服务，售价10元至80元不等。携程网显示，"高速抢票"每次20元，如果加速到"极速"还需要多加16元，加速到"光速"多加30元，而加速到"VIP"则需多加88元，对应的服务则是有票时优先出票。

采访发现，关于付费"加速"抢票，不同的平台收取的费用不同。比如，在微信平台上，其"光速抢票"的付费"加速"抢票服务，有时候弹出来是每人50元，有时候则是每人40元。而购买之后，如果消费者想继续"加速"，还可以购买每次10元的加速包；而如果想达到最高级的VIP，则还需要一次10元的加速包。

譬如说，要抢一张北京到上海的高铁二等座车票，票面价格553元。如果想提高成功率，携程提供了从快速到光速的不同档位的选择。快速抢票每次10元，用的是20M网络通道，而光速抢票是每次50元，用的是500M网络通道，实际上买到票的价格是563—603元不等。通过不同的阶梯价格，携程可以从抢票业务中分得一杯羹。

还有app"加速包"，1元1个，50个就可以极速抢票。还有些软件需要充会员才能抢票，价格每年几十元不等，免费的是"低速抢票"。20元"VIP高速通道"，使用50M带宽；30元"VIP极速通道"，可以使用100M带宽；最贵的是66元"至尊光速抢票通道"，可使用光纤网络，抢票成功率可达80%以上。

如果想用有一定速度的"抢票软件"的话，一般会花费20到66元，最多不会超过100元，相比黄牛党要便宜一些。然而，抢票加速包并不保证一定能抢到票，抢票成功率也只作为参考，并不作为承诺或保证的依据。

"360抢票王"可以说是最早的一批抢票神器了。在当时众多浏览器抢票软件纷纷下马的情况下，360抢票王依旧坚挺，不得不承认这款抢票神器的底气十足。

还一个就是"同程旅游"，虽然是一个旅游平台，但是也一直为用户提供抢票服务。同程旅游有两种抢票套餐，一种是光速抢票，可以插队抢票，每分钟100次自动刷票。另一种是闪电抢票，同样可以插队抢票，每分钟则是60次自动刷票。当刷到票时会自动识别验证码并帮你提交订单。前者收费50元，后者收费30元，当然，你也可以不选择抢票套餐，这样的话，被"插队"肯定是免不了的。

携程网与同程旅游类似，抢票流程也差不多，可以自动识别验证码并帮你提交订单。不同的是，携程提供的极速抢票服务，只要20元。抢不到票将全额退款，在抢票期间，可以随时取消订单。

一位名叫刘丽的年轻人告诉我，她在网上看到有人推荐抢票神器app，就抱着试试看的态度用了一下。果然，抢票非常顺利，但是账单出来后，她傻眼了："我之前没看明白它的计费规则，以为每张票大概只需要5—10元的'手续费'。没想到各种加速条件累计在一起，再加上绑定出售的保险，两张票要比正常多花76元。"

采访中，一位"刷票"卖家向我透露，他们使用的抢票软件是向软件开发商租用的，软件租金一个月2200元，一年打包8800元（不分淡季旺季）。如果按上述每张票200元服务费计算，只需要卖10张票，黄牛党就能赚回成本。

《科技日报》数据显示，2017年12月至2018年2月，各种抢票软件活跃用户环比增长近三成，抢票功能加速包费用从10元到50元不等。据业内人士估算，第三方抢票软件每年有几千万的利润。

许多网友称，加速包实际上只是抢票软件企业的一种"空手套白狼"

的营销工具，并未起到加速作用。而在抢票软件中设置加速包的目的，就是让用户以为真的加速了，从而促使用户进行转发和分享，让好友助力或者自己付费购买，以获取更多加速包。这样一来，抢票软件不仅赚到了钱，也提高了知名度，还可以获得新的注册用户。

抢票软件另一个被诟病的问题是，存在默认勾选加速包的情况，位置十分隐蔽，一不小心就会多花冤枉钱。采访中测试发现，在4款常用抢票软件中，有3款应用都会默认选择购买加速包，收费20—30元不等。虽然可以取消，但并无明显收费提示，乘客很容易为自己可能并不需要的加速包付费。

除了默认捆绑加速包，有时甚至会出现铁路12306系统本就有票、而抢票软件提示需要抢票的猫腻。一网友要购买去江西南昌的火车票，页面显示缺票，提示多付50元可以提升抢票概率到70%，成功出票。然而，其同事直接在铁路12306系统买票时，页面显示票额充足。

中国新闻网撰文指出，抢票软件使用企业级带宽或多个账户反复查询余票，利用技术手段代替用户提交订单，其下单速度要高于手动购票，但到底能否买到车票还是要看铁路12306系统的放票情况，抢票软件并非拥有优先购票权。因此，抢票软件说到底只是个概率多少的问题，购买了加速包，就未必一定能够买到票。

抢票神器分类

有些抢票软件的卖家在网上公开宣称，付费的抢票软件，才是"抢票神器"。其实，这是一句真心话，无利不起早，抢票软件的秘诀全在一个"利"字上。

在网络上，经常可以看到一些经营抢票软件的商家直言相告：如果选择一些付费的抢票套餐，将更有机会抢票成功。在群雄逐"票"的竞速赛中，出钱越多胜算越大。有的商家直接注明：本产品买到火车票的几率可以达到88%。如此精确，可见底气充盈。探究抢票神器，可谓是五花八门。

神器一：租高端服务器，抢票速度快。

网名为"刷火车票呼局包段"的电子黄牛党，曾在网上发布春运抢票信息，炫耀抢票成功率为96%。他还透露，已新增多个渠道，大大提高了抢票成功率，建议旅客找老乡朋友一起凑单，"因为多张单会同时用多个账号抢票，成功率比单张票提高2倍以上"。

"抢票不光靠软件、网络，还有战术、研究，你要想做这个生意得熟悉全路的车次、铁路局概况、票额分配、限售等情况。"该黄牛党说道。

这位资深黄牛党在其个人QQ空间发文，将普通人为何抢不到票解释为：铁路12306系统通过设置CDN服务器分散流量，普通用户登录铁路12306网站时，网站会根据其本地网络给予指定CDN，也就是只能使用上千服务器中的一个。而专业抢票团队有专业网络，网速更快，所有操作按毫秒计算，且软件可同时访问铁路12306系统的多个服务器，只要一个服务器有票即可提交。

这种抢票"神器"的操作很简单：就是花钱租赁国内知名电商服务器，通过较快的网速抢票。据悉，这些服务器租赁费用不菲，部分服务器租赁费按天计费，至少每天100多元。当普通市民用"龟速"的网速抢票时，电子黄牛党则在快车道上，票一出来就立刻被抢。

神器二：购刷票软件，自动识别验证码。

网速快还得靠设备。多名电子黄牛党在聊天中透露，使用专用设备，其中一人透露半年6500元，另有人喊价一个月200元，也有人表示便宜的只需数十元,"反复刷票,成本低,利润高"。

为验证刷票软件效果,《南方都市报》记者花数十元购买了一款抢票软件,填写好铁路12306系统账号密码,输入验证码后,即进入购票软件页面。登录后,只需选好购票乘客,设置好出发地、目的地、出发日期、席位类别、上车类型等信息,即可以自动查询票价,并在查询到有票后自动预订和提交。记者注意到,查票自动间隔时间为2秒。

该软件可以设置自动登录间隔、自动查询间隔、自动更换IP模式等功能,还可以与第三方人工打码平台合作,由第三方直接帮忙进行打码。此外,该软件只允许36小时内提交预订5张票,声称"操作方便快捷,网页整点放票后,可当即查询"。

据该软件商介绍道:"除去一些所谓的黄牛党专用的无任何限制的暴力抢票程序,目前市面上的抢票程序及抢票插件的核心技术无非就是多线程,多CDN缓存服务器,智能切换CDN,第一时间查到余票、验证码自动识别等。"

神器三:牵手人工打码,远程自动识别。

有媒体报道,部分抢票软件破解了铁路12306系统图形验证码。除了自动识别外,一些抢票软件还会和第三方人工打码平台合作,以应对铁路12306系统图形验证码频繁更新、导致无法自动识别的难题。

刷票软件与"远程打码"软件合作,被称之为"第三方破解",即在刷票软件内添加相关接口,通过该接口,刷票时的验证码将自动上传至提供"远程打码"服务的软件,由其识别并回传填写,整个过程约为3秒钟。

根据页面提示,电子黄牛党刷票时,需要首先在提供"远程打码"服务的网站上注册账户并充值,并在刷票软件上登录。在挂机刷票时,该软件可自动完成辨认回传并填写验证码的过程。当验证码出现时,无需手动输入,画面即显示"正在远程自动识别"等字样,数秒内即验证通过。

据了解，使用该软件破解需要收费，价格为"每个验证码识别收费1分"。电子黄牛党每刷一张车票，需要提交两个验证码，即花费2分钱。他们的宣传广告是，鉴于铁路12306系统验证码更新力度巨大，每天换新衣，软件不可能自动更新，用户可选择远程打码。

IT之家撰文分析，抢票软件插件的优势包括：毫秒级别自动识别验证码的速度、打破12306网站5秒钟抢一次票的限制，以及能够多账户挂机刷票，利用这些优势，电子黄牛党就能以比人工操作快数百倍的速度，刷出大量的车票。

打响对抗战

显然，抢票软件破坏了市场规则。因为票的总量是固定的，抢票软件只是帮助使用其他插件的人买到票。抢票插件严重地干扰了铁路12306系统的正常运行，破坏了公平公正的售票原则，引发了社会的强烈不满。

2013年，工信部正式下达通知，要求360、搜狗、金山、傲游等浏览器停用抢票插件。与此同时，铁路12306系统也聪明起来。一些用户发现，一些抢票软件一开始很好用，后来就不好用了，甚至无法用了，这就是被屏蔽了。

单杏花认为，抢票软件迎合了旅客的需求，同时也给铁路12306系统和旅客自身带来了伤害。一是大量刷新系统，消耗铁路12306系统的网络资源，容易导致系统服务瘫痪。二是在退改签的处理规则上，存在与铁路规范的收费标准不一致的问题，多收旅客的退票手续费或改签费用。三是抢票软件留存的旅客信息，可能会泄露旅客隐私，存在一定的安全隐患。

抢票软件真正提高抢票成功率的秘诀在于：更大的带宽和更快的刷票速

度。而官方采用的技术手段，让抢票软件的优势转为了劣势：软件刷票频率越高，反而容易被官方系统识别后屏蔽掉或放入慢速队列中。

在与抢票软件的斗智斗勇中，铁路12306风控系统有一个绝招——屏蔽。抢票软件本身都有一个标识符，或者在使用抢票软件的时候，相关网站都会有一个IP地址，当铁路12306系统发现有软件或网站，突然在一秒之内抢票100次，就会判定这个肯定是在做抢票的事情，然后就会受到限制，这时候抢票软件就要换一个IP地址。经过几个轮回较量，铁路12306系统自然就把这些在市面上比较流行的抢票软件都屏蔽掉了。

面对12306风控系统毫不留情的重拳打击，抢票

◁ 魔高一尺，道高一丈。单杏花率领团队与"抢票神器"斗智斗勇

软件也不示弱，顽强地采取了一系列应对措施，如频繁更换 IP 地址、利用多账户等方式来"乔装打扮""改头换面"，继续谋求抢票成功，从而造成了加速软件抢票和售票网站服务二者之间在网络空间的"对抗"。从广义的角度来看，说抢票软件采用了类似黑客的"攻击"技术，也不为过。

2018 春运前夕，中国铁路总公司有关负责人表示，铁路 12306 系统一旦识别出有非人为速度购票的风险，就会立即将疑似为机器或外挂抢票的用户列入慢速排队队列，让符合常规速度的人为购票用户在正常速度中排队，以此来防范各类恶意抢票插件。

然而，依托社交平台兜售火车票"代刷业务"依然火爆。一位代刷车票的卖家在网上公开说："我们使用的 IP 地址一直在变，系统根本识别不出来的，这两天抢票都正常，一秒刷 10 次，保证 80% 抢票率。"

据媒体报道，一些正常购票的网友在登录铁路 12306 系统的界面时，除了主页可以登录，其他操作都显示"您的操作频率过快"。有业内人士分析，铁路 12306 系统可能进行了一种设置，对于一个 IP 端口，在短时间内频繁向 12306 服务器提交申请的，会被视为异常。铁路 12306 系统服务器有可能会拒绝这个 IP 端口提出的请求，俗称"封 IP"。这种策略的主要目的就是限制一个端口给多人买票，打击电子黄牛党。

明知道抢票软件是强盗行为，但一些着急购票的人，不得不求助抢票软件，导致抢票软件市场活跃。显然，抢票软件已经沦为黄牛党囤积车票、大发不义之财的帮凶。

事实上，铁路 12306 系统与黄牛党之间的"斗法"从未停止过。在两年多的时间里，铁路 12306 系统通过采取更改新型验证码、设置刷新时间、采用退票延时返库等多种措施，一直试图通过技术手段扼杀抢票软件和限制电子黄牛党，但结果表明，斗争取得了一定的成效，但治标不治本。

12306门槛有多高？

验证码是一道门槛，是确保互联网安全运行的必不可少的存在。

随着互联网的发展，出于安全的考虑，验证码渗透到人们数字化生活的各个角落。为了保障用户的账号安全和信息安全，许多网站和app都会在注册、登录和支付等关键操作中，都会使用验证码进行身份验证，验证码的难度决定了门槛的高低。

随着计算机自动识别技术的发展，验证码被设计得越来越复杂，主要的验证方式有文字、图片、语音，移动互联网app还有手势密码验证及信令交互认证等，支付宝钱包和QQ还推出了手势密码。

进入铁路12306系统购票，必然要设置门槛。这门槛就是资格，只有具备了一定的资格才能上网购票。如设置验证码等，目的在于验明身份。还有一种门槛是制造进入难度，如图片辨认等，不让你畅通无阻，意在限制黄牛党。

门槛的功能在于，放入该进门的，拦住不该进门的。也就是说，在用户注册、登录、搜索等场景下，运用智能验证码，精准防御机器刷单、刷榜、刷评论等欺诈行为，保障真实用户体验。

验证码是全自动区分人类和计算机图灵测试的缩写。这种程序的功能测试在于，人工很容易通过，但是计算机却不能通过。这种天然优势，很容易把机器抢票软件拦住，而让人工抢票者通行。

一位门户网站的程序员介绍说，验证码的目的就是为了证明，购票者是人，不是机器，不是一个程序。所以从这个角度来说，提高机器识别的难度是有必要的，但是降低用户在输入验证码时候的成功率，确实不利于用户体验的提升。

抢票软件催生了人工识别的验证码，让抢票软件进入多了一道障碍。然而，也让上网购票的旅客感觉到了麻烦。单杏花为难地说，若将门槛设置太高，在挡住"羊毛党"的同时，也挡住了众多的正当购票者。若将门槛设置太低，形同虚设，谁都可以翻过去，也就失去了意义。

实名制防线被攻破

实名制售票，是铁路票务改革的重大成果。实名制售票为网络售票提供了必要的前提和基础。

当时的铁道部曾发出通知，从 2012 年 1 月 1 日（乘车日期）起，全国所有旅客列车实行车票实名制，旅客须凭本人有效身份证件购买车票，并持车票及购票时所使用的乘车人本人有效身份证件原件进站、乘车。

在此之前，有一个分步实施的过渡期。2010 年的春运时期，广铁集团、成都铁路局开始试行火车票实名制。2011 年 6 月 1 日，全国动车组开始实行火车票实名制。火车票实行实名制后，票面上增加了购票人姓名、身份证号码等信息，其中身份证号码中有 4 位号码用星号替换，以保护个人隐私。

从一定意义上讲，实名制购票严格限制了过去任意买卖火车票的行为，打击了非法贩卖火车票行为，让黄牛党举步维艰，一度受挫。对预防、减少和打击铁路沿线上的各种犯罪行为、保障乘客的人身安全、加强乘车管理都产生了十分积极的作用。火车票实名制的背后，不仅是解决售票程序的问题，还是社会发展问题，是整个交通产业的革命性问题。

然而，尽管实行实名制购票好处很多，但当时在铁路内部争议很大，反对者的主要理由是，实名制不能增加一个座席，反而增加了很多设备和工作量，显然是得不偿失。

最初，铁路实名制购票是比较宽松的，设置的门槛很低，只要有身份证信息就可以通过，买票者的名字可以随意填写，就连动漫人物姓名、商铺名称也能买到票。

2014 年 1 月 13 日，铁路 12306 系统就曾陷入了"伪实名"风波。一则标题为《"庆丰包子铺"也能买火车票》的新闻，将铁路部门推上了风口浪尖。《福州晚报》记者魏喆铭在铁路 12306 网站以"庆丰包子铺"为名，预订了一张 D6229 次福州站到福州南站的火车票，以"西门吹雪"为名，预订了一张 D6420 次福州南站到福州站的火车票。随后，记者来到福州站的人工售票窗口取票、进站，到福州南站出站，一路畅通无阻。他问窗口工作人员，为什么姓名和身份证不符仍然可以买到票？工作人员回答说："只要身份证号码正确就可以。"

据铁路公安对黄牛党倒票链条的暗访，黄牛党之所以能倒票成功，是因为铁路 12306 系统对身份证论证，没有经过公安系统验证，只是经过特定的算法验证，所以可以通过工具生成大量假身份证号。

火车票实名制后，黄牛党倒票的流程是：利用火车票购票—付款—退票机制的漏洞，先把火车票进行占座锁定，利用铁路 12306 系统预订军残票无需验证、45分钟支付等待时间循环刷票等规定的空子，进行刷票，垄断票源。等到车票超时未支付后，重新回到余票中，然后再抢过来。车票其实一直是处于一种流动的状态，直到有人前来购票，黄牛党再加入乘客的真实信息，这样车票就抢到手里了。

由此，对黄牛党而言，购票实名制等于形同虚设，刷新限制是不存在的。而对于普通人而言，刷新限制是有的。这也意味着一旦出现"捡漏"的票，黄牛党第一时间就会刷新抢掉。

面对黄牛党挑战，铁路12306系统设置了新版验证码，提高了门槛，但是很快就被攻破了。2014年1月10日《新京报》报道，有知情人称，12306的新版验证码已被破解，黄牛党利用专业软件识别并回传填写，整个过程只需3秒钟。

同年2月23日傍晚，中国铁路总公司对外宣布，3月1日起，在12306网站启动身份信息验证机制，身份信息验证不通过者不能在网上购买火车票。其意义在于，铁路12306系统将与公安系统进行对接，实行身份验证。

规定要求，票、证、人一致方可购票乘车。即在铁路12306网站上购票，必须提交在有效期内的二代身份证，或者按规定可以使用的护照、港澳居民来往内地通行证和台湾居民来往大陆通行证，进行身份信息核验。身份信息核验成功后，方可购票，如未能通过验证，则需要持相关证件原件到车站窗口或代售点办理身份信息核验。

然而，问题又来了。假的身份证信息买不到票，但是黄牛党完全可以用真实身份证去囤票。身份证验证只能够规避生成假身份证刷票，但对真实身份证刷票不受影响。黄牛党依然可以利用真实身份证账号验证后，囤票进行倒卖。

至于身份证信息的获取也很简单，黑客可以使用各种软件获得他人的身份证信息，也可以在黑色产业链中购买真实的身份证信息。除此之外，护照等也可以作为购票证件，用获取的护照信息甚至是制作假的护照信息来通过检验。

公安部门的卧底调查表明，网上不仅有账号党，还有卖证党。账号党主要是为刷票党提供12306账号，通过淘宝出售，价格为0.5元一个，标配一个免费邮箱，购买后包括邮箱的账号密码和12306的账号密码一同发给卖家。而卖证党则售卖他人的真实二代身份证，报价为300元一张，可以用购票、办银行卡、支付宝认证等，在淘宝上以其他商品，如u盘等为幌子进行交易付款。

事实上，一些网站或商业场所的用户数据库因为安全漏洞被攻破，有大量真实身份证号泄露到网络上。2013年发生的快捷酒店客户信息泄露，曾导致2000万真实客户身份信息曝光。这些信息也可以被黄牛党利用。

正因如此，铁路12306系统即使完善了购票人身份验证的问题，仍无法真正杜绝黄牛党。专家担心，新规范可能诱发更多真实身份信息进入倒卖市场，这些真实身份信息一旦在本人不知情的情况下被冒用，可能引发抢票纠纷。

比如说，A是黄牛党，用了网上的B的真实身份信息验证通过，然后刷票。结果B自己买票时发现不能买了。还有用A的身份信息、A的账号买了3次票都退了，然后再用A的身份信息、B的账号还是可以继续购票。只要有足够多的账号，A的身份信息理论上可以不加任何限制的提交订单、取消订单，这样就为垄断票源继而加价倒卖，提供了方便之门。

随着铁路的快速发展，人脸识别技术被广泛应用于乘车流程。刷脸进站、刷身份证进站，实名制所要求的票、证、人统一，才算是真正落到了实处。

验证码的两难选择

美国斯坦福大学的一项调查发现，近两年来，互联网的验证码正变得越来越难以识别，每个网站平均有 1/5 的人因为复杂的验证码而离开网站。

越来越多的用户开始诟病验证码，认为这是一种反人类的设计发明，每天都要花部分时间浪费在无趣的识别数字上，大大降低了一些网站的交互体验。

一边是人们对验证码的指责，一边是抢票软件的群起而攻之，铁路 12306 系统不得不顶住巨大的压力，做了一件在当时引起热议的事情——设置验证码。初始的验证码比较简单，就是字母数字的结合，精明的"抢票机器人"很容易就识别通过了。铁路 12306 系统不得不提高验证码难度，让抢票人拼眼力、拼知识、拼智力。

随着 12306 验证码的不断升级，抢票软件也跟着过招，如何做到既防了黄牛党，又让购票者有较佳的用户体验，考量着 12306 验证码开发者的智慧。

譬如说，设置字母加汉字验证码吧，网民会"喷"：这只是便宜大学生和办公室白领，农民工连 26 个字母都认不齐，怎么搞？搞动画验证码吧，也有人"喷"，视力不好的人怎么办？最后验证码搞得太简单了，皆大欢喜了，其实最高兴的还是开发抢票软件的公司。

2013 年起，为了应对黄牛党抢票，以及各类抢票软件和插件，铁路 12306 系统升级了购票验证码。在铁路 12306 网站上，从购票到付款，都需要输入验证码。从最开始的字母数字验证码，再到后来升级后的图形验证码，矗立起一道道"难过"的门槛。

2014 年 1 月间，铁路 12306 系统将静态的验证码，升级为不断摇动的彩色动态验证码，致使不少抢票软件失效；2014 年 3 月 1 日，又启用了身份信息核验，未通过核验的身份信息不能完成购票。

很快，黄牛党就找到了对策，即与黑客合作，开发更加具有针对性的软件协助抢票、囤票。跟随验证码不断更新的脚步，黑客也不断开发出与之相对应的软件，可以自动识破。即使将验证码分发，当在线的识别数达到一定程度后，验证码基本是瞬间秒过。这样，抢票的时候黄牛党无疑可以占得先机，票一出来，立马就被抢光。

铁路 12306 系统试图在海量诉求中分辨人与机器。为此，单杏花团队研究出了图形验证、慢速队列、短信验证等方式，让那些抢票软件识别起来有了一定的难度。将验证码从简单的数字、字母组合升级到了随机的海滩、香蕉等图片，即用户在登录时，除了要填写好登录名和密码，还要点击图内所有符合条件的对应图片才能通过验证。

2015 年 3 月 16 日，春运刚刚落下帷幕，不少用户发现自己在铁路 12306 系统购票必须通过 8 张图片组成的关卡，他们得从中准确找出"花生""松鼠"之类的指定物品。12306 团队将其视作"保证公平的有效手段"，因为在当时，"看图识物"还只是人类才能解决的难题，能有效阻止机器识别。

没曾想到，这项举措在网上引发了一片吐槽声。原本针对黄牛党而特别设计图片验证码，却成为了网上的"吐槽对象"："12306 的验证码已经击败了全国 99% 的购票者，我已经找不到回家的路了！""验证码都跟医生写病历似的，你是疯儿我是傻，缠缠绵绵看不清！"一些媒体调侃道，12306 快成了"找你妹"。

一些网友表示，验证码清晰度不高，导致放票时间连续选错，从而错过了购票。也有网友吐槽一些图形验证码，是因为生活环境和习惯问题，"南方人不认得北方人的物品，北方人也不认得南方人的物品。这让我们怎么办？"一夜间，12306 验证码的搜索指数猛增 7 倍。

网上曾经流传这样一个视频：一位相声演员说，他在铁路 12306 系统图形验证码中看到两杯白酒，让看图选出哪杯是茅台、哪杯是五粮液；又说 12306 图形验证码中显示几个明星脸，让看图认出哪位是演员白百何。单杏花气愤地说："这都是没有影儿的事，我们选择的验证码图片，都是日常生活中常见的东西。"

最常见的验证码是字母和数字组成的四位验证码，这类验证码，抢票软件和浏览器采用非正常手段是可以自动识别。"字母和数字组成的四位验证码，在人眼识别需要 2 秒的情况下，机器仅用 0.1 秒就能识别。在高峰时段，相隔这样的时间，也会造成旅客买不到票。"铁路 12306 系统的技术大拿朱建生表示，"为了防范抢票软件的自动识别，我们对图片做出微调、旋转、切割的处理，这样做主要是为了方便旅客购票和打击抢票软件中寻找平衡。"

此后，朱建生每次接受采访，几乎都得解释一遍："网上的很多图片是 PS 的。"那些被网友转发数万次的图片，包括从一堆锥子脸中找到某个网红。朱建生表示，铁路 12306 系统没有所谓"识别明星脸"的"奇葩"验证码，网上流传的刁钻问题大多子虚乌有，我们也决不会让旅客分辨"橘子"与"橙子"。

朱建生说，图片识别对普通人而言更加便利，人脑更容易建立问题和图片间的联系，而机器则有一定困难。显然，铁路 12306 系统图形验证码新举措，极大地触及到了一些人的利益，他们不惜在网上公开编造谎言，调侃、污名化铁路 12306 系统，意在诋毁、消除图形验证码。

国家信息中心专家委员会主任、研究员宁家骏认为，不可否认，铁路 12306 系统推出图形验证码，初衷是好的，但对给用户造成的困难事先估计不足。

媒体撰文分析认为，抢票软件意在遏制黄牛党，却成了旅客回家的"拦路虎"。事实证明，升级的图形验证码予以抢票软件重创，面对庞大的利益诱惑，那些抢票软件公司不惜重金聘请技术团队，不断进行技术攻关。

"道高一尺，魔高一丈"，就在网友"再也不怕黄牛党抢票"的声音刚落，当天晚上，就有软件公司发出声明，针对12306图形验证码的破解方案已经出炉，抢票软件实现了图像验证码的自动识别，新的验证措施对其抢票软件没有影响，甚至声称"成功率提升200%"。紧接着，360浏览器宣布，已全面攻破12306验证码，实现了全自动识别技术，并首次揭秘了581种12306图形验证码大数据。

到了2015年底，根据有关网站统计，铁路12306系统的图形验证码多达近600种。再经过排列组合，可以衍生出10万种以上。验证码一次性输入的准确率，仅占比8%，两次输入准确率，占比27%，三次以上输入准确率，占比才勉强超过60%。

"没想到买个票，12306的验证码却把人逼疯了。"验证码拦住了黄牛党，也难住了诸多网友。

事实上，新的图片验证方式推出后，确实拦截了一部分技术黄牛党，主流抢票工具一度均无法登录。因为验证码可能是图片、数字等，抢票软件的程序起初是不认识的，但是后来有了一些大公司参与进来，如360、搜狐、傲游等浏览器出了插件，可以把验证码的数字、图片识别出来。

直到2018年，铁路12306系统调整、完善了各类验证码，下岗了一些难度太高的验证码，才让许多人松了一口气。当年中国铁路铁总公司相关部门表示，会把难以分辨的验证码比例降低到15%以下，避免出现验证码频繁输错导致无法买票的情况。

猎豹浏览器移动工程师李铁军说，目前有一些刷票软件每秒钟数次提交刷新页面或购票等请求，会给12306网站带来沉重的流量压力，尤其是在购票高峰时段，而难以轻易识别的图形验证码，能有效防止高频的刷票。

国铁集团公司的一位技术高管认为，升级验证码系统的必要性是毋庸置疑的，这是铁路12306系统与黄牛党以及抢票软件之间的一场持久的博弈战。如果没有防御性较强的验证码系统，黄牛党可以凭借抢票软件随意地大量地占据车票资源。

据悉，铁路12306系统验证码的图案、文字或数字，大多扭曲变形。之所以这么设计，是为了避免被光学字元识别之类的计算机程序自动辨识，验证码要的就是复杂性与无序性，还要有高浓度的噪音背景，对比度、可识别度都不能太高，因为机器比你聪明多了，你能轻易看清的，机器早就识别出来了。

很快有消息称，有人窃取了图形验证码后台数据库，并建立了"打码平台"，以绕过图形验证码这一环节，打码平台的打码识别率已超过80%。黄牛党每打码一次，需向打码平台支付1分—5分不等的费用。黄牛党每购买一张票，通常需要打码十几二十次，有的甚至打码上百次。

所谓"打码平台"，即专业的识别验证码的人工团队，配合软件进行刷票。软件负责常规的操作步骤，人工团队为外挂机器人服务，负责识别验证码。每天的工作就是识别各种验证码后，将结果反馈给平台。

梆梆安全创始人阚志刚坦言，实际测试表明，如果采集样本数据足够大，确实有破解图形验证码的可能性。虽然图形验证码在识别上增加了难度，但破解难度上并没有革命性的改变。

有媒体报道说，网络黄牛党利用专业的付费抢票软件，破解了铁路12306系统的技术反制，10分钟内刷走了上千张火车票。显然，在黄牛党的背后，是高端服务器的租赁之路和与铁路12306系统此消彼长的技术之争。

正义与反正义之间又开始了新的较量，单杏花团队与抢票软件的战斗再次陷入胶着状态。

这本身就是一场不对称的战斗，由于职能的限制，注定铁路方只能是见招拆招、被动防守，抢票软件和抢票网站则依托强大的利益后台，汇聚足够的资金和专业人员，从容应对铁路12306系统的一次又一次保卫战。

灰色地带的忧虑

电子黄牛党违法吗？

截至目前，有关部门尚未对抢票软件行业进行明确界定，付费"加速"抢票这样的服务，在法律上仍处于灰色地带。

其实，早在2013年初，工信部和铁道部就曾要求封杀软件商的"抢票神器"，认为这是强行加塞行为。由于没有从法律上规定，多年过去，这种"抢票神器"在微信平台、携程网、同程网、去哪儿网等大型平台上越做越大。

铁路警方也曾对新华社记者诉苦，国家有规定，如果没有代售资格，非法加价和倒卖火车票属于违法行为，但如今火车票是实名制，黄牛党将票卖给票主人，是否算是倒卖，尚无明确的法律说法。

北京大学法学院教授、北京大学电子商务法研究中心主任薛军表示，第三方购票平台，通过设计专门的软件，来快速实时地获取购票网站的余票、退票信息，从而帮助用户以更高的概率买到紧缺车次的车票，这一服务如果没有涉及利用黑客等技术手段，侵入或干扰购票网站正常的售票服务，这应该属于一种为消费者提供的服务，无可厚非。

薛军同时表示，如果这种"加速"抢票软件的底层技术，在实际操作中对铁路12306系统的正常运行会产生影响，比如过于密集、频繁地在网站上进行数据抓取，以至于造成铁路12306系统的运营不畅，正常用户的访问难度加大，这就需要引起注意。不能把自己的增值服务模式，建立在危害他人网站正常运作的基础上。

就软件服务的性质而言，薛军认为，第三方平台的付费"加速"抢票服务，和先前的"黄牛党"有一定差别。"黄牛党"是将车票提前买下来，囤积在自己手上，然后加价倒卖。而付费加速抢票服务是应需要购票的人的委托，根据后者指定的车次，通过一定的技术手段，以更高的概率买到紧俏车次的车票。提供抢票服务的第三方平台，本身不会事先囤积紧俏车次的车票，人为制造供需关系的紧张，所以二者还是存在一定区别的。

北京理工大学计算机网络攻防对抗研究所所长闫怀志认为，个人充当黄牛党抢票牟利，跟第三方平台抢票牟利，从技术上来说并无实质性区别。我国法律并未禁止收取一定的佣金来提供正常的票务代购行为，但正常的票务代购与这种利用技术手段实行网络抢票具有本质区别。当前，经过用户授权使用客户的真实信息，利用技术优势来实现抢票，这种行为如何定性，在法律上属于模糊地带，在理论和实践当中都很难区别。

在闫怀志看来，如果抢票代购费用超出了正常的佣金范围，则涉嫌倒卖票源。倘若第三方代购网站利用大量的他人信息事先囤积大量票源，等到有真正需要的客户请其代购时，先以退票方式释放虚占的票源，然后利用技术优势，迅速将该票源"抢回"给委托其代购的有真正出行需求的付费消费者，这样就涉嫌囤票倒卖不法获利，自然为法律所不允。

北京万贝律师事务所王传巍律师认为，2006年铁道部、国家发改委、公安部、国家工商总局联合下发了《关于依法查处代售代办铁路客票非法加价和倒卖铁路客票违法犯罪活动的通知》，明确规定，不具备代办铁路客票资格的单位和个人，为他人代办铁路客票并非法加价牟利的，属于违法行为。如今的代购，也可以算作是变相加价的一种形式。

"但如果把这种行为看作有偿代购的话，我出钱委托你帮我代购火车票，代购成功我支付你委托金，这样又不能算作是违法。所以，这在法律上是存在争议的，除非有新的法规进行明确规定。"王传巍说。

"铁路12306系统自己本身没有做好，不能够怪别人。"针对抢票软件，上海交通大学信息安全工程学院教授陈恭亮认为，如果没有商业行为，只是提高速度，"那应该是可以的"。

业内人士指出，国家相关部门并没有出手制止抢票软件的行为，而抢票软件利用技术手段提升抢票效率，以此吸引用户也无可厚非，但是如何平衡使用抢票软件和不使用抢票软件两部分人之间的公平性的问题，则需要有关部门和社会来进行探讨。

公士公益团队负责人、张新年律师认为，黄牛党以各种非法手段提前抢购、囤积车票，或者采用非法的技术手段，利用购票软件的系统漏洞，去扰乱购票市场秩序，妨害社会管理，已上升到违法甚至犯罪的层面。张新年指出，《刑法》规定："倒卖车票、船票，情节严重的，处三年以下有期徒刑、拘役或者管制，并处或者单处票证价额一倍以上五倍以下罚金。"

2017年7月，江西男子刘某在网上购买抢票软件和12306网站实名注册账号935个，用于抢票。根据所抢购火车票不同情况，向购票人分别收取50元到200元不等的佣金。先后倒卖火车票3749张，票面数额120多万元，获利31万余元。法院一审判决刘某犯倒卖车票、船票罪，判处有期徒刑1年6个月，并处罚金124万元，没收犯罪所得和作案工具——手机和电脑。刘某对判决不服，提起上诉。法院二审认为，刘某以营利为目的，使用抢票软件抢票，侵害了其他旅客的平等购票权，扰乱了铁路客运售票秩序，属于倒卖车票情节严重。改判刘某有期徒刑11个月，并处罚金124万元。

有专家分析道，从法律层面上来说，抢票"加速包"有违法违规嫌疑。首先，购买"加速包"如果可以更快买到票，可能违反民法的公平原则，侵害消费者的合法权益。其次，"加速包"自动刷票，可能违反网络信息安全相关规定。如果"加速包"不能加速，只是刻意制造一些噱头，或者隐蔽收费，那就涉嫌欺诈，损害消费者知情权等合法权益，可能要承担民事责任、行政责任甚至刑事责任。

媒体呼吁，国家也应该出台更详尽、更严厉的管制和惩罚措施，改变春运市场黄牛党当道的局面，更大程度减小普通人购票的难度。

"候补购票"的希望天空

2018年9月底,党的十九大代表、时任12306副主任单杏花,在江西上饶市婺源县进行学习党的十九大精神宣讲时表示,下一步铁路12306系统将增加"候补购票"功能,提升旅客购票体验,让更多的旅客买到票,把第三方抢票软件的危害降到最低限度。

这年12月27日,中国铁路总公司选取春运能力部分紧张方向的长途区段进行试点。试点内容为,因旅客退票或改签新产生的余票,将直接按候补购票订单顺序分配,除非余票数量超出候补订单数量,否则不会再进行出售。旅客如遇所需车次、席别无票时,可按日期、车次、席别提交购票需求,并预付票款,如有退票、余票,铁路12306系统将自动按已提交候补订单顺序出售。

2019年5月22日,在前期试点的基础上,"候补购票"功能在铁路12306系统悄然上线,候补购票服务扩大到所有旅客列车。媒体评论认为,官方"抢票"功能的上线,抢了第三方抢票软件的"饭碗",标志互联网购票体验已经接近于用户的本质需求。

这年国庆期间，铁路12306系统候补订单达到100万单，兑现率达到80%。到2023年国庆期间，12306系统单日候补订单高峰突破1100万单，有效缓解了服务器高峰期的压力问题，大大提高了旅客购票成功率。

这种"候补"式的网络自动排队，让没买上票的旅客有了新希望。同时，也巧妙地打击了抢票神器，让加速包的作用变得无济于事。因为候补购票功能直接将新增的余票，放在候补方阵里排队售出，圈子外的抢票软件只能望洋兴叹。

这也就意味着，无论是以往大量囤票的黄牛党，还是具有"插队"性质的抢票加速包，在铁路12306系统"候补功能"面前都显得"黯然失色"，从而极大地降低了因反复查询余票而造成的访问量，遏制了网络倒票的空间。

单杏花认为，像"候补功能"这类技术创新才是智能化变革的核心和价值所在。

"候补"思路的形成

面对抢票软件的猖獗，单杏花团队一直在不断亮剑，与之针锋相对、明争暗斗。着眼于如何更好满足用户需求、提升用户体验等专题，积极开展调研和技术创新探索。

单杏花认为，抢票软件的出现从另一个侧面反映了供给与需求的不匹配，我们必须努力地破解它。要认真落实好以人民为中心的思想，切实提高供给结构对需求变化的适应性和灵活性，更好满足广大人民群众的需要。

调研中有人提出，我既然登录后没有买到票，那么网上有了退票应该

△ 单杏花带领团队深入列车站、列车，积极开展调研和技术创新探索

优先卖给我。这好比是篮球场上，候补队员坐在旁边候着，场上一旦有了空缺，候补队员就可以替上。

单杏花很认同这种说法。既然退票、购票人都在网络里，完全可以在网络后台设置一个候补平台，让没有买到票的人填写候补订单，在这个平台上排队等候。这就相当于候补席位在余票池子内，抢票软件则在池子外，只有候补订单全部兑现了，才会轮到池子外的进来抢票。

这就意味着，候补功能在抢购退票的过程中，享有级别最高的优先权。按照铁路官方的说法，一旦有了余票，优先分配给候补购票的乘客，只有满足了候补购票旅客后，才会向外放票。

在解决了退票的优先权问题后,那余票的处置是否也可以按照这个思路进行?即把定时放票所剩的余票,也用来保障候补订单兑现。经过反复研讨推敲,最终确定综合列车放票数量、旅客退/改车票数量,分时段动态调整候补队列,优先兑现候补订单。

通俗地讲,候补买票的旅客是在候补平台的票池里排队,而平台不把所有的退票或改签返回车票一下子全部放出,而是先放一部分,等卖完了再放一部分,一拨一拨地满足候补者。当没票时,用户自己提交候补订单,等积攒了一段时间的票放出来的时候,后台就会将票自动分配给你。

至此,候补排队购票的思路、策略、方案正式形成。

谈及"候补"思路的意义,单杏花阐述道:"这样就最有效地维护了购票环境整体的公平、公正,从业务逻辑上对第三方代购网站刷票行为进行防范,不让第三方抢票软件'加塞',还给旅客正当的购票优先权,让每位旅客都享有公平购票的环境。"

铁路12306系统候补购票功能的推出,让抢票软件无可奈何,极大缓解了供需两侧的矛盾,实现了供给侧与需求侧的精准对接。候补功能不是直接抢票,而是在指定的区域内,排队购买退票、余票。只要你候补排名靠前,基本稳拿票。当别人都在专注整点抢票这一独木桥时,你直接入圈静坐在候补平台旁,本质上就是在抢最实在、最稳妥的票,单杏花称之"非对称竞争思维"。

在此基础上,单杏花又提出了"运用12306候补购票大数据,组织运力精准投放"的思路,即通过对候补数据的收集和分析,快速、准确掌握旅客实际出行需求,为科学安排运力、合理组织列车开行、精准投放运力,提供有效的数据支撑。

"候补票"解忧

所谓候补票，是指未在第一时间买到车票的旅客，可以通过提交候补订单的方式，在12306网站或12306手机app排队，预订系统将第一时间出现的退票、改签车票和余票，自动配售给候补订单。

如遇所需车次、席别无票时，可按日期、车次、席别提交候补订单，并在预付票款后，售票系统自动安排在候补平台排队候补。当对应的车次、席别因退票、改签等业务产生可供发售的车票时，系统自动兑现车票，并将购票结果通知旅客。

单杏花解释道："如果余票查询发现没有票了，候补购票功能可以及时地将旅客退签返回的车票，或铁路根据客流情况加开列车的车票，优先配给已经候补排队的人。"

候补购票功能，说白了就是官方的"抢票"行为，如遇所需车次、席别无票，可在线排队候补。当对应的车次、席别有退票时，系统将根据线上排队的次序，自动配票，逐个兑现火车票。

候补购票功能不收取额外费用，抢票速度和成功率均优于抢票软件，每名用户可提交1个候补订单、选择2个相邻的乘车日期、每个日期可选择5个"车次+席别"的组合，最多可选择10个组合。

2024年春运前夕，铁路12306系统对候补购票功能进行了优化升级，增加候补订单数量。每名旅客可提交的待兑现候补订单数由2个增至6个，每个订单最多可添加9名乘车人。旅客可选择预售期内任意3个乘车日期，累计最多可选择60个"日期+车次"的组合，每个车次可选多个席别。可选择范围拓宽了，必然有效提升了旅客候补购票的成功率。

更人性化的是，原来候补订单截止兑现时间最晚为开车前2小时，优化升级后调整为开车前20分钟，旅客可在更大范围内根据实际情况自主选择修改截止兑现时间。

"候补购票"功能的推出，从一定程度上保证了通过官方候补购票的用户对系统里退票的优先获得权。如果没买到直达列车的车票，系统还可以提示购买接续车票，即先买中途车站的车票，选择曲线出行，迂回返乡。

我们可以通俗地演示一下：此前没有"候补功能"的铁路12306系统，就是一个"支持无数个询问、不支持排队"的售票柜台，你可以随时询问任何一个柜台，如果你要买的票，它说有，你就买，它说没有，对不起，就是没了。有本事你就一直问它，反正它不嫌烦，直到你不厌其烦地问到某一次，刚好有票了，那恭喜你，买到就是你的，不然你就一直问下去。

这样导致的结果就是，购票流程相当于在乱序的过程中进行，相比秩序、更看重运气——能买到票的人，往往是因为在你问票的时候，刚好系统有票了，前提是正好在放票窗口期或刚好有人退票。在这个场景下，你会发现作为一个人，用手工去无限询问、查找出票瞬间——是极其低效的，人工跟机器完全不在一个效率维度。

于是，就让第三方抢票软件钻了空子，从早前的浏览器插件模拟人手，到后来的第三方独立平台，本质上都是把原来的"人VS机器"提高到了"机器VS机器"的效率维度上。考虑到网络普及度、操作难易度、风险承受度等因素，并不是所有抢票需求的人都会用上这些"机器VS机器"的方案，结果就是用上这些方案的人脱颖而出，获得了更高的抢票成功率。带来的另一个结果是，仍然靠人工抢票的可能比以往更难买到票了。

候补购票功能问世后，这个局面有了本质性改变，售票柜台从"不支持排队买"变成了"支持排队买"。通过"候补订单"，让铁路12306系统给你留票，先打招呼的先得票。本质上来说，只有满足随问随买的才属于公共票源，而现在你可以提前打招呼订票，让它有票的时候先给你留一张。当然这个招呼得是付了钱的真实需求。

通过网站和手机客户端操作，选择候补车次座席后，系统会用绿色、黄色、红色三种颜色的提示，告知旅客目前所处的排队位置，预示候补订单兑现的概率。字体为绿色时，则意味着候补订单兑现可能性较高，可以放心候补。而如果字体为红色，那么即使你的排位很靠前，也有可能买不到票。这些过程都让你心知肚明。以后还有可能根据数据提高候补的成功率，旅客候补就更直接了。

旅客在铁路12306系统购票时，遇到票量紧张、甚至无票的时候，就可以选择候补功能。在确认候补订单环节时，旅客可以填入相关信息确认提交，在30分钟内付款即可。由于系统是以实际付款先后顺序来决定候补排名前后的，设置自动支付最可靠，能让你成为前几名抢到候补票的人。在这一环节，旅客需要设定一个截至兑现的时间，到设定时间截止后，系统将不再为旅客排队候补车票，无票退款。

一般而言，在发车前1—2天，会有一个退票高峰。当其他用户退票之后，铁路12306系统也会优先把这部分票分配给候补订单。所以，在铁路12306系统的候补成功率更高。假如你要买的票已经开售，且已经卖完了，此时最好用铁路12306系统的候补购票功能。这时，抢票软件只能在场外干着急。

据单杏花介绍，"候补购票"功能的具体操作是，在12306网站（或手机客户端）购票，输入乘车日期、发到站等信息查询没有余票时，页面会在相关车次的席别余票显示列表中出现"候补"字样，旅客可根据需求点击相应车次、席别对应的"候补"区域，并支付票款，系统将该需求自动加入当前候补购票需求列表。当铁路12306系统检测到有退票或者余票的时候，"候补车票"功能就能自动为用户优先购票。

显然，"候补购票"功能打破了"谁网速快谁抢得到票"的特权。如果在你前面已经有一定数量的人候补同一车次，当有人退票，票就会被分配给第一个排队的，然后第二个第三个，这个时候其实和网速快慢一点关系都没有。能不能买到票，完全取决于你前面有多少人，与网速无关。

由此,"候补购票"从一定程度上缓解旅客抢票难的问题,解决了售票平台和旅客之间诉求不对称的问题。以往,往往会出现有退票无人买、有人买无退票的情况,"候补购票"功能可以及时、有效地将旅客诉求与余票信息的配对,实现有效衔接。

数据显示,每逢节假日黄金周期间,北京、上海、南京、苏州、天津、广州、深圳、成都、西安等城市都将会成为旅客出发和到达的热门地区。一方面车票紧张,一方面会产生大量的退票。采访中,单杏花多次建议,广大旅客可充分利用铁路12306系统"候补购票"功能,拾遗补缺,解燃眉之急。

铁路12306系统全面开通候补购票功能后,立刻展示出灿烂前景。数据显示,自2019年12月12日开售春运车票以来,到2020年春运开始前,大约一个月的时间,候补购票兑现订单达到582.6万笔,兑现车票723.7万张,兑现率高达76.8%,有效减少了旅客反复查询的次数,有效遏制了网络倒票的空间,提升了购票体验,广大旅客深深感受到便捷与舒心。

单杏花希望旅客朋友增加耐心,通过提报多个"日期、车次、席别"组合的候补订单,延长候补兑现时间,可增加候补成功率。"历史数据显示,铁路12306系统候补兑现成功率达75%以上。"单杏花说。

抢票神器失灵

"候补购票"功能可以自动为候补旅客购票,阻断了抢票软件的财路。

网民惊喜地发现,铁路12306系统候补购票功能成功率优于抢票软件。如果网上车票售完,旅客只需在铁路12306系统平台登记购票信息、支付票款后,一旦有退票、余票,铁路12306系统将自动为其购票,并将成功购票信息及时告知旅客。

实名制购票后,"秒抢秒退"一度成为黄牛党的"杀手锏"。他们先是利用抢票软件大量囤积热门车票,等到有人来买时将车票退掉,再使用购票人的身份信息瞬间抢回。"候补购票"系统上线后,黄牛党的抢票神器立刻彻底失灵,因为一旦产生退票,铁路12306系统平台将会自动为候补乘客购票,从而保障购票者的机会公平,维护正常的购票秩序。

由于"候补"是自动补位,无论是购票速度还是成功率都将领先于抢票软件。这样一来,退票"捡漏"和抢购临时增加运力的客票,就不再是擅于"不停敲门"的抢票软件的优势了。

有网民分析,与抢票软件相比,铁路12306系统的"候补"毕竟是内部排位,在候补订单兑现之前,网站是不会把退票放到公共票库销售的。其奥妙在于,抢票软件连票都还没见到,候补订单就已经完成兑现了,这不是让抢票神器抓瞎了么?

随着互联网购票环境的改善,铁路12306系统的门槛也开始降低,验证码得到了再优化,图形验证码大为消减,售出的95%的车票不再出现图形验证码了。少量的验证码,只限制在最热门车次的售票中出现,最大限度地方便了旅客登录网上购票。

2023年暑运数据显示,铁路12306系统每日售票量达1800万张左右,但实际上旅客发送量只有1400万左右,这意味着近20%的旅客有退票、改签行为。这年国庆期间的退票比例达到了30%—40%。

候补购票功能的上线,让铁路12306系统纯洁了许多,一方面,候补购票功能直接将新增的余票直接排队售出,彻底终结了抢票软件之痛,另一方面极大地降低了没抢到车票的人因反复查询余票而造成的访问量。同时,各种违规抢票软件遭遇冷落。

"黄牛党"缴械投降

2020年春运，在北京工作的小冀急着回老家南宁，她一直有个固定的黄牛党，以前不管买票多困难，只要给黄牛党100元就可以搞定车票。但眼下这位黄牛党一脸愁容，他告诉小冀，票不好买了。黄牛党让她等等，但是后来也没了消息。

"今年我不弄票了，说实话，成本太高了，往年一张票会赚180元，现在才赚100元，没什么意思了。"一位姓李的黄牛党吐槽道。对于"成本太高"这件事，李姓黄牛党说，成本是两个方面的，一个是时间，一个是实际支出。他进一步解释："原来12306系统至少三天、五天更新一次，它的节奏我们基本都能把握住，现在12306系统每天都在更新，只要更新一轮的话，黄牛党的软件基本就用不了了，最起码几个小时用不了了，要在后台做适配新的版本、做新的更新、打补丁，等做好之后再上线，这一轮抢票就结束了。"

"铁路12306系统放票都是定时段、有节奏，每天的9点、11点、13点和14点都是高峰期，比如说要抢大年三十的票，可能有一大波票要放出来，铁路12306系统突然在8点半直接更新了，那么到了9点做软件的肯定来不及更新。"李姓黄牛党说，另外今年铁路12306系统还增添了很多规则，如人脸识别，这让黄牛党抢票越来越难。

有个老黄牛党说，今年大部分的黄牛党，更愿意接预售单，黄牛党的网速和机器买票都要比普通快，接到预售单抢到的几率还是挺大的，但前提是铁路12306系统不要频繁更新。

我曾经问过一个老黄牛党，黄牛党和抢票软件会不会慢慢消失？老黄牛党肯定地回答道："不会消失，但有可能会转行。"他说，因为这是一个产业链，只是做这个的成本会越来越高，但继续做下去的人肯定是挣钱的，他们手里有大量的客户，而且这些客户有稳定的需求，很多人习惯了让黄牛党买票，这些黄牛党也是有市场的，他们也还会卖其他的票，比如演唱会门票、球票、椰子鞋等。

是啊，一些抢票软件仍然用各种方式在垂死挣扎。有的平台试图打技术牌，强调不同价格的加速包，会有网速上的差别。比如说，极速的话是50M光纤，光速的话就会更快，有抢票专享的服务器。还有一些平台称，加速包更适合用于预约购票，排队时会把位置往前靠。

各种抢票软件之所以紧咬着这块业务不松口，最重要的还是因为，抢票作为一个小小入口，可以撬动巨大的流量和用户，并反哺其他业务。光春运抢票产业链的规模就能达到千亿元，而火车票背后还能延伸出旅游、住宿、专车服务等，利润之丰厚更是不容小觑。

毫无疑问，增设"候补购票"功能是铁路12306系统的一次质变，而且掷地有声地告诉了大家，铁路12306系统是在不断优化用户体验的过程中，不断进步的。一位铁路12306系统程序员说，你用着不好用可以骂我，但是不能骂12306，因为这背后的技术真的很难。也许以后铁路12306系统还有可能因为堵塞而上热搜，希望那个时候，你能知道，你所看到的已经是世界之最，应该给它多一些宽容。

要知道，在数亿人苛刻的目光与无尽期盼中，做一件史无前例又必须成功的事有多难？多年来，铁路12306系统不断地突破技术壁垒，与抢票软件不间断地打攻防战，最终还是成熟了、长大了。

铁路12306系统从最初的网站，到顺应时代的手机app、小程序，到为驱赶黄牛党而设定的复杂验证码、身份二次核验，再到如今的候补购票、刷身份证直接进站等。很难想象一个含着金钥匙出生的孩子，能为了普通百姓如此用力地改变自己，其中少不了中国铁路客票人几十年如一日的坚守与创新。所幸的是，也是最重要的，中国铁路客票人没有倒下，铁路12306系统没有倒下，他们一直在重压之下，顽强、茁壮地成长。

复杂的社会活动创造了人类特有文化,促进了人类智慧的形成和发展。诚然,每个时代都有一大批杰出的人,为了理想和事业,勇于坚守与付出,表现出卓越的才华。他们聪明肯干,吃苦耐劳,是时代的佼佼者。他们在工作中表现出的超凡智力和超凡能力,被人们称为"最强大脑"。

第四章

"最强大脑"的智慧能量

在自然界，人类的智力远远高于其他动物。

人类拥有高度发达的大脑，可以进行各种复杂的思维活动，如逻辑推理、语言表达、空间想象等。这是人类优于其他动物的根本区别。

复杂的社会活动创造了人类特有文化，促进了人类智慧的形成和发展。诚然，每个时代都有一大批杰出的人，为了理想和事业，勇于坚守与付出，表现出卓越的才华。他们聪明肯干，吃苦耐劳，是时代的佼佼者。他们在工作中表现出的超凡智力和超凡能力，被人们称为"最强大脑"。

单杏花团队就是这样一群人。他们深藏于骨子里的聪明才干，源源不断地迸发出强大能量，支撑着庞大的铁路12306系统的运行。从马钧培、陈光伟、刘强、刘春煌，到朱建生、单杏花、李聚宝，以及中南大学（原长沙铁道学院）的史峰、兰州交大（原兰州铁路学院）的崔炳谋、同济大学（原上海铁道学院）的田宁、华东交大的徐尤南、石家庄铁道大学的罗小兵等优秀教授，还有后起之秀王明哲、周亮瑾、阎志远、张志强、王洪业、杨立鹏、李雯、戴琳琳、易超、刘相坤、吕晓艳、刘文韬、王元媛、梅巧玲、张霞、王炜炜、周强、朱建军、张智等……一代一代铁路科技工作者，紧跟电子化、互联网和智能化技术发展，一步一个脚印，攻坚克难，累累硕果，成就了铁路12306系统这一宏伟事业。

"万家团圆是我们的心愿"，每一张小小的车票背后，都是一个等待团聚的家庭，为了让大家顺利地买到回家的车票，12306团队一直在努力。每一次车票的变化，每一次互联网售票系统的升级，其背后都是一个千辛万苦的过程，都是千次万次的创新与拼搏。一张车票，它不仅承载了数亿游子的乡愁，更是承载了千万铁路人寄予的梦想，彰显着科技的进步与力量。

从人工售票，到计算机售票，到全国联网售票；从软纸票，到磁卡票，到电子客票。从"0"到"1"的突破，从1.0版本到5.0版本，到客票系统进入6.0时代，再到启动7.0版本升级研发。中国铁路客票信息化从无到有、从有到优，彻底抛弃了传统的手工售票方式，大踏步地进入电子商务时代。

由此,"中国铁路客票发售和预订系统"荣获 2000 年国家科学技术进步一等奖和"九五"国家科技攻关计划重大科技成果奖。

单杏花作为中国铁路客票系统研发团队的核心骨干之一,从学习协助到独当一面,从主持负责到总体设计,见证了中国铁路客票电子化的全过程,成长为中国铁路客票系统研发团队的"领头雁"。

毫无疑问,单杏花团队体现了科技精神传承,将茅以升老院长等老一辈科学家"一心为国,不懈奋斗"的爱国精神,与当代铁路科技工作者"干劲足、激情高"的拼搏精神融为一体,潜心钻研,奋勇争先,以"舍我其谁"的闯劲,奏响着时代的凯歌,激励着一批又一批团队骨干崭露头角、茁壮成长。

采访中,单杏花深情地说:"我生活工作在这个团结和谐的团队里,很幸福、很自豪、很有成就感。如果说,客票团队是一座历经风雨、百花争艳的大花园,那么我自己只是其中一支'幸运的映山红'……"

在前进的路上,每一个台阶,都需要跋涉登攀,每一个台阶,都是一道亮丽的风景。单杏花犹如一盏明灯、一面旗帜,挺立起中国铁路客票系统破浪前行的精神桅杆,汇聚起新时代砥砺前行的磅礴力量。

"马大帅"与他的弟子们

马大帅,名叫马钧培,是 12306 技术团队最受尊敬的老领导和导师。鉴于他严谨的治学精神、率领团队的威严以及丰厚的学术成就,被弟子们敬称为"马大帅"。

早在 20 世纪 70 年代末,作为铁路计算机应用领域的知名专家,马钧培就开始了对计算机售票的关注与研究。1994 年,他领衔研究制定了中国铁路客票系统总体方案,创造性地提出了集中与分布相结合的三级系统结构。1997 年,他牵头制定了"中国铁路客票发售和预订系统"总体方案,提出了全国联网售票的总体构想,并一步一步将构想变为现实。

单杏花和同事们一直认为,若要寻找中国铁路网络售票的源头和领航者,非马钧培老师莫属。他倡导提出的"勤奋、创新、严谨、和谐"团队精神,至今仍然是中国铁路客票人的追求与价值观。

如果说单杏花是千里马,那么马钧培则是当之无愧的伯乐。他以身作则,躬身实干,用知识、意志点亮智慧之光,带出了一大批优秀弟子,带出了一个敢打胜仗、勇往无前的杰出团队。单杏花说，马所长不仅给我们传授了知识，而且为我们营造了一个团结和谐、积极向上的环境，大家畅所欲言、互帮互助，心往一处想，劲往一处使，其乐融融。

与马钧培共事的还有陈天一、刘强、陈光伟、宗志东、林克华等一大批铁路科技工作者，他们敢为人先，从研发电子售票机入手，突破百年来人工售票的桎梏，是首批"吃螃蟹"的先行者。

2006年秋，马钧培退休前夕，突然患上了一种罕见病，北京301医院和协和医院分别给他制订了治疗方案，不管采用哪种方案都是凶多吉少。老所长叫来单杏花、刘强、李锋、徐彦、谢川成等弟子，请他们帮助拿主意。

"弟子们站在老所长的病床前，心情沉甸甸的。老师把生与死的抉择权交给了我们，这是对我们的最大信任。"多少年后，单杏花这样表述道。

老天有眼，马钧培躲过了一劫。2009年，病愈后的马钧培带领朱建生、史天运、刘春煌、刘强、裴坤寿等人，在深入调研的基础上，撰写了论文《铁路客票发售和预订系统升级的可行性研究》，系统回顾了铁路客票发售和预订系统的发展历程，客观分析了客票系统的应用现状，提出了客票系统升级版本的技术方案，初步形成了新一代客票系统架构和体系。这笔宝贵的学术、技术财富，至今还闪烁着智慧的光芒。

这些年，马钧培老人的身体恢复得挺好，他很关心铁路12306系统的发展。逢年过节单杏花这些弟子去看望他，他都会问个不停。

迎接科学的春天

改革开放后，随着科学春天的到来，电子计算机等新技术得到了广泛运用。这时候，在北京、上海、深圳的一些单位、企业的办公桌上，出现了一个小电视机模样的东西，还有一个键盘，工作人员不停地用手指敲打着。这种早期利用单片机、PC 机电脑办公的新方式，彰显了时代新气象，让人们耳目一新。

早在 20 世纪 70 年代末至 80 年代初，广深铁路公司电子所在深圳站、上海铁路局科研所在上海站、北京铁路分局电子所在北京站，都曾研发、试制电子售票机。1979 年 7 月 20 日，上海站和北京站开始试用电子售票机售票。由于车票是由与单片机连线的打印机打印，车票的纸质也从硬板纸改为了软纸。

据专家介绍，早期的电子售票机不同于后来电子计算机售票，前者尽管也是集成电路，但都是单片机、单管机，路数不大，算力低。电子计算机售票则是电子计算机控制的全自动售票模式，最终可以实现联网售票。

20 世纪 80 年代中期，铁科院电子所与广深铁路公司电子所开展技术合作，成功研发了 GSKP-1 型电子售票机，并投入运用。由于是针式打印机即时打印，实际上，这是一种在单机 PC 机上，使用 C 语言、DOS 操作系统的计算机售票。这一开创性工作，由电子所副所长陈天一牵头，张家锋、宗志东和广深铁路公司电子所林克华所长参与完成。这是中国铁路首次运用计算机即时打印的客票，一种淡粉色铺底的软纸火车票，比纸板车票大了三倍多，称之为 I 型客票。

进入 20 世纪 90 年代初期，在铁科院电子所所长马钧培的主导下，计算机售票开始使用 C 语言、UNIX 操作系统后，发展为"一带八"的多窗口系统，即一台主机带动八台制票机。这是一种采用非击打式打印技术的热转印制票机，在售票时现场打印，可在八个窗口同时售票。填空式计算机客票票面改为横式，这种火车票称为 II 型客票。

那时车站售票窗口使用的制票机都是从日本、美国进口的，软、硬件均是在条码打印机基础上改制而成，尽管故障率高、废票多，比起手工打制，效率还是大大提高。

当时还是局域网，北京站只能卖该站始发的车票。售票员查好车次，确认日期，手里一敲回车，一张车票就打印出来了。"一键卖票"大大提高了火车票的售票速度。实现即时打印车票后，售票时间由过去的手工售票最快每张 96 秒，缩短至十几秒。当年的北京站售票状元刘杰英，一天卖出车票总票价过万元。

我在铁科院院史馆采访时，发现了一张很有价值的新闻照片，照片说明显示：1984 年秋天，时任国务院副总理李鹏来到铁科院电子所考察，与铁路科技人员亲切交谈，调研、指导华立 B-16 微型电子计算机开发工作。

据悉，这年 9 月，铁科院电子所与日本日立公司合作，共同研制开发了华立 B-16 高级汉字微型计算机，这种计算机具有汉字功能和汉字操作系统，为国内首创，处于领先水平，有力促进了我国微型计算机应用与发展。

我以为，这应该是铁路推进计算机售票的前期准备。正是因为具有汉字功能和汉字系统的微型计算机问世，让十年之后的中国铁路电子计算机售票成为可能。

据时任电子所副所长李健民回忆，1995 年 10 月，铁科院电子所曾研制出了计算机售票软件版本——SMART 座席管理和预订票。1996 年 3 月，将这一软件版本拿到沈阳北站试用。当时沈阳北站有 50 多个人工售票窗口，试用软件时，只是把人工售票那些票柜往后移动了一下，以防备用。然后，在每个窗口安装了电子计算机，与服务器相连，形成了一个车站的局域网。5 月 2 日，50 多台计算机开始车站独立联网售票，十分成功。其意义在于，率先在一个大站建立起了"全面实行部颁技术条件、数据编码和数据结构，采用 UNIX 操作系统和关系型数据库"。

随后，铁科院领导在铁道部部长办公会上，演示汇报了这一成果，其联网售票系统始称"铁科院版本"。正是这次成功的尝试，为铁道部决定建设"中国铁路客票电子计算机发售和预订系统"提供了决策依据。

1996 年 6 月，铁道部正式启动计算机售票系统窗口售票机研制工作，由铁科院牵头,在借鉴国外同类产品的基础上,根据我国铁路的实际情况和铁路客票制票机主要技术条件,从模块软件搭接、外围结构软件程序编制,到机械的结构布局、功能和智能化流程的实现,全面推进技术创新,当年年底就拿出了 ZT100 型制票机样机,填补了国内自主知识产权热转印制票机空白。次年 7 月,第一代产品 ZT100 型制票机在深圳站售票窗口试用,受到售票员和广大旅客的好评,2002 年荣获中国铁道学会科学技术二等奖。

尔后,又相继推出了 ZT200、ZT200x、ZT200c、ZT200h、ZT200z 等型号的系列制票机,形成了"高效图形处理与打印技术、超大剪切力高速旋转式切刀"等核心技术,位居世界领先水平。目前全路各火车站使用的 ZT-C300 型制票机,不仅实现了小型化、轻型化、模块化,还具有打票速度快、工作稳定、能耗小等优点。

采访中,李健民反复强调,后人的成功,都是在前人摸索基础上,一点一点累积而成。在当时有限的科研技术条件下,每一点突破,都来之不易,都值得珍惜。前人的努力,为后人的成功铺就了宽广的道路。

受命于紧要关头

1996 年 5 月 8 日,铁道部部长办公会议决定,为适应互联网的迅猛发展,解决旅客买票难问题,决定成立全路客票发售和预订系统领导小组和工作组,改革传统手工售票方式,积极探索计算机售票和互联网售票,尽快建成具有中国特色和自主知识产权的铁路客票发售和预订系统,改变铁路客票发售和运营管理的落后面貌。

这是我国铁路客运管理走向现代化的一项重大决策,是加快铁路走向市场、实现科教兴路的重要举措。国家对铁道部的这一决定高度重视,"中国铁路客票发售和预订系统"被列为"九五"国家科技攻关项目，尔后又被列为"九五"国家科技攻关计划重中之重项目。

5月15日，全路客票发售和预订系统领导小组和工作组人员任命到位。时任铁道部副部长国林任全路客票发售和预订系统领导小组组长，铁道部总工程师华茂昆、铁道部副总调度长兼运输局局长常国治为副组长，组员由运输局、科技司、电务局、计划司、财务司、劳资司、对外合作司、工程设计鉴定中心、电子计算中心、铁科院等部门和单位组成。

领导小组的职能为，组织领导全路客票发售和预订系统的规划和建设，组织审定总体设计，实施过程中有关方针、政策以及资金等重大决策，对外交流和技术引进与合作，对其他涉及全路系统的重大问题做出决定。

工作组组长由运输局副局长童安炎担任，科技司司长助理李中浩、铁科院副院长鞠家星任副组长。为了便于工作，全路客票发售和预订系统工作组分设总体组、推进组和综合组三个职能组。总体组以铁科院为依托，以电子所为研发基地，集中全路的技术力量，开发推广全路客票系统统一应用软件。时任铁科院电子所所长马钧培，受命于关键时刻，被任命为总体组组长。副组长为北方交通大学（现北京交通大学）项源金教授。

1996年6月，铁道部在北京安定干校召开了第一次全国铁路客票系统工作会议。会上，总体组提交了全路总体方案和车站级系统建设的意见两个文件及说明。会议确定了工作总方针：统一规划，分步实施，限期推进，期到必成。给总体组下达的近期任务是，用一个月的时间完成窗口系统软件的选型和优化，用三个月的时间完成全路客票发售和预订系统的总体规划和设计，并负责完善对软件和硬件设备的技术要求。

"十六字总方针，就等于是立下了军令状，每一句话都很明确，就是要全路一盘棋，利用铁路高度集中、大力协作、半军事化的体制优势，集中力量办大事，而且必须办成。"李健民说。

全路各大专院校、铁路局客运、信息部门积极性高涨，全力参与，形成强大合力。各尽其力，出人、出力、出思路，还有的出试验场地，很快取得了明显成果。8月6日至9日，改进后的"铁科院版本"，即中国铁路客票系统1.0版本，通过铁道部组织的技术审查组的测试和审查。专家们一致认为，版本已具备了售票、退票、预订、票卷管理、统计报表、账务结算、客运计划管理、数据维护、值班和监控及查询等功能，基本满足了车站售票的需要，具有先进性、实用性和可靠性，达到国内外领先水平，可以推广应用。

8月23日，中国铁路客票系统1.0版在西安北大街售票处投入使用。8月26日，西安站开始电子计算机售票。一个月的试用过程中，系统运行正常，基本实现了既定功能，同时也发现了58条需要解决的问题。紧接着，铁道部在西安召开了第二次全国铁路客票系统工作会议。

据李健民介绍，第二次会议主要是讨论系统版本统一的问题。当时有学院版与现场版之争，会议没有简单地否定哪个版本，而是提倡版本融合，充分发挥各个版本的长处。工作组副组长李中浩强调，全路客票系统是一个大市场，任何一家不可能包打天下，要调动各方面力量共同完成，全路只能推广一个统一的版本。这件事是大事，一定要干好，争取国家的大奖。

最后会议决定以铁科院的1.0版本为基础，在后台数据结构上进行了修改完善，形成统一版本。借用华茂昆总工程师当时的话来评价，这无疑是"共同努力的结果，集体智慧的结晶"。

这次会议确定在全路推广客票系统1.0版本，变人工售票为计算机售票，由计算机控制票额的分配、座席的分配和管理以及印制软票。同时，制定了统一客票样式，票面为蓝色底纹，使用了短条形码。

9月18日，全路客票发售和预订系统项目通过国家重点科技攻关项目的可行性论证。为确保按期并优质完成攻关任务，铁道部决定在总体组旗下，组建全路客票发售和预订系统应用软件攻关小组。为此，铁道部要求北方交大、西南交大、华东交大、上海铁道学院、大连铁道学院、长沙铁道学院、兰州铁道学院等七所高校，各选派4名青年科技拔尖人才，参

◁ 铁路客票发售和预订系统工作组总体组的"全家福",合影于1997年1月30日

加该项目的攻关工作。后来大家借用东汉开国功臣"云台二十八将"典故,习惯地称之为"云台二十八将"。

同年10月10日,马钧培领导的总体组技术团队集合完毕。其成员包括铁科院电子所5个研究室近30名同志、运输所计算机室的7名同志,以及来自石家庄铁道学院、铁道部经济规划院、通号总公司、北京铁路局、上海铁路局、广铁(集团)公司的有关专家,再就是"云台二十八将",共计80余人,可谓是兵强马壮。

人员到位后,大家立即忙碌起来。马钧培带领大家学习领会铁道部党组有关精神,了解铁路客票发售和预订系统的技术架构,研究数据库和技术开发工具,阅读消化前期已有的相关程序代码,修改完善系统、编写培训教材、举办学员培训班等，大家摩拳擦掌，认真做好试用推广"客票发售和预订系统1.0版"的各项准备工作。

从九江站到南昌站

在马钧培当年的技术团队里，单杏花年龄最小，她个子不高，一双大眼睛炯炯有神。"江南水乡孕育了她娇美的面容、似水的柔情，还有百折不挠的意志。"在大家眼中，单杏花是一个柔美、刚强的江南女子形象。

1996年底，受马钧培的指派，一脸稚气的单杏花和3位伙伴组团来到了南昌铁路局九江站，试点应用铁路客票系统1.0版本。此时的单杏花还是华东交大的在校研究生，属于"云台二十八将"之一。

九江站售票窗口，将存放纸板票的票箱往后移，前面摆上了电子计算机和打印机。用一台小服务器，将每个窗口的电子计算机串联于一体，形成车站独立的小网络。一窗有票，窗窗有票。

1.0版本的数据库、编程语言，与学校所学的理论完全不同，是考验单杏花的第一关。两个月废寝忘食的学习、实际操作练习，单杏花熟练掌握了铁路客票发售和预订系统技术开发工具。尽管如此，第一次走进铁路现场，单杏花还是有些胆怯。她迅速调整好心态，让自己进入角色。

这时恰逢京九铁路开通，九江站发售至各站的票价很复杂，基础数据庞大，时刻、票价、车号、座位号、是否空调车、是否加挂、是否停运等场景条件，都需要梳理清楚了才能上线卖票。票价要对，结账要对，同时还要解决改签、退票、学生通票等问题，复杂的逻辑关系和数据，如同一堆麻线团。

这期间，试用中的售票系统总是出毛病。马所长为了放手锻炼单杏花，

马钧培（左二）深入车站现场调研

指派她牵头负责。单杏花与同伴们边调试、边开发、边优化，忙得不亦乐乎。

"代码如果不能按设想执行，卖错票了、钱没收对，或是导致机器卡壳不出票，怎么办？"临近系统上线，各种想法、各种担心不由自主地涌上单杏花心头。

单杏花与南昌铁路局的客票业务和信息技术团队友好合作，认真听取情况介绍，结合实际情况，调试系统设备。"因为有着共同的工作目标，我们的情谊就这么建立起来，从此我们都称自己为中国铁路客票人。大家一起干活，总是商量着办。"说起当初的体验，单杏花语气里透着藏不住的自豪与骄傲。

这天晚上，系统后台马上要生成票库了，数据密密麻麻拥挤在显示器上。坐在电脑前的单杏花，手指有些微微颤抖。她深感责任重大，如果一键按下去，出现错误，大家半月的心血就白费了。窗外，闪烁的星星和屏幕上的数字一同眨着眼，仿佛在期待和鼓励着她。她并不孤独，她知道，此时在沈阳北、兰州、成都、长沙等地，还有跟她一样的同事、老师、学长，也在挑灯夜战，也在面对一堆枯燥的数据，忙个不停。

心有灵犀一点通。就在这时，马钧培所长从北京打来电话，问单杏花有什么问题，明天能否顺利上线？单杏花说，没问题，就是紧张。马所长在电话里笑着说："小单啊，每临大事有静气，大胆些，要相信自己能行！"

单杏花终于静下心来，调整了呼吸，一键按了下去！电子计算机果断地向打印机发出指令，打印机十分顺从地出票了。"我们成功了"，大家雀跃欢呼起来。

第二天一大早，九江站售票窗口通过计算机出售了第一张软纸车票。正是从这一刻开始，在以后的日子里，单杏花伴随着客票系统版本一次次升级，她也在成熟成长。她说："在这个成长过程中，我坚定了信念，学会了担当。"

单杏花回忆道："那时候，1.0版本的系统很脆弱，需要针对每个车站的不同情况进行优化调整。我要独立负责后台和前台的多个子系统，当时最怕票卖不出来，或是票卖错了，或是钱没收对，深感压力山大。1.0版本在九江站顺利上线运行，让我信心倍增。"

单杏花不负众望，独当一面，初战告捷，出色地完成任务，受到了总体组组长马钧培的表扬和九江站领导的好评。

很快，南昌站也请求上计算机售票系统。南昌站的情况更复杂，由于售票窗口紧张，白天要用票箱售票，只能在晚上调试系统功能。每天都是晚上11点以后干活，一口气要忙到凌晨三四点钟。

南昌站计算机售票的第一天，早晨6点开窗卖票，也就卖了两个多小时，系统就卡了壳。拥堵在售票窗口的旅客情绪激动，敲着窗口玻璃，叫骂声不绝于耳："搞什么计算机售票？分明就是想偷懒！"

无奈之下，一夜没合眼的单杏花只得与售票员一道，赶紧把电脑搬了下来，再把票箱重新搬了上去。后来问题找到了，是数据库系统内存配置出现了问题，参数没配好，造成系统内存耗费过大，需要重新建库。单杏花带领大家又忙了一个昼夜，重新调整建立了数据库，问题得到了解决。终于从次日早上6时开始，实现了计算机稳定售票。

到1997年1月，全路几十个大的车站全都上线了1.0版本，实现了手工售票向计算机售票的历史性转变。实行计算机售票后，大大压缩了窗口售票时间，大大降低了售票差错率，车站窗口排长队的现象迅速减少。

试水联网售票

计算机售票首战告捷，马钧培团队一鼓作气，瞄准了新的目标——建立区域客票中心，开发区域联网售票系统。也就是说，在一个城市内，甲火车站能够买到乙火车站始发车的车票。或者说，在一个区域范围内，一个火车站能够出售沿线各个火车站的火车票。其前提是，这个城市或区域的售票系统必须联网成一个整体。

这就是客票系统2.0版本的追求方向和主要内容：区域联网售票。其宣传词是：我们都是一家人，火车票不分你我。

1997年4月28日，华茂昆总工程师率全路客票发售和预订系统建设工作领导小组成员到铁科院现场办公，检查区域联网售票软件的开发情况。

马钧培代表总体组就软件的系统框架结构、主要数据库组织方案、售票模式、后台管理、地区中心、路局、分局管理系统功能、车站系统功能等开发内容，以及地区客票中心软件开发情况，向领导小组成员做了汇报。并演示了地区客票中心软件各模块的功能。

华总一行对总体组开发的2.0版本，给予了充分的肯定，并同意这个版本首先在广州地区试用。他强调指出，要进一步优化完善2.0版本，广州客票中心要给香港计算机售票留好接口。

在此之前，单杏花作为总体组先期派出的技术人员已于4月下旬到达广州，协助广铁集团公司着手进行区域联网售票的前期技术准备工作。第一次坐软卧，单杏花怀里像揣了只小兔子，激动得怎么也睡不着。一路上，她脑海里反复回想着马所长的叮嘱"广州是改革开放的前沿，在那里进行区域联网售票试点、建立区域客票中心意义重大"，心头不由沉甸甸的。她暗暗下决定心，一定要好好工作，决不能让马所长失望。

5月2日，总体组一行24人离京奔赴广州，他们将与广铁集团公司有关部门密切配合，共同完成"广州地区客票中心建设、统一软件2.0版本的应用推广、香港回归后地区售票"等阶段性目标和任务。

5月21日，华茂昆总工程师亲自督战广州。他在动员讲话中强调，在广州进行地区客票中心试点，既是适应铁路形势发展的需要，也是铁路部门迎接香港回归的首要工作。建立地区客票中心，是中国铁路客运的重要突破，是改革生产关系，以适应生产力的发展的需要，必须坚定不移地推进。

1997年6月18日，铁道部向广州铁路集团公司发来贺电，祝贺广州地区客票中心投入运营。单杏花与同事们经过两个月的安装、调试，广州站、深圳站顺利上线2.0新版本，建成了广州地区客票中心，覆盖集团公司所属4个总公司21个较大车站，通过广州地区数据库，实现了地区内联网和异地售票。旅客可以在广州站，买到从深圳站返回的火车票了。

到1997年底，全路完成了广州、济南、上海、南京、沈阳、哈尔滨、杭州、长沙、郑州、兰州、成都、武汉、昆明、西安、天津、北京等23个铁路地区中心和铁道部中心的2.0版本推广，实现了车站独立售票向区域联网售票的转变，实现了票额、座席、计费、制票、结算、统计等工作的计算机管理。

其意义在于，打破了传统的封闭格局，优化共享区域客票资源，实现效率与效益双丰收。自此，旅客可以在全国任意一个大站，买到区域之内往返的火车票，一次只能买"本站到目的地站"火车票的历史被改写。

"一张网"构想

1997年的秋天，北京风和日丽，由中国科学技术协会主办的第四届全国计算机应用联合学术会议隆重举行。

改革开放的春风，促进了各行种业的大发展，尤其是电子计算机的广泛应用展示出美好前景。铁科院专家鞠家星、马钧培提交的《中国铁路客票发售和预订系统的设计与实施》论文，在会议上引起强烈反响。这篇论文首次提出，建立一个覆盖全国铁路的计算机售票网络，采用集中与分布相结合的客户机/服务器体系结构，实现铁路客票的网络发售与预订。

这个宏伟目标有两个关键词，网络售票与全国铁路客票联网。

马钧培率领团队提出的全国铁路售票"一张网"构想，即全国铁路售票一盘棋，一站有票，站站有票，一窗有票，窗窗有票，从根本上消除了各自为政、上座率虚糜、客运资源浪费的现象。

1998年下半年，在马钧培所长的带领下，总体组成功研制出了适应全路联网售票要求的3.0版本，开始启动"铁道部客票中心"建设。当年9月，第四次全国铁路客票系统工作会议在上海召开，会议确定了全国铁路联网售票任务目标。

长期以来，各铁路局掌控本局客运资源已成为定式和惯例，"窗口无票，车上空座"的现象司空见惯。要打破这种资源独占的格局，唯一的选择就是全国客票联网，这无异于在"铁大哥的五脏六腑"进行一场利益革命。

我的客票，就是我的奶酪，别人不能染指。譬如说，郑州站至北京西站的火车票，传统意义上讲，就是郑州站的资源，只能由郑州站出售。换句话说，郑州的旅客要想去北京，只能到郑州站排队购票。即便郑州站有余票，宁可废掉，其他车站也不能出售。这样会产生两种情况：一是造成资源浪费，郑州站的余票，其他车站不能出售，必然导致车上空座。二是限制了旅客出行，如果旅客不去郑州站排队购票，你就无法买到郑州去北京的票。

小学生都会算这笔账：客票资源就等于客运收入，特别是一些坐拥客运资源的大局、大站，不愿意把自己掌控的客票资源与全路分享，也是情理之中的事。即使是同一个铁路局，各车站的客票资源也都是神圣不可侵犯的。因为客票就是收入，客票就是权力。要实现车票的科学运用和合理配置，就必须打破站与站之间、局与局之间的壁垒，这谈何容易！

原本是各局、各站掌控的客票资源，3.0版本却要放在"一张网"上公开透明地卖，而且谁都能卖，以实现客运资源的优化配置。虽然这时旅客还需要到车站排队买票，但是有了资源共享的平台，一站有票，站站有票，就避免票源死角，也就避免了座位的浪费。

毫无疑问，全路售票"一张网"的构想，无疑是大胆的、具有开创性的，是一件利国、利民的有意义之举。尽管开始是一片反对声，但放在讲大局、讲效益的台面讲，这种反对声是无法启口的。再说，一旦开启了联网售票，用网络系统进行固化，谁也奈何不得。

1999年，客票3.0版推出，正式提出了"异地售票"概念。这意味着，旅客可以从北京站，买到上海站去广州站的车票。2000年10月，各铁路局地区客票中心与铁道部客票中心联网，形成了铁道部客票中心、地区客票中心和车站窗口三级架构，同步完成了地区中心和车站系统的升级，实现了全路联网车站间直通列车客票的异地发售和预订，历史性地实现了全国联网异地售票。

就这样，全国各地的旅客可以在任何一个火车站，买到去全国任何一个火车站的火车票。由此，为全国铁路联网售票打下了坚实的基础。

当时，世界上还没有哪个国家实现全国联网销售火车票。虽然美、法、德、日等国家铁路运用计算机售票都比中国起步早，但这些国家的铁路网和票种远不如中国复杂，一般以城际铁路为主，类似中国的城际铁路或地铁，行程短，票价简单。日本铁路更是票价单一，对号入座率只有 20%。而这时的中国铁路正处于铁路运输紧张的"瓶颈期"，人流涌动，一票难求。如何把有限运力资源用足，又快又好地把票卖出去，是摆在马钧培所领导的总体组面前的严峻课题。

3.0 版本的应用，大大提升了旅客列车上座率，为铁路带了巨大的效益。几年间，除去新线新增客运能力的因素，铁路客运系统收入年增长率都在 30% 左右，让全路上下都尝到了甜头。科学技术是第一生产力，很快大家都认可了"异地售票"的好处。

2002 年 4 月，为适应营销体制改革，以划分票款为主要内容的铁路售票系统 4.0 版问世。这个版本适应了客运体制改革和收入清算需求，实现了提前 180 天预约。票款收入统一划归列车的担当铁路局，然后再向沿途及相关铁路局清算支付，包括售票费、路网费、供电费等。公平公正的票款划分，极大地调动起了各铁路局多开车、开好车的积极性。

宝哥与电话订票

追寻中国铁路互联网售票的发展过程，在人工售票与网络售票之间，还有一个电话订票过程。它与网络售票有一个相同的功能，就是为消除车站广场的购票长队贡献自己的力量。

宝哥，名叫李聚宝，现任铁科院电子所客运与电子支付事业部副主任，兰州铁道学院（现兰州交通大学）电信系通信与电子系统专业，研究生学历，工学硕士。他业务精通，待人随和，热心快肠，同事们都亲切地叫他"宝哥"。

采访得知，宝哥是"电话订票"的开拓者。

李聚宝与单杏花同为"云台二十八将"，1996年进入铁科院协助工作那年，他在兰州铁道学院读研究生二年级。从此，他一直坚守在客票系统研发岗位上。在28个人中，就他与单杏花一直没有离开过。

2004年初，铁道部启动电话订票项目，铁科院电子所抽调骨干力量，成立了实施项目组。李聚宝被任命为电话订票项目经理，成员有唐堃、阎志远、徐东平、李天翼、张军锋、彭怀军、张东，后被誉为"电话订票八勇士"。项目组克服了时间紧、任务重的困难，对CTI和IVR等关键技术进行了研发和测试。系统按最大容量5000门电话接入设计，具有IVR自动语音服务功能。

回首往事，宝哥并没有风光无限的表情，反而心情比较沉重。他告诉我，当年每逢春运，广铁集团公司的客流压力最大，旅客的购票需求高达2000万张，而广铁的实际客运能力只有600万张。问题的严重性在于，不管能不能买到车票，这2000万人都会涌向车站排队购票。为了消化如此庞大的人流、防止踏塌事件发生，每年春运广铁集团公司都要在车站广场搭棚、租用市内大型体育场，设置临时售票窗口。

由此，广东省政府多次向铁道部告急，建议采取必要措施有效解决春运车站人多拥挤、排队购票问题。于是，电话订票应运而生。电话购票最大的效能是，以电话虚拟排队的形式，将巨大的人流分到了电话亭、家庭座机、办公室电话和手机上，避免了车站广场的人流聚集。

2004年12月8日，广铁集团电话订票系统正式开通。同时在广州、广州东、广州北、佛山、东莞东和惠州6个车站开办电话订票的相关业务。旅客只需拨通订票电话，就可预订上述6个车站各次列车的车票。旅客电话订票时，凭有效证件号码，每次可预订不同日期、车次和席别的车票。订票成功后，可异地取票。由此，有效缓解了广州地区车站广场排队购票人满为患的局面。

紧接着，电话订票逐步在上海、成都、郑州等客流大的铁路局推广，受到旅客欢迎。当然，宝哥因此没有少挨骂。全路订票电话号码统一为：区号+95105105（铁通）或96020088（网通）。在有效的时间内，成千上万的人同时拨打这两个号，电话自然就很难打了。一是电话长时间打不通，有些电话还要加拨区号，就更慢了。二是好不容易打通了，稍不小心按错了一个键，又得重新打。

宝哥解释道，尽管电话订票热线永远是忙音，但机会还是有的，面包也会有的，再说不用排队，少了风餐露宿之苦，对购票旅客来说，也算是一种宽慰吧。

事实证明，电话订票有着顽强的生命力。到2011年，电话订票范围扩展到了广铁集团、上海、南昌、郑州、成都、西安、武汉、沈阳等8个铁路局，全国共开通5.5万条电话订票线路。仅广铁集团公司电话订票线路就达到了2万条。电话订票占比达到售出车票的70%左右，一时成为铁路客票出售的主渠道。当年，电话订票项目荣获铁科院科技进步一等奖。

2011年，广铁集团管内武广高铁12个车站，普速铁路广东地区9个车站、湖南地区17个车站，均开办了电话订票业务。也就是说，这2万条电话线分布在广东、湖南等38个车站，一天可订出十几万张火车票。

这年春运，上海铁路局对电话订票系统进行了升级，优化订票流程，将电话订票线路由6000门扩大到8000门，每天逾10万人电话订票，日均通过电话售票达到2万张。"虽然系统已'扩容'，因为拨打电话的人太多太多，订票电话仍然不好打。"宝哥遗憾地回忆道。

尽管电话订票和网络订票互相独立，互不共通，但是它们共用票源。可以理解为，如果网络上显示无票，电话订票同样也订不到票。

2012年春运，随着新一代网络售票系统的开通，电话订票开始迅速降温，至今电话订票作为网络售票的一种补充形式，仍然有着一定的用户。

单杏花与她的世界

单杏花与铁路的第一次邂逅,并不是美丽的相约。

1991年秋天,17岁的单杏花考上了西安工业学院(后更名为西安工业大学)。古都西安,在单杏花心中是那么的遥远、神秘。她头一次坐火车独自出远门,既兴奋又胆怯,一路上,耳畔一直回荡着妈妈的嘱咐:"出门在外,事事小心。"

单杏花从江西偏远的小山村,辗转来到了景德镇火车站,立刻被广场上黑压压排队购票的人群吓懵了。她焦急不安地排在购票的长队里,前不见首,后不见尾。她一天没有吃东西,因为她怕去买吃的,而脱离了长队。她最担心的是买不到车票、不能去西安上大学。

她在忐忑无奈中排了一天一夜的长队,终于买到了第三天的车票。那天,她随着拥挤的人流进了站。站台上,她踮起脚尖期盼,终于等到了缓缓进站的绿皮车……车上超员严重,车门根本打不开,她背着行李、手里拎着包裹,急得要哭。她求援窗口的旅客,先把行李塞了进去,然后求站

△ 读大学时的单杏花

台上的好心人托着她，才连滚带爬地钻进了车厢……

这是单杏花人生的第一张火车票——一张半价学生票。第一次买火车票、坐火车的狼狈情景，至今清晰地印在单杏花的记忆中。未曾想到，也就是从这一刻起，她就与铁路结下了不解之缘。若干年后，单杏花回忆说，那时的我怎么也不会想到，一张小小火车票，竟然把我带向了我一生追求的事业。

从此，单杏花每年都要坐好几次火车回家、返校，她不再害怕火车，而且一次一次亲近起火车来。几年之后，当年那个背着行囊北上的小姑娘，成为了解决购买火车票难题的重要参与者。多年之后，她成长为中国铁路客票系统研发、推广的技术带头人。

作为一位铁路科技拔尖人才，单杏花的才华和业绩是以执着、智慧和善良为底色的。领导、同事、家人和旅客，都对她都有这样的共识。是的，这只山窝窝里飞出的"金喜鹊"，在党和国家的培养下，在同事们的帮助和大力支持下，不断地呈现惊喜，给广大旅客带来福音。"12306"这几个简单的数字，已成为单杏花人生与事业的数字密码。

20多年来，单杏花致力于"中国铁路客票发售和预订系统"这一国家重大科研项目的研究，研发了以12306网站、12306手机app客户端为标志的新一代客票系统，在旅客列车开行方案、运行图编制、铁路售票组织策略、席位控制等多方面，取得了一系列重要的理论和技术创新成果，成为中国铁路客运领域响当当的专家。华为、阿里、百度等公司曾多次邀请她去做技术报告，她曾多次赴美国、德国、法国、澳大利亚参加技术创新交流会和研讨活动。

多年来，单杏花主持或参与的重大科研项目多次获得国家级奖项。她个人也先后荣获铁路青年科技拔尖人才、火车头奖章、全国三八红旗手、詹天佑青年奖等荣誉。先后被中宣部、国铁集团联合授予"最美铁路人"光荣称号、被中组部等九部委授予"最美奋斗者"光荣称号。2022年，单杏花作为"杰出时代先锋"纳入中宣部组织的"3个100杰出人物"宣传。

婺女的秉性

"油菜花开满地黄，丛间蝶舞蜜蜂忙。清风吹拂金波涌，飘溢醉人浓郁香。"明代诗人余邵的《油菜花》，是单杏花小时候常挂在嘴边的一首诗。诗中描绘的油菜花美景，就是单杏花的家乡、中国最美乡村——江西省婺源县。

婺源出美女。婺源美女，又称为"婺女"。

相传，上古时期，婺水流域突发洪灾，一片汪洋。灾难之急，只见一位貌美女子手持长矛，腰系经卷，骑着一条巨大的鳙鱼逆流而上。她游至洪水源头，发现是一条蛟龙在兴风作浪。于是，她随手取下经卷奋力砸向蛟龙。随即一声惨叫，蛟龙尾巴被砸断，挣扎着逃走。于是，洪水很快就退去，婺源山民得救了。那位貌美的女子，因治水有功而升天，被玉帝赐封为婺女星，掌管吴国分野。由于婺女是在婺源境内升天而名登仙籍，乃婺女星之起源地，婺源因此而得名。

由此，婺女成为勤劳智慧、贤惠坚强的婺源女子的化身。

单杏花的家乡很美，绽放在古诗词里的油菜花，美不胜收。雨水已过，东风解冻，草木萌动，火红的红杜鹃，金黄的油菜花，绿色的茶叶，漫山遍野，花香四溢，整个村落都沉浸在淡淡的花香之中。白墙、黛瓦和蓝天，五颜六色，和谐自然，巧妙地搭配在一起，勾画出世上最美丽的图画。

这里还是詹天佑的故乡。这位中国首位铁路总工程师，修建了京张铁路等中国近代一系列重大铁路工程，享有"中国铁路之父""中国近代工程之父"等崇高荣誉。

1974年，单杏花出生在婺源县思口镇外河公村一个只有20多户人家的小山村。单家祖祖辈辈都是农民，与泥土为伴，脸朝黄土背朝天。小山村被羊肠小道环绕着，出行完全靠走，没有一条通往外面的大路，外面的世界很遥远。

单杏花出生在阳春三月，父亲让外婆给新生的闺女取名字，外婆看了看窗外盛开的杏花，脱口而出："粉红的杏花喜庆，那就叫杏花吧。"

单杏花曾这样讲述自己的贫寒家境："我家兄弟姐妹四个，因那个年代的特殊情况，家里格外要穷一些，哥哥是读初三时辍学了，他是长子，是家中的男子汉，父亲让他去学木匠手艺，以后指望他养家呢。姐姐勉强读完了小学四年级，公社分田到户时，家里分了头牛，父亲只能让姐姐放牛。那年姐姐10岁，我6岁，弟弟比我小两岁。"

单杏花的小学一年级到三年级，是在村里读的，三个年级共一个教室，学校就一个老师。读小学四年级时,她来到了大队学校,每天往返20里地。学校有两个年级,四年级和五年级,两个老师一个人教一个年级。当时家里的农活特别多,单杏花担心让她休学,哭着向爸爸恳求:"我特别想读书,保证不耽误家里的农活儿。"

1985年,11岁的单杏花考上了初中,住读思口镇中学,这里离家30里地。开学时,父亲带着单杏花,扛着一袋米,拖着一车柴,来到学校报到。米和柴总共换了90斤饭票,这是单杏花一个学期的口粮。学校食堂每顿只供米饭,不供菜。单杏花每周走路回家一趟,从家里拿一周的菜。冬天可以带点新鲜的蔬菜,夏天蔬菜会馊,只能带盐巴炒的丛菜、辣椒酱或霉豆腐等。一年也就过年时,家里杀了猪,才能吃上一次肉。

大山里的苦菜,养育了单杏花倔强、坚韧的个性。在单杏花的记忆里,最苦的活是暑假割稻子,最恐怖的活是插秧,水田里有蚂蟥、泥蜂吸血。最累的活是从深山里打猪草,背着高大的篓子,装满猪草的篓子死沉死沉的……干活时,再苦再累,单杏花也不会言声,就是闷头干。她干活总是与自己较劲,每次挖猪草一定要把篓子塞得满满的。近处的猪草被挖光了,她就往深山里走,走好远好远去挖。一次,她挖猪草迷路了,父亲半夜从深山里把她找了回来。

周末或寒暑假放假回家时,单杏花都是抢着帮家里干农活,她很能干,锄地、种菜、砍柴、插秧、割稻子等。她特别喜欢放牛,把牛赶到山里头,守在山的出口,她可以大声地读英语、背古诗。天高地阔,蓝天白云,连绵起伏的大山,回荡着她稚嫩的声音。牛听着,低头吃着草;鸟听着,展翅飞上天。老牛吃饱了,卧在山坡反刍,温情地看着小主人,似乎也陶醉在了那朗朗读书声里。

一次,单杏花卷着裤腿在水田里给秧苗除草,突然被泥蜂蜇了,她疼得三跳两跳跑上了岸,一旁的父亲刺激了一句:"别这么娇气,你有本事将来考学出去,就再不会被泥蜂蜇了。"

单杏花知道自己并不娇气,这是父亲在激将她。她暗暗发誓,我一定要好好读书,读出个样子来,决不能让父亲失望。

1988年，单杏花以优异的成绩考取了婺源二中（现在的天佑中学），而99元的学费对她的家庭来说是一笔巨款。外婆认为女孩子早晚要嫁人，读那么多书有什么用？妈妈急得在屋子里打转，看看什么东西能换点钱来：猪崽还不够分量；牛是不能卖的，家里的田还指望它呢；几只鸡，都卖了也值不了几个钱。翻箱倒柜，实在是找不出啥值钱的东西。平时严厉的父亲理解闺女的心思，他咬了咬牙，重重地吐出一个这：「借！」父亲终于凑齐了女儿的学费。父亲对单杏花说：「将来你能考上大学是你的福气，考不出去，我就当这钱扔到村口的深水潭里了！」

"从这一刻起，我下定决心，一定要考上大学。"单杏花说。高中三年，确实是非常辛苦的三年，由于离家有60里地，单杏花每月才能回家一次，几乎没有吃过新鲜蔬菜，别说吃肉了。单杏花没有感觉到苦，她一门心思在学习上，每天想的是做好每一道题，追赶比自己学习成绩好的同学。她的名次蹭蹭地往前蹿。她还坚持早晨跑步锻炼，在校运会上为班级赢得了不少荣誉。

在单杏花的记忆里，童年和求学路上有着吃不完的苦。正是这些苦，磨炼了她坦然面对困难、一步一步勇敢地走过去的顽强意志，也练就了她不怕苦不怕累的宝贵品质。

功夫不负有心人。单杏花顺利考取了西安工业学院计算机应用专业，成为小山村走出的第一位大学生。当年县城高中同班的66名同学中，只有5名同学迈入大学门槛。

采访中，我好奇地问单杏花："你一个很文气的女生怎么选择了学工科？""是高中班主任孙新扬老师帮我选择的，他是教数学的，可能认为我逻辑思维能力强、有韧劲吧。"单杏花笑了笑。

大学四年，为了给家里减轻负担，单杏花省吃俭用、勤工俭学，学习上不敢有丝毫的放松，一旦落后就拿不上奖学金了。她的成绩一直都排在班里前5名，这为她后来做好技术工作，奠定了很好的基础。

单杏花爱好广泛，喜欢文学，爱好体育、音乐。不管学习多么紧张，锻炼从不间断。杏花、桃花、海棠、栀子……单杏花喜欢在校园散步时把飘落的花瓣捡拾起来，轻轻夹到书页中。那比绢更薄的花瓣，那彩线头一样的蕊，如一帧帧精致的工笔画，诠释着单杏花丰富的情感和素心若雪的情愫。

在宿舍里，在教室里，在去往图书馆的路上，单杏花总是在翻书，不时会与夹在书页中的小花瓣邂逅。那种瞬间的温馨，顿时让她心情舒畅、豁然开朗，然后劲头十足地遨游在知识的海洋里。

杏花春雨，暑往寒来。转眼之间，大学毕业了。单杏花准备继续考研深造，这时学生处老师找到她，说毕业分配的消息下来了，她被分配到了江西弋阳9369厂。老师高兴地说："这个单位可好了，去了就有两室一厅的房子，还配摩托车。他们说了，厂里急需计算机人才……"

单杏花笑了笑，没吭声，她犹豫了。一方面，家里需要她赶紧参加工作赚钱，另一方面她总觉得有个目标没有实现，心里不甘呢。几天后，她找到学生处办公室，小心翼翼地说："老师，我还是想考研，让我再搏一搏吧。"

就这样，毕业季，同学们都走了，单杏花没有走。暑期的校园很安静，甬路上、树丛边，每个早晨、傍晚，都会看到一个迎着晨曦、背着落日看书和背英语的娇小身影。校领导和老师理解她的心思，破例允许她在研究生院住校读书复习……

1996年9月，喜讯传来，单杏花顺利考上了华东交通大学研究生，主修交通运输工程与控制专业。

入选"云台二十八将"

新的校园，新的起点，新的期待。

单杏花的眼前是一个全新的世界，一切都是新的。想不到的是，单杏花刚踏入华东交大校园，同班的同学还没认全，导师找到她，分配给她一个新任务。

也就刚入学一个月，这天下课后，导师把单杏花叫到办公室，笑着递过来一份通知书："这是铁道部人事司的通知，让我们学校要派4名师生到铁科院协助工作，参与全路客票系统的研发与推广工作，你是我校派出人员之一……"

"导师，我还是一名新生啊，感谢您对我的信任，我怕自己不行啊！"尽管她当时还听不懂协助、参与是什么意思，但她似乎感觉到这是一件好事。单杏花又是激动又是忐忑。

"你的本科是学计算机专业，研究生入学考试又是第一名，你的基本功和底子都不错。这是个好机会，一边学习，一边研究，一定会有很大收获的。"导师又补充道："这是校领导和研究生院再三考虑后作出的决定，相信你，你一定能行！"

"记得我是10月2日到的北京，一路上我都是心神不定，尽管自己学过一些计算机专业知识，但都是理论知识，与实际有很大的差距，如何把所学的知识用到项目中去，自己毫无把握。来到新环境，我只能实干，没有其他选择。于是，我制定了一个学习和工作计划，除了上下班时间跟师傅们学习之外，中午午休前我必须再看30分钟的书，下班后我再在电脑上多操练1小时，晚上睡觉前再至少学习30分钟。"单杏花回忆道。

这是一次具有里程碑意义的远征。单杏花后来才知道，自己投身的这支队伍很特别，是一支联合大军。他们这些来自院校的师生，以"一名老师带三名学生"的形式参与，从全国铁路七所院校抽调了21名在读硕士研究生，每个院校派一名青年教师带队。

单杏花给大家的印象是，她言语不多，床头桌上摆满了书，她能熟练地操作计算机，不是在电脑前，就是在看书。同事们回忆说，夜里加班时，万籁俱寂时，单杏花敲击键盘的声音特别好听，那是一种盲打、有节奏的韵律感，如"大珠小珠落玉盘"，清脆悦耳。这时的单杏花如同一位技艺高超的钢琴家，优美的旋律回荡着夜幕下，让人们的心情特别地宁静、爽朗。

几年后，经过南征北战的磨砺，单杏花经历了各种难题的挑战，不仅业务能力提升很快，而且研究生的功课一点也没落下。她迅速找到了工作和学习的状态，双管齐下，游刃有余。研究生必须通过英语6级考试才能毕业，她仅仅复习了一个星期，就考了85分的好成绩，令同学们惊讶不已。导师却平静地说："单杏花的高分可不是偶然的，是厚积薄发的结果，三年来，她每一天都在学习中度过。"

单杏花常说，马钧培所长是我的恩师、伯乐。读研期间，单杏花有幸参加了铁路客票系统研发课题，既是难得机遇，又是难得的历练。毕业时，爱才心切的马所长，一个一个地给"云台二十八将"成员做工作，希望他们都留下来。

"1999年夏，我研究生毕业时，由于学习成绩和实习业绩都不错，不少单位向我伸来'橄榄枝'，其中最让我动心的是中国科学院的录用通知书。"单杏花幸福地回忆道。

单杏花当时真觉得是天上掉下大馅饼，好事都砸在了她的头上。试想一下，学工科的研究生能进入神圣的中国最高科学殿堂——中国科学院，谁不奢求？谁不羡慕？

就在单杏花兴致勃勃地拿着派遣证准备去中国科学院报到时，马钧培把她叫到了办公室。他动情地说："小单啊，你看，这几年你已经是客票系统研发的主力了，铁路的平台这么大，咱们这个团队的人都像亲人一样，大家手挽手、肩并肩一起干事业，多好啊！留下来吧，留在铁科院电子所吧！"

望着马所长慈父般深情期待的目光，想到亲姐妹一样的徐彦，亲兄弟般的谢川成、齐玉杰……单杏花又犹豫了，无法决断了。此刻，她心里像是晃动着一架天平，一头是中国科学院的录用通知书，另一头是总体组的"一大家子"。是啊，几年来的日日夜夜，一次次的合力攻坚，像程序中的逻辑模块,如机房里的数据线,大家伙的心已经紧紧地"编织"在了一起!

"好的,那我就留下来吧……"没有豪言壮语,丝毫的犹豫,一闪即失。单杏花脸颊微红,内心充满了温暖与感恩。

虽然她"浪费"了进入中科院的指标,还交了1500元"巨额"违约金,几乎是她当时三个月的工资,但单杏花心甘情愿。那一刻,她对事业深深的爱恋感,又悄然加重了几分。她感觉自己已经"嫁"给了铁路,自己与铁路客票系统事业密不可分。

"好的,那我就留下来吧……"多么朴实而简单的一句话,却胜过海誓山盟的以身相许。她就像高尔基短篇小说《丹柯》中的英雄丹柯一样,敢于为理想英勇献身,却不计较个人得失。她捧出自己的一颗心,献给了自己向往和钟情的铁路客票系统。

如果说,单杏花在读研期间,参与铁路客票工作属于"实习""帮忙"和"客串",那么研究生毕业后,她就成为了铁路客票系统技术团队的正式成员,又一次开启了新的征程。

天上的星星会说话

初次见到单杏花,她给人一种很清爽、干练的印象。

她有着一种果敢与柔美兼容的不凡气质,既是一位温文尔雅的学者,又是一位举重若轻、洒脱与豪气兼备的勇士。

单杏花的同事告诉我,单总是一个精力旺盛的工作狂,熬夜加班是她的工作常态,她似乎总有着使不完的劲。

单杏花兼任电子所副总工程师,这多年,大伙都习惯了称她为"单总"。

采访中,我问单杏花:"您为什么要经常熬夜呢?熬夜不利于身心健康啊。"

单杏花笑了笑:"我也不想熬夜啊,谁都知道睡觉舒服啊。"她解释道:"熬夜是铁路售票工作性质决定的,因为白天系统在运行,车站系统升级、铁路局系统升级都必须得晚上干。铁路12306系统上线后,系统调试、升级也只能是晚上干。"

单杏花作为项目负责人,肩负着沉甸甸的责任,熬夜是最多的。的确,工作这么多年,她早已习惯了熬夜。以至于团队每次招聘新人面试时,单杏花都会问道:"你能不能熬夜加班啊?"

夜深了,加班实在犯困了,单杏花会走出机房,到院子里走一走,一边做扩胸运动,一边习惯性地仰起头来仰望星空。那浩瀚的天宇,那数不清的星星,不断地闪烁着、变幻着,多像12306系统中的数据和代码啊,纷繁浩大,无边无际。一种难以言表、浸润身心的爱,顿时像磁场一样紧紧地吸引着她。

单杏花看到的每颗星星,都是泯灭的星球在亿万年前发出的光,它穿过宇宙的空间和时间,投下亮晶晶的美感。这种美感如同一剂良药,迅速缓解了她紧张的大脑活动,成了畅通计算机编程的一道道密码。科学与知识的星空,让单杏花充满了无尽的想象与向往……

与星星相伴,单杏花是快乐的、自在的、清醒的。

据说,每一个在地球上活过的人,在这个宇宙上都有一颗对应的星星,并不停地闪烁着。静谧的星空,看似松散随便,其实都有自己严密的群组和逻辑关系,都是活着的灵魂。单杏花在日记中写道:"我们不仅是属于太阳的人,更是属于星星的人。我心中的星星,就印在信念的旗帜上……"

2005年,单杏花主持铁路客票系统5.0版本的设计、研发和推广工作,全年至少有2个月以上的时间在通宵熬夜。这年12月,单杏花带队来到深圳进行测试推广。"由于系统升级切换,不能影响旅客购票,所以系统设备的安装、调试工作要在晚上11点30分售票窗关闭之后、早上6点30分售票窗打开之前进行。通宵达旦调试设备,早上还要盯窗口售票系统的运行情况,那时年轻,干活也不觉得累。"单杏花回忆起当年带队冲锋的情景,似乎就在眼前。

"2006年,单总带队深入到各铁路局推广更新5.0版本,系统的安装调试都需要在夜间进行,一连多少个晚上都是通宵干活,白天挤时间打一个盹。"同事们说。

2012年春运,是铁路12306系统正式上线运行的第一个春运。这年单杏花38岁,她的职务是电子所技术部副主任、研究员。在春运前15天,她带领团队开发人员,白天分析互联网售票的高并发压力问题,寻找系统可优化环节,夜间进行修改、测试。在遭遇网络瘫痪的关键时刻,单杏花带着团队核心骨干日夜跟踪系统运行状况,查找薄弱环节,商量解决方案,不断优化系统。

那些天,单杏花就吃住在机房,晚上11点系统停售之后,她就与同事们一道填补白天运行出现的漏洞,然后再进行全面的测试。一直到凌晨三四点钟,躺在小折叠床上休息一会。早晨六点半开始售票后,立即开始观察夜间升级和系统完善的效果。每晚只睡三四个小时,春运前后50多天,几乎每天都是这么度过的。特别是在优化系统架构的日子里,一连奋战多天,其中有两天两夜,单杏花仅睡了40分钟。那段时间,她连片刻遥望星空的习惯,也都成了奢望。

这年12月,筹备铁路务工团体票功能上线时,恰逢春运高峰,团队工作压力和工作强度都很大。单杏花和同事一同奋战,不眠不休,连续工作了72个小时。其间,有些男同事都扛不住了,躺在拼接的凳子上合衣而眠,而单杏花依然思路清晰地趴在电脑前工作,一点睡意都没有。"她让我们去补觉。等我们醒来回到工位,她居然还是那个工作姿势。"单杏花的一名同事回忆道。

2018年11月,单杏花带队来到海南进行电子客票试点。白天在各个车站和列车上进行设备调试和程序测试,发现问题及时解决,确保程序和设备的正常运行。系统的升级测试工作，都是在停止售票以后的夜间进行，单杏花经常是晚上十一点多开始工作，直到凌晨四五点。

多年来，单杏花身先士卒，如影随形，流出淡淡的光泽，如一抹剪影让人怦然心动。随遇而安，时光静好。

天上的星星会说话。无论多么忙累，单杏花的心里总有星星在闪烁，这些星星分明就是千百万旅客期待的眼睛，望着她，鼓励着她。单杏花真诚地与星星对话，诉说自己的心里话，星星很理解她，眨着眼睛与她对话。

单杏花心中装着广大旅客，她时常带着团队成员前往车站和旅客面对面交流对话，征求他们的意见，询问他们的需求，只要能做到的，回来立刻就改。

多年来，单杏花始终没有忘记为什么出发，她脚踏大地，遥望星空，用脚步丈量旅客出行的幸福轨迹，取得了一系列的创新成果。而在这创新的背后，是她敢想敢做的坚持，更是没日没夜的坚守。

逢年过节，单杏花习惯了坚守岗位，因为这个时候是铁路12306系统的非常时刻。每年除夕之夜，单杏花坐在监控大厅的电脑前，想到全国人民都在吃饺子、看春晚，唯有电脑上那些不断闪动的数字陪着她，单杏花心里就感到特别的踏实。

幸福的港湾

铁路12306系统牵红线，成就了单杏花与刘强的甜蜜爱情。很多时候，青春、事业与爱情，往往都是相得益彰和顺理成章的。

"年轻时的刘强，就是我心中的高大帅，我特别崇拜他。刘强早我入职电子所，我来总体组工作时，给我们上基础课的老师就是刘强……"说起与刘强的初相识,单杏花依然双腮泛红。

我笑着说:"你们是师生恋啊。"单杏花羞涩地点了点头:"是啊是啊。"

单杏花的同事、闺蜜李锋告诉我,客票总体组团队的年轻人成了好几对,单杏花和刘强就是其中幸福的一对。

1993年6月,刘强从上海交通大学毕业,比单杏花早三年来铁科院。先来为师,刘强给师弟、师妹讲起课来,口若悬河,头头是道。单杏花总是不自觉地坐在第一排,盯着刘强不眨眼,笔记本记得满满的。下课后,她追着"刘老师"问这问那。

单杏花了解到,刘强的父母都是老铁路,高考时,刘强的分数超过了清华录取线,是"父母包办"给他选择了上海交通大学。父母有着浓厚的铁路情结,希望儿子干铁路。刘强毕业后,如愿以偿地分配到了铁科院。

当年,首披战袍出征九江的单杏花,像《杨家将》里的杨排风,敢打敢冲,但她毕竟还是一名在校学生,有时也感觉心里没底。凡遇到技术难题,除了找马钧培所长求救,就是与刘强热线,请他出点子。有了刘强这根"救命稻草",单杏花在前方冲锋陷阵无所畏惧。后来1.0系统顺利上线,俩人谈的就不仅是技术业务问题了,文化、艺术、理想、人生……言语之间开始出现"宝贵的沉默",对视的目光开始有了"别样的光亮"……这年春节,单杏花把刘强带回了婺源老家。

转过年来,在亲朋好友的祝福下,刘强与单杏花走进了婚姻的殿堂。婚后的生活是甜蜜的,他们俩商量好晚几年要孩子,要把更多的时间和精力投入到工作和事业中去。

硕士毕业后,单杏花正式入职铁科院电子所,自然而然成了刘强手下的干将。无论是事业,还是生活,刘强都是她的主心骨。单杏花说,刘强在身边心里特别踏实,包括出现的工作失误和难题,刘强都能游刃有余地帮她化险为夷。

是啊,自从相识、相爱、相知,他们心心相印,互相成就。爱情是唯

——一种两个人参与并且能够双赢的游戏，单杏花深深地感受到了爱情的甜蜜。后来，单杏花从独当一面到领衔团队，刘强的工作尽管有了别的选择，他依然是她事业的可靠帮手。

"我爱你，不仅因为你的样子，还因为与你在一起时，我的样子；我爱你，不仅因为你造就了自己，也因为你正在造就我。我爱你，因为你唤起我的那一部分……"这是刘强写给单杏花信中的一段话。这段话让单杏花牢牢地记在心里。

2001年单位组织体检时，单杏花查出患有先天性心脏病。医生告诉她，病情已经十分严重了，必须马上手术，否则会很危险。单杏花当时脑袋轰地一声，半天没反应过来。医生问她，这么多年，你难道没有感觉吗？她摇摇头说，我就是经常胃疼，尤其吃完饭，必须要平躺下才舒服些。医生说，这就是典型的心脏病症状呀。一向自以为身体很健康的人，一旦查出毛病，谁都一时半会接受不了，单杏花也是。她闷闷不乐地离开医院，有一种想哭的感觉。

天阴沉沉的，单杏花心里在下雨。那天回家的路，似乎特别漫长。那时单杏花和队友们刚刚做完系统4.0版本的升级，上线后很稳定。工作很顺利，身体却出了大事，她急着想见到刘强。

回到家里，刘强正在忙乎，她还没开口，眼泪就流下来了。刘强顿时慌了，知道她今天去拿体检报告，便急切地问："怎么了？出什么事了？"单杏花说："我有心脏病，我要死了。"说着无力地跌坐在凳子上。刘强一把抱住她："嗨，心脏出了毛病，小事一桩，交给医生治疗就行了。别多想，你以为死是那么简单的事，没那么容易。天塌不下来。"刘强擦着单杏花的眼泪，笑着说："杏花带雨，还别说，你越哭越好看。"单杏花破涕为笑了。

关于病情，关于手术，单杏花没有从网上查阅任何资料，她懂电子计算机，但不懂医学，有时候了解得越多，反而越害怕，索性就将自己交给医生吧。她住进了医院，准备接受手术。刘强给她买了一套《射雕英雄传》：

"你原来是没时间看小说,现在终于有了时间,你就好好看吧。"于是,单杏花很听话地躺在病床上看起了小说,真的好过瘾啊。她什么都不去想,完全沉浸在金庸的武打世界里。

手术后,在重症监护室里,她醒了过来。需要重新学会呼吸,竟然是最痛苦、最难受的时刻。嘴里插着管子,手脚被捆着,嘴巴合不上,只能呼气不能吸气,一吸气,空气中的一粒灰尘就把她呛得要死。一个小时,她感觉像经历了一个世纪,那么久远,那么孤独无助。谁都帮不了她,只有靠自己一秒钟一秒钟地挺着。她尝到了死而复活的滋味,体验到了浴火重生的感觉。

她终于挺过来了,回到了病房。团队的同事们正在等着她,看到她平安地活过来了,同事们激动地又哭又笑。

刘强紧紧握着她的手,眼含泪光,一句也说不出来。单杏花对大家动情地说:"我终于又活过来了……"刘强使劲点着头:"是啊,我们都要好好活着。"

单杏花战胜了病魔,顽强地回到了工作岗位。

单杏花做了开胸手术,医生要求她注意休息,工作不要太累。但一干起工作,她总是会忘记自己动过手术。"光看那股子拼命劲儿,很难想象她曾经做过大手术。"单杏花的同事说。

刘强与单杏花有一个优秀的儿子,帅气、阳光、聪明。

几年前,我曾从网络上看到一个关于单杏花的短视频:高考时,在"陪考家长等待区",单杏花坐在凳子上专心地翻看计算机工程图,这是她在学校门口等待儿子高考的一个瞬间。视频传到网上,引起网友关注。"我没想过会被拍,当时只是想把时间充分利用起来,多做一些工作。"单杏花说。

交谈中,单杏花对儿子充满了愧疚感。孩子不满百天,为了工作方便,她狠狠心把嗷嗷待哺的孩子送回老家。她说,儿子是在办公室长大。儿子上小学时,雇人每天接送,放学后,儿子就在她办公看书做作业。儿子很懂事,学习成绩一直很好。高考后,清华大学看中了她儿子的成绩,决定录取他到电子计算机专业,这正好是单杏花读大学的专业,子承母业,单杏花当然很高兴。可是儿子最后选择了北京大学的金融专业,让单杏花有点小失望。

说到这,单杏花笑了:"儿子长大了,由不得娘哦。"说起儿子,单杏花更多的是喜悦与自豪。她说在儿子眼里,妈妈就是一个工作狂。儿子长大了,再不是那个抱着妈妈的大腿,哭喊着不让妈妈上班的那个孩童了。他懂事了,他很小就知道什么叫春运,什么叫暑运。她亏欠儿子的太多了,一直说带他旅游,带他出去走走,可是这些承诺大部分都成了"美丽的谎言"。真的应该说声:对不起,亲爱的儿子,妈妈给你道个歉。

儿子小时候对妈妈有过埋怨,现在长成大小伙子,懂事了,知道理解和心疼妈妈了。当单杏花感觉特别累时,常常会得到儿子的安慰和鼓励。晚上加班时,儿子会用微信发来怪脸图像,让妈妈开心一笑;周末回家时,儿子会给她捏捏背、捶捶肩。儿子也像爸爸一样呵护她,说好妈妈、乖妈妈、买票旅客喜欢的妈妈。有一次去郊区山里旅游,在走山路的时候,儿子一直搀扶着她,让单杏花特别感动。

2023年1月22日,是大年除夕夜,单杏花作为"最美铁路人"的代表,来到中央电视台春节联欢晚会的现场,为全国观众送上新春祝福。她从心底感恩每一位旅客。感恩所有的遇见,愿岁月静安,旅客平安。

当晚在回家的路上,单杏花仍然激动不已。透过车窗玻璃,仰望星空,她想对爱人刘强说,谢谢你——那些牵手走过的平淡日子,铺陈而去的深情岁月,蓦然回首,一路幸福。她想对儿子说,你长大了,成了一位真正的男子汉,妈妈为你骄傲。

其实,每个人的人生都有无数次的启程与出发,既有美好的抵达,又有幸福的相遇。然而,出发的起点和归宿只有一个,那就是从家里出发,又回到家里。因为家才是最幸福的港湾,是人生的驿站和加油站,这里是你永远的思念和归宿。

天空高远，任凭鸟儿飞翔

第四章 "最强大脑"的智慧能量

海阔凭鱼跃，天高任鸟飞，单杏花迅速地成长起来。

单杏花一路走来，从"小兵"到"掌门人"，从接触客票系统信息化那一天起，就全身心地投入其中，艰难困苦，玉汝于成。她深耕于铁路客票销售、客运营销决策辅助、客运收益管理、旅客服务等领域，沉醉于理论研究、信息系统研发和重大工程建设，成长为行业公认、人人敬重的12306技术团队的领军人物。

客票系统5.0版本是单杏花主持研发的杰作。她严谨认真，以简驭繁，工作姿态似乎与她的实际年龄不相符。通俗地讲，5.0版本的研究主题就是八个字：票额共享，席位复用。显然，"票额共享"是落实全路"一张网"思想的具体措施，"席位复用"则是对运输潜力的充分利用。这无疑是一篇大文章。她接过这个重大课题时才31岁，风华正茂，一腔热情。她的成功让旅客列车挥别"有座无票"时代。

单杏花说，时间是挤出来的，想干一番事业，一是要甘于寂寞，二是要有韧劲。热爱是最好的老师，情怀是高尚的人生。人往高处走，社会上有单位高薪聘请她，她用一句话"我舍不得走"，便轻飘飘地打发了。而对同伴的高就选择，她却表示了充分的理解。

"纵然横在单杏花面前是一座座大山，她也会以愚公移山的勇气与意志，挖山不止。"采访中，单杏花的许多同事都这么形容她的性格。

单杏花深深懂得，只有不断学习，才能不断进步，打牢知识功底，走遍天下都不怕。于是，她选择了学习、学习再学习。在工作最紧张、思想斗争最激烈的时刻，她选择了报考博士研究生。导师问她："你能承受得了吗？"她微微一笑说："我能行。"

主持 5.0 版本

2005 年，在时任电子所总工程师刘春煌的推荐下，经大家一直认可，由单杏花主持铁路客票系统 5.0 版本的设计、研发和推广工作。

当时的大背景是，铁路客运专线建设如火如荼，第六次大提速全面推进，旅客列车提质提速，迫切需要改革售票组织，以满足旅客日益增强的多层次购票需求。由此，总体组提出，以实现客票销售渠道网络化、服务手段现代化、运营管理信息化为目标，研发客票发售和预订系统 5.0 版本。

单杏花带领团队，根据总体设计，重新确定了客票系统需求，修改了系统结构，完善了系统功能，构建了具备超前适应能力的全新客票系统。在售票组织策略、席位控制等方面，取得了一系列理论和技术的创新与突破。即以铁路局为单位，将票额全部存放在局客票中心服务器，实现票额灵活调整，让票额利用最大化。

这年 12 月，单杏花带领近 40 人的团队来到郑州铁路局，启动 5.0 版本工程落地前的试点转换工作。单杏花组织郑州局客运系统人员进行 5.0 版本系统架构、功能的技术培训，然后来到新乡、郑州、商丘、开封和洛阳等车站，分点推进系统切换、测试工作，她和团队人员昼夜奋战。

已经是凌晨三点了，单杏花带领大家在郑州站售票室完成了最后一次升级转换调试，然后将相关数据上传到了郑州铁路局客票中心，只等早晨五点开机售票。单杏花似乎有点不放心，决定再开机试用一下，结果登录不上。重新开机，依然登录不上。登录不上，就意味着到时开窗卖不出票，她吓出了一身冷汗。这时离开窗时间只有一个多小时了，窗口外已挤满了排队购票的人群，黑压压的一片。单杏花一面通知准备启用 4.0 版备用，一面让技术人员赶往后台机房调取数据。后台的程序数据打印出来了，单杏花一个一个数据地核对，逐条进行分析。

当排查到基础数据站名字典时，发现站名有效日期读取有误差，原来当晚服务器厂商进行操作系统升级后，时钟参数未及时调整为当前时刻，时间表达不一，导致机器不认。单杏花当即进行了校对，成功登录。这时距离正式售票时间仅差半个小时。凌晨五点整，新的客票系统开始正常运行，郑州站顺利发售出 5.0 版的第一张车票。

单杏花深有体会地说："科学是最较真的，工作必须一丝不苟，不能有丝毫的马虎。"

紧接着，单杏花团队转战深圳。深圳是单杏花这个组推进升级工作的第十站。团队成员在她手把手的指导下，已经能独立开展升级工作。这天，单杏花连续工作了 3 个通宵，大伙让她无论如何睡一会。"心里有事，哪里睡得踏实。凌晨 5 点多，距离售票窗口打开还有半小时，电话来了，由于深圳车票代售点多，联网调试时数据切换不到位，无法在 6 点准时开窗售票，情况有点复杂。"单杏花回忆道。

此时，单杏花头脑异常清醒，脑海里的技术大百科全书迅速翻页，一页一页地展示开来：她突然想到之前学数据库语言时，曾看到过的一种"数据关联查询法"，立即进行尝试，不用半小时，就排除了故障，没有耽误早晨6点开窗售票。采访中，单杏花讲述着这个"惊心动魄"的故事。

突破共性问题，解决各站"个性化"问题，考验临时应急处置能力……就这样，从郑州局到西安局、昆明局、武汉局，再到兰州局、柳州局、广铁（集团）、哈尔滨局、乌鲁木齐局、太原局，为了5.0版本的顺利升级切换、流畅运行，单杏花团队兵分四路，用两个月走完了10个铁路局。

2006年8月25日，全国18个铁路局（公司）全部完成铁路客票系统由4.0版本向5.0版本升级的工作，实现了票额的始发集中管理，创新了售票组织策略。

5.0版成功解决了4.0版本中"票额共用不够灵活、短途票额无法再利用"的问题，创新了一系列的售票组织策略。实现了票额动态调整，大大减少了旅客列车座位虚糜问题，有效避免了"火车上有座却买不到座位票"的现象。经过实际运行数据测算，在铁路没有增加客运运力的情况下，每年可以多卖出近3000万张车票，每年增收至少30亿元以上。

2010年，总体组推出客票系统5.2版本，实现了列车席位数据集中负载存储和管理，适应于运能不断增加、预售期延长、售票组织策略智能辅助调整及多种售票方式，满足了各类客运业务和管理需求的变化和发展。

单杏花解释说："5.2版本的算力更加精准，充分挖掘运输潜力，实现了客票效益的最大化。"

后续的几年中，在5.0版本基础上，又陆续叠加了实名制、电子支付、自动售票、自动检票等功能。

"我就是舍不得离开"

时代在发展，社会在进步。很多时候，裹挟在时代大潮中的人们，在身不由己的过程中，发生着思想与观念的碰撞。单杏花和她的团队成员也在不断经受着改革大潮的冲击和洗礼。

随着互联网技术的广泛应用，拥有计算机应用技术能力的专家成为特殊人才，一度成为许多企业和商家争夺的对象。另外，在改革发展的大环境中，不少青年科技人才也试图冲破体制机制的束缚，破茧而出，萌生出大展宏图的澎湃激情。

跨入新世纪的门槛，社会上互联网人才紧缺，一些科研机构、大公司纷纷来铁科院挖人。这时，单杏花所在的铁路客票系统发展也似乎进入了一个瓶颈期，大家忙得焦头烂额，收入却与社会上的同行相差很远。再说在体制内干活，事业上的前途，方向也不太明晰。

时光让一切不知所措，世界那么大，我想去看看。

我是谁？我还能做什么？体制内的科技创新究竟还有多大的空间？不少人在迷茫中产生了走出去的念头……

当年与单杏花一起参加客票系统1.0版本推广的"云台二十八将"，由于各种各样的原因，先后有26人各奔前程了。有的重新择业，有的进了机关，有的出国留学，有的下海弄潮……

这期间，社会上有不少人盯上了单杏花，有公司愿意出她当时的4倍薪酬聘她，甚至某公司愿意出百万年薪请她加盟，都被她婉言谢绝了。对方急了，问她为啥。她说："不为啥，我就是舍不得离开。"

"我很清楚，我的工作不是获得名利的手段。我之所以选择留下，是因为我确实喜欢并爱上了这份事业。我喜欢一次又一次在铁路客票系统创新过程中的获得感，喜欢研发软件过程中攻克难关后的喜悦感，喜欢旅客便利购票出行后网上给出的好评,让我充满了幸福感。"采访中,单杏花认真地说。

2005年夏天,单杏花团队的业务骨干李锋也要离开了。李锋是"云台二十八将"成员之一,她与单杏花同一天进入铁科院团队,两人情投意合,一直以闺密相称。李锋要走了,姐妹俩抱头痛哭,难分难舍。单杏花从内心理解同事和朋友的选择,人与人之间就应该多一点信任,多一点宽容,多一点鼓励。或许他们出去后会找到更大的舞台,追求自己的事业,也在情理之中。

"说实话,也不是压根儿没有动过心思,但回想这些年走过的路,想到我们的客票系统从无到有、从小到大,这里的每一组数据,每一个代码,每一个程序,都是我的心头肉啊,我怎么舍得离开?"单杏花真诚地说。

是啊,怎么舍得离开呢?系统中这些复杂的逻辑和路径,如同一根根神经和一根根血管,缠绕着单杏花,让她牵肠挂肚、魂牵梦绕,等待她去维护、运营,等待她去发现、破解,等待她去组合、更新。由此,单杏花深刻地懂得了不忘初心的内涵。

各奔东西,却心心相印。若干年后,那些离开了铁科院的、曾经一起奋斗过的老师、同事还会时常在一起小聚,彼此关心和惦念着。碰到技术难题,大家都会相互探讨、相互学习。

"真是江湖夜雨十年灯,蓦然回首间,还是原来奉献过青春和汗水的铁路客票系统,真的很好!""我们的理想和追求是什么?权力?财富?薪酬?想一想,人要干事情,就要干一些惠及更多人的有意思的事情!这么多年,还是从心底里佩服杏花……"离开后又归来的战友李锋发出了这样的感叹。

一个晨曦,又一个晨曦;一个黄昏,又一个黄昏……甚至多少个繁星闪烁的不眠之夜,单杏花依然顽强地坚守着。她已经与铁路客票系统融为一体,面对一个个战友的离开,有舍不得,但没有埋怨。她无比地珍惜与他们一起奋斗与战斗的日日夜夜,真诚地祝福他们。

我要读博

2005年的一天，也就是与闺蜜李锋话别的第二天，单杏花找到德高望重的铁科院博导刘春煌教授，表达了想攻读博士学位的愿望。

她对刘教授说："我总感觉知识不够用。尽管长期从事客票营销分析研究工作，积累了一些客运业务知识和智能分析技术，但理论功底和学术水平明显不够，我想趁着年轻多学点东西，系统地进行补课，打牢理论功底。"

刘教授心疼地问道："你工作这么忙，身体又不是十分好，能撑得住吗？"

"请您放心，我知道读博很苦，我有思想准备。时间都是挤出来的，我一定像在岗读研一样，再争取一个工作学习双丰收！"单杏花坚定地表示。

读博是艰苦的，对有着繁忙工作、家庭生活压力的单杏花来说，更需要超出寻常的付出。她开启了紧张的学习之路。单杏花懂得，要做到工作、学习、生活三不误，必须要见缝插针安排时间，恪尽职守，扮演好多重角色，努力将一切都做到极致。

铁科院的教学秩序是严谨的，对在职读博、读研的人员不但没有丝毫的"关照"，反而更加"变本加厉"。特别是读博，是对综合能力的考评，在选择擅长的研究方向时，还必须开拓新的研究领域。导师对博士生有着极为苛刻的要求：必须掌握一个学科领域，并在这个领域开创新理论，而且科研成果必须能在铁路实践中得到广泛应用。

从事理论研究与成果应用的专家学者都知道，开创新的研究领域，提出新的理论、模型和应用模式，谈何容易？

当时，我国铁路客运营销策略尚未引入收益管理的思想，为适应全路尤其是高速铁路发展和市场营销的需要，相关领域是客运营销策划领域中亟待研究解决的重要课题。明知山有虎，偏向虎山行。没有先例，没有捷径，没有参考。几年时间，一边努力工作，一边撰写高质量论文，单杏花几乎耗尽了所有时间和精力。

在导师的指导下，单杏花凭借长期主持铁路客运营销分析系统的经验和技术积累，以及拥有丰富的客运业务知识的优势，明确了论文研究主题及创新点，提出了铁路客运收益管理的新思路。

爱迪生说："当你希望成功，当以恒心为良友。"单杏花以恒心为动力，出色地完成了攻读博士的学习、科研和论文写作等任务，拿到了博士学位。其博士学术论文研究成果在铁路客运营销辅助决策系统中发挥了重要的指导作用。

读博后的单杏花如虎添翼，理论功底大大提升，在票务实践中发挥了巨大作用。2011年，单杏花作为核心人员参与了铁道部科技研究开发计划课题《新一代铁路客票系统总体技术方案研究》，提出了新一代铁路客票系统的体系结构，相继攻克了云计算、海量数据存储、超大规模并发交易、异构数据库平台、数据同步等技术，搭建起设计软硬件支撑平台，促进了互联网售票系统的研发与建设，为铁路12306系统建设描绘了蓝图。

在此基础上，单杏花参与了铁道部重大课题《新一代客票系统关键技术研究》，重点攻关了应对海量数据存储和超大规模并发交易技术，不断强化服务和运维效率，提升了系统的服务品质。

2013年至2014年，单杏花相继参与了《新一代客票系统计算资源动态配置及专用数据处理技术》课题研究，主导了《基于用户访问行为分析的互联网售票应用安全研究》课题，实现了铁路12306系统体系架构和服务模式的创新，保证铁路客票系统信息技术领先发展。在不断优化互联网售票业务流程，精准打击"黄牛党"，遏制抢票、囤票、倒票行为方面，取得了明显的成效。

采访中，单杏花说："铁路12306是一个庞大的系统，从无到有，从有到强，我见证了它的成长，就像自己的孩子一样，每次想到无数旅客，通过铁路12306系统顺利购票，踏上了回家之路，我就感到很快乐、很幸福。"

百花齐放春满园

第四章 "最强大脑"的智慧能量

不可否认，12306技术团队是一个优秀的团队，大家齐心协力、严谨认真，尽情地体验着勇攀科学高峰的艰辛与快乐。

面对日益攀升的售票压力和旅客对于高质量出行的需求，铁路12306系统持续迭代，不断完善系统功能，不断地提升用户体验，一支能打硬仗的技术团队也在茁壮成长——由最初80余人的客票总体组，发展为如今多达540人的系统研发、维护团队。

单杏花敏锐地意识到："一个优秀的团队，不可能单打独斗，必须充分调动大家的积极性，形成团队的整体合力。"

大家每天和睦相处，日夜奋战，在团队工作时间比家里多。多少个日日夜夜，即使在吐槽、挨骂最困难的时候，大家都是抱团取暖、相互鼓劲，一一击败了拦路虎。单杏花团队成员都清楚地记得，那些曾经并肩的战友，那些仰望星空的深夜，那些不知疲倦的键盘敲击声……

单杏花深知"事业留人"的道理，多年来，她采取开办12306讲堂、让年轻人扛大梁等方式，提携后学，鼓励每个团队成员干事创业，积极为大家创造条件成长成才。被大伙称之为"青年成才者的托举者，思想教育的传道者"。

一花独放不是春，百花齐放春满园。单杏花团队的经历和故事，成就了铁路12306系统的辉煌。每一个新功能的开发与运用，每一个购票感受的改进，都凝聚着整个团队成员的智慧，是大家无数个努力的结果，激发起大家亢奋的精神动力。着眼于创新中国式铁路运营决策理论与方法研究，单杏花带领着客票团队，朝着构建综合一体化互联网出行服务平台目标奋勇前行。

博士生导师单杏花在给研究生讲课

开办 12306 讲堂

"吸收进来的都是好苗子,我不想辜负他们,希望能够搭建更多平台帮助他们成长。"基于这个朴素的愿望,单杏花针对团队成员技术特点、年龄差别,倡导开办了技术与管理全覆盖的 12306 讲堂,相互学习,相互促进,讲堂的老师和学生均来自于团队。

单杏花说:"在 12306 讲堂,坐在你身边的同学,可能就是另一门课程的专家老师。"

我发现,在网络上流传众多的单杏花工作照中,最具风采的是她在团队讲课的照片。在铁科院研一楼 505 教室,单杏花会经常给团队成员讲课。她温柔优雅的南方音调和娓娓道来的授课方式,深受团队成员的喜爱。团队中的很多青年人在她的授课引导下,对自己的工作有了深刻的认识,更加热爱自己的岗位。

在 12306 团队中,新员工是一个特殊群体。为了帮助他们平稳过渡,让他们快速熟悉环境、融入团队,单杏花在深入了解他们的基本情况和特长后,一对一地帮助他们进行职业生涯设计,为其选配政治素质过硬、技术能力精湛的骨干作为职业导师,领学帮促,并在团队内部建立了导师负责制的"传帮带"制度,帮助他们系好参加工作后的"第一粒扣子"。

同时,单杏花充分利用 12306 讲堂这个平台,有针对性地设置课程,组建金牌讲师团,帮助新入职员工能够全方面了解客票工作,充分认识到自己未来的

工作价值，为他们搭建与优秀技术专家交流的平台。

"看着现在新入职的职工，就像是自己的孩子。他们大多是'90后''95后'，一代人有一代人的特点，要讲究教育方法。"每当说起这些小青年，单杏花眼里总是充满着期盼。"我希望让他们刚入职就认识到，这不仅是一份养家糊口的工作，更是一项能为社会创造巨大价值的事业，能学到技术，能够在工作中成长，非常有意义。"如同一株蒲公英，单杏花将奉献铁路的热忱与情怀，吹入每一位团队成员心中，让大家用热爱、执著与快乐，守护好人民美好出行之路。

在团队成员的眼中，这位"大姐姐"领导既有技术专家的扎实功底和前沿性思维，又有一份别样的体贴与温情。单杏花的奉献精神与爱岗情怀，在团队产生了积极的影响，也调动起许多"铁路科研后备军"投身科研的热情。

2017年10月，单杏花光荣出席了中国共产党十九次全国代表大会，在大会胜利闭幕后的第一时间，她就来到12306讲堂，向客票团队全体党员和技术骨干宣讲党的十九大精神，号召大家深入学习领会习近平新时代中国特色社会主义思想，不忘初心、牢记使命，保持永不懈怠的精神状态和一往无前的奋斗姿态，立足铁路，多做工作，充分发挥铁路在综合交通中的骨干作用。她将人民至上、服务时代、服务铁路高质量发展的使命，植根在了团队成员每一个人的心中。

2022年1月29日，单杏花将12306讲堂搬到了中央电视台演播大厅，在央视一套著名节目主持人撒贝宁的主持下，单杏花作为央视读书栏目新一期《开讲啦》的主讲人，以火车票为主题，讲述中国铁路票务系统多年来的发展历程和所面临的难题、困境。

撒贝宁问单杏花："您如此温柔的状态，能管12306这么大一个系统吗？"单杏花笑了笑："我多年的工作经验让我对系统了然于胸，加上我们铁路人都有共同的美好愿景，大家都在为一个共同的目标而努力，这个不用质疑。"

互动环节中，一些青年观众表达了自己的困惑："那您平时也会焦虑吗？如何获得轻松自由的工作状态？"单杏花亲切地说："很多人都会遇到这种情况。"她解释道："作为一个庞大的技术团队，需要不断提前、有序地去规划未来，积极面对困难，有效地缓解焦虑。当目标定下来的时候，一步一步去实现就好，同时适当的放松也能让自己更好地掌握工作节奏。铁路信息化走到现在，我们仍然希望它走向更远的地方。"

团队成员王梓工作十分出色，但由于久坐且不喜运动，体重增加很快，甚至出现了高血压、高血脂的身体问题。单杏花鼓励大家要多多运动，在她的倡议下，团队中的跑步爱好者自发组建了"跑团"。每个周末，"跑友"们相约奥森公园，在奔跑中释放心情，欣赏沿途风光。单杏花也是跑团中的一员。每次跑完步，她喜欢和大家一起聊聊天，询问他们的工作、生活情况，谈沿途的美景，谈人生的乐趣，引导青年人养成良好的生活习惯。

在跑步中，王梓成功减重，身体和精神状态都焕然一新。在这种良好的氛围下，团队年轻人还组建了乒乓球、篮球、羽毛球、爬山等兴趣团队，并利用工作之余的碎片时间，定期开展趣味性运动。

单杏花表示：我们要领跑世界，就必须不断学习，不断夯实信息技术能力，起点是现在的信息技术水平，而终点没有最好，只有更好……

让年轻人扛大梁

单杏花从自身的成长经历悟出一个道理，工作要有压力，压力有利于多出成果，要让年轻人扛大梁。

工作中，单杏花十分重视对青年骨干的培养，积极实施青年种子计划，搭平台、压担子，很多"硬骨头""重担子"都交由年轻人负责。她根据青年人的工作特点，倡导成立了 15 个互联网青年科技攻关团队，一批又一批青年骨干在重大项目和一线攻关中锻炼本领、担当作为，成长为独当一面的后继者。在完成各类重大项目的同时，一批铁路科技之星冉冉升起。

现任铁科院电子所研究员、客票收益管理部长吕晓艳，是在单杏花带领下成长起来的青年骨干。2004 年，吕晓艳作为电子所的在读博士研究生加入青年科技攻关团队。时逢客票系统 5.0 版本正处于紧锣密鼓的研发阶段，时间紧、任务重、人手紧缺。面对陌生而丰富的客票业务、复杂而细碎的客票功能，吕晓艳不知道该怎样选择研究切入点。看着团队其他伙伴们干得热火朝天，加班加点投入研发，她十分羡慕，希望自己也能快速融入应用开发行列，将来有一天可以自豪地向朋友介绍自己写的代码，见证自己研发的系统稳定运行在各个车站，服务旅客购票。

单杏花没有急于给吕晓艳安排开发任务，而是带她来到铁道部假日办体验，看着假日办繁忙的情景和桌上堆积如山的报表，单杏花语重心长地说："做好车票销售工作，让现在还不充足的运力资源得到更有效利用，是客票系统对内服务好客运管理部门的另一项重要工作。做好这项工作，需要我们大家一起发挥聪明才智，让眼前这些厚厚的报表能自动、智能地为管理者提供票额调整、运力补给的决策依据。"一席话深深打动了吕晓艳，原来在一张张火车票背后，除了人人看得见的售票程序外，还有着丰富的大数据内容。"我要啃下这块硬骨头。"这一刻，吕晓艳明白了很多，选定了客票营销这一科研方向。

方向定则心神宁，一颗铁路客票营销的好种子悄然播下。客票营销是一项以客票系统数据为主的客运统计分析工作，旨在帮助铁路客运管理人员了解客运生产情况，发现客运市场供需矛盾点，为运力调整、票额组织提供决策依据。

从这一刻开始，吕晓艳便在单杏花的指导下从基础的客票数据业务核对、统计报表设计与制作开始，脚踏实地地进行铁路客票生产数据分析，吕晓艳迅速成长为一名专业的客票大数据据分析人员。2012年客票系统升级5.2版本，吕晓艳积极推进全路实现列车席位集中管理，做了大量开创性工作，为铁路的售票组织奠定了良好的系统基础与运营环境基础。

单杏花对吕晓艳说："现在是我们可以探索研究铁路客运新的售票组织模式的时候了，运用营销分析成果，对售票组织中人工管理不合理的地方进行调整；或是直接运用分析的结果，为未来的售票组织打样，做模板，让客运管理人员在这个基础上实施精细化管理、保证效率和质量的提升。"

这就是单杏花的工作作风，办法总比问题多，带着问题指导工作，环环相扣，循序渐进。

吕晓艳按照单杏花的思路，运用大数据指导业务生产决策，先是选择了4趟武广高速列车，沉到武广高铁全线试点，后又深入到一些普速列车调研，全面铺开了票额投放管理应用的相关研究，取得了丰硕成果。

十多年过去了，吕晓艳成长为中国铁路客运运营决策知名专家。

出行技术部副经理翁湟元，是与铁路12306系统一同成长的年轻人。入职不久，他就接到了一项具有挑战性的任务——优化余票票价的运算逻辑。那时翁湟元的技术业务能力十分有限。"当时我很茫然，无从下手，单总就与我们一块讨论，她建议引入分布式内存数据库技术提高运算效率，让我豁然开朗。"翁湟元回忆道。

事实证明，翁湟元优化的逻辑程序在实际应用中效果很好，余票票价运算平均耗时从秒级降低到毫秒级，铁路12306系统的并发处理性能得到极大提升。

随着铁路12306系统的不断发展和完善，铁路积极融入综合交通发展进程中，形成了将各种交通方式整合的全新交通理念——出行即服务。翁湟元说："单总带着我们先后多次深入到各铁路局集团公司、航空公司调研，主动寻求与航空公司的深度合作，探索'空铁联运'新模式。"

单杏花在调研中发现，在某些场景下，飞机票出票有短时延迟，而火车票出票是实时出票，这将会造成航空出票和铁路出票产生时间差，这显然是两种逻辑程序的结果。如何让两种业务逻辑不同的交通方式"同时售票"，真正实现"空铁联票"，成为一个最大的难题。

为了解决这个问题，单杏花带领翁湟元等团队成员开始了新一轮的技术攻关，持续不断地多轮"设计、验证、优化"，适配多家不同航空公司票务系统的接口规范，最终确定并设计了同步异步混合模式的业务流程，解决了出票时间差问题，同时也实现了联运票出票失败和超时异常情况的兼容处理。

此后，单杏花又带领翁湟元等团队成员开始了联运方案设计的研究，最终构建了基于高铁综合交通枢纽的智能化旅客联运服务技术，让航班、高铁"牵手成功"，旅客根据自身偏好及实际情况选择合适的联运方案。

单杏花不断地给翁湟元压担子，翁湟元在项目实施中得到了充分锻炼，迅速成长为综合交通发展进程中的创新拔尖青年。谈到单杏花，翁湟元激动地说："单总为青年人成长成才打造了一片开阔的天空，为奋发向上的青年人插上了腾飞的翅膀。"

传道授业的较真人

韩愈在《师说》中说："师者，所以传道受业解惑也。"

传道，需要师者得道。作为老师，其实是不容易的。无论教授的课程简单还是繁复，都需要以一种敬畏之心，以一种高度负责任的态度去对待。

单杏花喜欢读书，她不仅爱看专业书，经济学、文学、哲学、社会学等书籍她都爱看，她阅读广泛，而且阅读量也很大。20多年的科研实践，单杏花积累了丰富的理论与实践知识，她想传授下去，让年轻人发展好这份凝聚着铁路科技工作者心血的基业，守护好这个实现人民美好出行愿望的民生系统。

二十多年来，她指导学生开展了多项铁路信息化领域的前瞻性研究，持续为铁路系统培养了一大批高水平科技人才。

和单杏花的经历相似，她的许多学生也都是在工作过程中培养和成长起来的。对于勇于钻研、勤奋上进的年轻人，单杏花总会忍不住多指导一点，把自己的知识、技术、经验毫无保留地传授给他们。

欣喜的是，这些年轻人无比喜爱铁路信息化事业，遨游于此，其乐无穷。单杏花欣赏他们对知识的渴求，也担忧他们只是一时兴起。单杏花清楚，行走在这条充满坎坷的道路上，需要扎实的基础、坚定的信念和无所畏惧的精神，才能荡平艰难险阻。她希望能从年轻人的眼中，读到充满信心的坚毅目光。

武晋飞是单杏花指导的第一名博士生。他清楚记得，十年前，向单杏花提出读博想法时，单老师严肃地问道："你为什么要读博，想好了吗？"当时，武晋飞很自信，觉得自己刚硕士毕业，有一定研究基础。

面对这样一个初出茅庐的小伙子，单杏花没有表态，耐心地讲解道："在铁科院读博会更加辛苦，不仅需要深入开展理论研究，更是要将理论与实际相结合，解决铁路发展中亟待解决的问题。"在之后的工作中，单杏花一直鼓励他多读书、多琢磨问题，并欢迎他常来工作室转转。

在单杏花创新工作室里，分门别类地摆放着很多书籍和期刊杂志，书页上密密麻麻地标记着单杏花的心得体会。武晋飞每次想借阅书籍时，总会先想到这方充满书香的小天地。每次借还书时，单杏花都会与武晋飞聊一聊读书的感受。武晋飞发现，单总经常会提到目前铁路客运产品设计、开行方案优化信息化进程缓慢、编制的方案有时无法适应动态市场需求等问题。她认为，要实现铁路客运效益的最大化，必须从根本上实现供需动态平衡，实现运力精准投放。在一次次的讨论中，武晋飞感受到了单杏花对事业的忠诚和对老百姓乘车的牵挂，也认识到运用系统自动生成与市场需求匹配开行旅客列车的重要性。

武晋飞有意识地开展一些旅客列车开行方案的研究，单杏花也经常会与他进行讨论。这个当年的懵懂小伙，在单杏花的引导下，将铁路亟需解决的问题选定为自己的研究方向，也就志得意满地成为单杏花的第一位博士生。

中国有着世界上最大规模的高铁网，还有纵横交错的普速铁路网，由于线路的复杂性等因素的制约，中国虽然一直在进行优化列车开行方案的研究，但已有的模型算法并不能真正在实际应用中落地。多少年来，单杏花一直在思考这个问题，这是她最关注、也最放心不下的领域。

武晋飞读博，就是主攻这个课题。"单老师对我的指导十分细致，她对问题的思考更加透彻，总能给我一些具有前瞻性的意见和建议。"武晋飞说。单杏花提出运用大数据技术持续跟踪和全面分析全路旅客列车开行方案的质量，挖掘分析真实客运需求，并基于当下匹配水平，对不同等级列车开行结构提出优化调整的思路，给了武晋飞很大的启发和思路。从路网资源管理、通过能力计算，到开行方案设计、运行图评价；从数据结构设计，到数据维护、系统功能设计，单杏花带着武晋飞等学生们一步一个脚印，踏实而坚定。

几年来，单杏花先后带出了两名博士、五名硕士，个个成绩优秀。她对学生要求很严，但学习环境宽松，引导学生们独立思考，积极发表见解，开创性地攻克课题。

"头脑风暴"是单杏花和学生们在一起时很喜欢开展的一种讨论形式。在讨论中，大家畅所欲言，集思广益，问题解决效率也比较高。一次，在从运行图编制会场回来的路上，单杏花和学生们聊到了调图期间离线和在线数据同时存在，对数据统一管理和整合造成很大不便的问题。仅用了一个回程的时间,单杏花就和大家讨论出了解决方案,彻底解决了这个问题。

单杏花总是鼓励学生要多去现场,在实践中发现和解决问题,做到"学研用"融合。"在我们这里读研的学生,都会参与到具体的科研项目,跟着团队的步伐一起走。在这个过程中,无论是理论水平,还是技术技能,抑或是对业务的理解,都能得到快速提升。"单杏花教给学生的不只是铁路前沿领域知识,还有执着、智慧和勇于探索的精神气质。

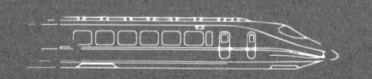

作为交通运输大动脉的铁路,是全国社会经济发展"总流量"的重要数据源之一。借助客流、物流的数据分析,企业可以盘活数据资产,深挖数据价值,创造新的利润增长点。通俗地讲,你能否在对的时间,做对的事情,往往取决于对数据的掌握是否精准。

第五章

大数据
开始思考了

随着智能传感器的广泛应用及信息技术的迅猛发展，人类产生并储存的数据量呈爆炸式增长，人类进入了大数据时代。

数据的神奇性在于，这个世界都可以用数据的形式来表现和储存。数据是对客观事件进行记录并可以鉴别的符号，是对客观事物的性质、状态以及相互关系等进行记载的物理符号，它是可识别的、抽象的符号。

进入新世纪，大数据一词越来越多地被提及和运用，人们用它来描述和定义信息时代，并命名与之相关的技术发展与创新。一句话："大数据开始思考了。"

大数据时代的出现，简单地讲是海量数据同超强计算能力结合的结果，确切地说是移动互联网、物联网产生了海量的数据，大数据计算技术完美地解决了海量数据的收集、存储、计算和分析问题。大数据在人类生产、生活中扮演着越来越重要的角色。

作为交通运输大动脉的铁路，是全国社会经济发展"总流量"的重要数据源之一。借助客流、物流的数据分析，企业可以盘活数据资产，深挖数据价值，创造新的利润增长点。通俗地讲，你能否在对的时间，做对的事情，往往取决于对数据的掌握是否精准。

铁路是人们出行的主要交通工具，春运、暑运、黄金周日开行旅客列车高达12000多列，日均9000列以上。在系统运行、业务运营、旅客出行等各个环节，每天都在形成和积累大量的铁路客运数据。

对铁路客运大数据的思考，不仅包括旅客人数、特点、流向、需求、画像等多方面的信息采集、分析和统计预测，还包括大数据的思维与理念在经济社会、铁路行业发展中的应用。对这些数据进行整合分析，可为铁路管理部门提供决策支持，为运营部门业务开展提供大数据支撑，为旅客用户提供更个性化、更好的社会化服务。因此，充分发掘和利用这些数据资产，可以产生巨大的铁路价值和社会价值。

铁路 12306 系统作为全球交易量最大的铁路票务系统，高峰期日点击量高达 2600 亿次，平均每秒点击量为 300 万次。每天都会产生海量的用户登录、查询、购票、支付等用户行为日志数据，包括用户的基本信息：姓名、身份证号、手机号、邮箱等。站车 Wi-Fi 运营服务、广告平台、互联网订餐等系统数据，以及与铁路客流相关的数据，如舆情数据、天气数据、竞争市场的运力数据及价格数据等。这些数据包括对客票产品的清晰描述和定位、对旅客的行为收集达到"可视化"程度，以及对延伸产品的转化的理解等多个方面。

网络无秘密，在网页上敲击的每一个数据，都会被自动记录。铁路 12306 系统无疑是一个大数据宝库。采访得知，目前，铁路 12306 系统拥有自 2000 年以来 20 多年的旅客铁路出行大数据，以及客服系统采取语音自助、人工在线、网站查询、客户信箱等方式，为社会和铁路客户提供客货运输业务和公共信息查询服务，并受理旅客投诉、咨询和建议，累积了大量的旅客反馈数据和问题处理方式集。

正是如此，单杏花团队每天在做着一道答不完的长题，那就是在满足旅客网上购票需求的过程中，积极地运用大数据资源，优化开车方案，提高座席利用率，不断地探究与接近铁路旅客运输的客观事实与内生动力，探索铁路发展的真理。

2018 年 4 月，时任铁科院电子所副所长朱建生在"2018 大数据产业峰会"上表示，铁路新一代客票系统的大数据应用创新，主要聚焦铁路 12306 系统互联网风控、票额预分应用和针对 12306 用户画像三个方面，从目前实际应用来看，已经取得良好的效果。

客票系统大数据应用

走进单杏花的办公室，墙上张贴的"中国铁路交通图"，十分醒目。办公桌的左前方，整齐码放着一摞数据分析报告，从上至下为："2023暑运客票大数据分析""2023春运客票大数据分析""2023元旦客票大数据分析"等等。

轻轻展开那一份份被磨毛了边角的数据报告，一幅中国百姓"人便其行"的生动图景跃然眼前。

说到铁路12306系统大数据，我曾经感到疑惑：长期以来，铁路客流不都是用数据说话么？如旅客发送人、客运周转量等。传统的客流数据与当今的铁路12306系统的客运数据有什么不同吗？难道仅仅是人工统计与计算机统计慢与快的区别？

单杏花告诉我，传统的"客流量"，重点仅仅放在了"量"上。简单说就是，昨天乘车的人多，那么生意就好；今天乘车的人少，那生意就不行——所以客流量很重要。如今的铁路12306系统的客流统计就不是这么简单了，绝不仅仅是一个单纯的乘车人数，包括各个时段乘车的人数，旅客乘车的区段、时长，旅客的属性（画像），新老旅客的偏好、感受等。

由此可见，从仅统计人次，到如今的旅客全流程关注，见证了铁路客流大数据的演变，它本就是一部铁路客流数据发展史，一部铁路数据与现实社会相互成就的大书。

采访得知，客流大数据分析能够帮助铁路客运部门做好两件事：优化资源配置和预判客流发展趋势。通过智能客流统计系统，完成客流数据的统计与分析，由此深入挖掘运输潜力、获知运营的优劣势、满足旅客潜在需求，制定出一系列正确的营销决策，最终在稳固当前客流的基础上，吸引更多客流。

仔细分析铁路信息系统的数据特点，铁路12306系统大数据的来源，主要包括客票在销售过程中产生了一系列相关数据，以及客流方向、旅客信息、列车开行、运输组织等多方面的信息数据。

每逢春运、节假日来临，铁路12306系统备受关注，单杏花率领她的团队在维护好系统、做好售票保障的同时，还要通过大数据分析，开展客流分析预测、售票组织策略分析，力求实现运输资源的科学配置、运输效益的最大化，当好铁路客运管理者的"手"和"眼"，为客运部门决策提供科学依据。

积极开展大数据在铁路客运延伸领域的应用，订餐外卖到车厢，点击个人行程，查看对应的经停站、车次信息、站点天气，以及接送站、餐饮、旅游、租车、酒店等延伸产品的智能推荐等，提升铁路旅客的出行体验。

大数据技术的发展带来了企业经营决策模式的转变，驱动着行业变革，衍生出新的商机和发展契机。专家认为，大数据运用的关键在于数据分析的能力，精准的数据分析与应用，才可能产生高质量的结果。优质的数据资产将成为未来核心竞争力，一切皆可被数据化。

△ 单杏花在监控大厅现场分析解读大数据

建立客票数据仓库

单杏花的青春始终在和数字、代码打交道。

早在1999年，单杏花所在的客票总体组就开始有意识地进行大数据思考了。他们运用当时的新兴技术——数据仓库和智能分析理论与工具，启动了大数据应用技术研究。2001年，总体组针对数据采集、存储、处理、共享、可视化及数据安全等关注点，在技术积累和人才储备的基础上，构建起了铁路第一个数据仓库。

到2011年底，铁路+互联网已初步形成规模，互联网售票覆盖了全国铁路所有的旅客列车。在这个互联网化的过程中，必然会产生大量的铁路客运线上数据。为此，建立大数据平台刻不容缓。

大数据的战略意义不在于掌握了多少庞大的数据信息，而在于对这些含有意义的数据进行专业处理。2012年铁路12306系统正式上线后，单杏花立即提出了建立铁路客运大数据平台的设想。即以数据仓库为基础，对铁路客运业务及运营需求进行数据归类、模型建立和经验总结，将技术与应用结合实践，搭建小规模的大数据平台，并在部分业务系统中开展试点应用。

铁路客运大数据属性达60多个，重点有列车车次、乘车日期、乘车时间、列车类型、速度等级等。大数据平台的意义，就是针对特定的数据需求，进行数据清洗、维度归约处理和特定属性的选择。

具体地说，就是利用客票系统的海量数据，开发铁路营销分析系统，通过建立铁路客运数据仓库和大数据平台，对数据集中管理、查询、分析和辅助决策，为铁路客运组织高层和决策者提供数据服务，将数据转化为信息进而形成生产力。

用单杏花的话来说，与售票交易系统不同，营销分析系统涉及海量数据操作，采用多维数据库存储技术，处理大规模数据检索，旨在提取有价值的信息。为实现这一目标，需要加强信息技术、数据库建设等多方面的学习，开拓创新。

单杏花认为，庞大的铁路客票网络系统，每天都在产生丰富、完整、准确的客票发售生产大数据，分析和开发这些宝贵的数据资源，使之服务于客运营销决策，是提高铁路客运市场竞争能力的一项重要任务。

12306技术团队在成立之初，单杏花和她的导师、同事们探讨最多的话题有两个：一是运用科技手段把客票发售好，把客运资源用足；二是运用好客运海量数据分析，把信息资源分析应用转化为铁路发展的内在动能。

时任铁科院电子所客票室主任陈光伟，把建立铁路客票数据仓库的重任交给单杏花来牵头落实。单杏花非常高兴地接受了这个任务。多年来，她一直就有这个梦想，建立铁路客票自己的数据库。1999年，她的硕士毕业论文题目就是《铁路客票数据仓库研究》。如果说过去单杏花主要是参与应用软件程序的开发及系统推广工作,这次则是担任系统的架构师、设计者和系统实施的组织者,是新兴技术研究和应用的开拓者。

如果说单杏花原本像是乐队的首席提琴手,掌声中一转身,成为了乐队指挥者,她必须迅速适应这个角色转变。她开始了新的征程,学习数据仓库和决策分析新技术,带领团队攻克技术难关。

单杏花带领团队首次将数据仓库思想应用于铁路客运营销,着手创建客票营销分析数据仓库。建立起了适合中国铁路的客流预测模型,为铁路旅客列车开行方案编制以及客流高峰期的客运产品动态调整,提供辅助决策支持。运用计算机手段,实现了全路各层次的客流密度图编制,在客流预测、开行方案辅助调整等方面,实现了理论和技术创新。

单杏花设想,为铁路客运运营提供全过程大数据支撑,在"互联网+高铁网"模式下,通过客流数据分析,科学制定旅客列车开行方案,从而实现运行图的优化管理。

这天,单杏花正忙得焦头烂额时,客服人员向她反映:有位旅客因为在网上无法买到票,每天都打客服电话,一说就是一个多小时,有时情绪还很激动,弄得大家很无奈。

单杏花说:"把我的手机号给他吧,让他给我打电话。"几分钟后,这名旅客拨通单杏花的手机,道清了原委:原来是他的名字中有个生僻字,导致无法在网上买票。单杏花耐心和他解释说明,并真诚感谢他提出的意见建议,承诺在下一个版本优化中,一定想办法把生僻字问题解决。在接下来的几次对话中,单杏花发现这名旅客很关心铁路,而且一些想法和建议很有参考价值。后来单杏花加了他的微信,成为了"微友"。再后来,当这位旅客顺利地在升级版的铁路12306系统上买到了火车票时,高兴地将车票截图发到微信朋友圈,为铁路点赞加油。

这件事,让单杏花很开心,也让她更加认识到建立数据库、信息库任重道远。哪怕是一个生僻字，也会影响旅客的购票出行。

单杏花与团队成员一道，巧妙运用商业智能理论，提出了铁路客票数据仓库和铁路客运营销分析系统的完整解决方案。随之围绕数据源组织、数据存储和数据展现等问题，对系统建设中的若干关键技术进行深入研究。

这期间，单杏花主持了《面向铁路客运经营与服务的大数据关键技术研究》等重点课题，依托铁路客运相关业务生产系统，以铁路信息系统基础环境为支撑，运用大数据技术搭建铁路客运大数据平台，尝试数据处理、数据挖掘、产品标签等算法与模型，全面开展数据分析、数据可视化、数据洞察、精准营销等大数据应用技术研究。

经过3年的努力，单杏花团队完成了网络化的客票发售生产数据的采集，建立起了铁路客运营销分析系统，构建起了铁路客运企业基础数据主题和客运大数据产业链，建立起铁路客票数据仓库和数据平台，开创了国内行业领域内的数据仓库应用先例。

"那时恰巧赶上单杏花怀孕，要是其他女同志早就休息待产了，但小单一直上班。后来大家劝说她，担心机房有辐射对胎儿发育不利，她就拿个笔记本电脑到别的屋子继续干……人家生小孩至少休半年，她3个月就来了。她干活从来不挑不捡，还总是主动找我要任务。"说起单杏花，现已退休的陈光伟赞不绝口。

为攻克一个个技术难题，单杏花吃不好、睡不好，老师和同事们眼看着她圆圆的笑脸一天天消瘦下去，有时她还会感到胸疼和背痛（当时她不知道患有先天性心脏病），但她依然是废寝忘食，运用商业智能理论，提出了铁路客票数据仓库和铁路客运营销分析系统的完整解决方案。随之围绕数据源组织、数据存储和数据展现等问题，对系统建设中的若干关键技术进行深入研究。

在此基础上，单杏花团队又继续构建数据挖掘模型，探索客运组织与管理的内在规律性，同时在售票组织策略等方面进行票额共用、复用及剩余票调整等一系列的尝试。

不少国内外专家感叹道，这样的设计只有具备长期理论研究和实践经验的专家和技术高手才能完成，谁能想到是刚刚研究生毕业工作不足5年的"小姑娘"组织完成的呢！

由单杏花团队主持研发的铁路客运营销分析系统，一连创造了好几个"首次"：首次将数据仓库思想应用于铁路客运营销，建立起了铁路客票营销分析数据仓库；首次用地理信息系统的手段直观展现了客流数据；首次用计算机手段实现了全路各层次的客流密度图编制；首次带领团队建立了适合中国铁路的客流预测模型，完善了铁路客流预测系统。

实践证明，铁路客票数据仓库的建立，以及铁路客运营销分析系统的研发与实施，为铁路客运组织决策者提供了数据支撑，尤其是在每年的春运组织中发挥着不可替代的重要作用。不少业界同仁不得不对初出茅庐的单杏花刮目相看了。

"调图"的奥妙

客流决定开车。

铁路每天开多少车，哪些方向多开车，哪些方向少开车，都是根据客流大数据决定的。关于开车，铁路有两个专业用语："图定客车"与"临时客车"。编织在运行图内的旅客列车开行方案，为图定客车。因客流骤然增大，而临时增开的旅客列车，为临时客车。铁路内部把随客流的变化而调整旅客列车开行方案，称为"调图"。

铁路行车，安全永远是第一位的。大数据确保铁路调图的安全性。旅客看到的或许只是线路上的一趟趟旅客列车，但其背后有着庞大的数据作为支撑。

记得在铁路普速年代，铁路客运调图大都是一年一次。因为那时新线投产少、客流变化缓慢，运输数据变化不大，旅客列车开行也是相对固定的，只是每年年底进行一次调图足矣。那时没有互联网，也不可能及时捕捉最新数据。进入高铁时代后，铁路调图日益频繁，一季一图、一月一图，甚至一日一图，精准安排运力，既是经济社会快速发展的客观要求，也是铁路积极适应运输需求变化的主观追求。

铁路调图的奥妙何在？即以铁路大数据为依据，不断释放铁路运力，着力实现"人畅其行，货畅其流"。

在"互联网＋高铁网"模式下，基于铁路客票大数据技术，通过客流数据分析，科学制定列车开行方案，实现运行图的优化管理，为铁路客运组织提供全过程大数据支撑。

调图是个系统工程，牵一发而动全身，涉及到客流大数据、货流大数据、车辆大数据……尤其是在数字经济蓬勃发展的时代背景下，更需要秉承安全、科学、高效的严谨态度，充分利用大数据、智能化等科学技术手段，为全国"一盘棋"的铁路调图赋能提质。

在铁路新旧图交替期间，安全隐患易发，运输、客运、机务、车辆等部门任何一个环节出现偏差，都极有可能带来沉重的教训。需要借助大数据对以往出现过的所有问题逐一进行排查、整改，还要通过分析铁路调图大数据提高安全预判能力、应对能力，通力合作，确保铁路调图安全有序。

铁路以其运量大、速度快、低效能、污染少、安全可靠等不可替代的优势，成为了城市间公共客运系统的骨干架构。然而，单一地考虑某一条线路的走向、站点位置，而忽视从全局整体规划考虑，就不可避免地造成资源的浪费。

单杏花团队以铁路12306系统大数据为依据，从旅客列车开行方案、动车组列车票价市场接受程度与存量管理，到售票组织预警监控等铁路客运运营过程的关键节点，进行全方位梳理和研究。单杏花主持了《中国铁路客运运营决策支持关键技术研究》课题，形成了成网条件下高速列车开行方案评价及优化方法、高铁票价接受程度及存量控制技术、售票组织监测与预警等一系列技术方案，通过对铁路客运运营全链条决策支持的关键技术研究，为全路客运咨询业务开展提供科学、高效的系统应用服务支持。

由单杏花主持的国家重点研发计划项目——《面向高铁路网的运营与服务协同决策支持系统》课题，以管理科学、运筹学、控制论和行为科学为基础，利用计算机技术、仿真技术、大数据技术，研发面向路网的运营与服务协同决策支持平台，实现铁路客货运输数据跨部门、跨专业、全流程的采集、共享与集成应用。利用异构信息系统功能融合技术与模块化定制技术，实现了系统功能模块松耦合、动态按需组合，从应用层面，支持铁路客货运输全过程协同决策、关键业务智能决策。

大数据忠实地反映了日常铁路客运流量、淡旺季变动指数、冷热门线路。通过大数据分析，及时对客流进行充分的了解和预测，以确保铁路调图的科学性。

一些人口密集、客货运量大的地方，一到周末、节假日客流量猛增，给铁路运输带来不小的压力，这就需要根据客流大数据以及重要节假日客流数据模型的预测，科学制定周末图和日常图，在客流量高峰期加开列车，最大限度满足旅客出行需求。统筹新线和既有线运输能力，科学制定旅客列车开行方案，提升路网整体功能和运用效率。

铁路12306系统构建起的铁路客运大数据平台，扩展了大数据在铁路客运业务的应用范围，重点围绕运输能力和运输组织优化，以及市场监测、收益管理、精准营销、售票组织、风险防控等应用领域开展研究，展示出广阔前景。

单杏花团队通过"互联网+"全过程大数据支撑，积极推进客流分析、列车开行方案制定、运行图优化等多项工作，运用数据处理、挖掘、增值等环节的模型、算法及应用技术，构建起铁路客运大数据产业链，支撑铁路客运的创新发展。

也就是说，通过大数据分析，铁路部门可以提前预判一些热门地区的需求，进而在条件允许的情况下增加运力。例如将8节编组的动车组增加为16节编组的动车组，或者开行临客等。每年春运中，利用往年春运大数据积累，分析贫困地区出行需求，根据实际精准安排运力，让更多期盼团圆的人们都能回家过年。

还有铁路12306系统"候补购票"功能的大数据运用，以在候补区申请补票人员的数据为依据，为相关铁路局精准投放运力提供参考，及时在热门方向线路增开旅客列车，动态满足旅客需求。2023年中秋国庆期间，各重点线路客流暴增，京广高铁衡阳至岳阳段，一天的候补人数就达到了3000多人。以此大数据为依据，广州局集团公司及时组织开行衡阳至岳阳K6622/6621次临时客车，赢得了社会、经济效益的双丰收。

据单杏花介绍，过去铁路增开临客大多是凭经验、拍脑袋，导致一些临客虚糜、不满员。现在利用候补购票大数据，切实做到了有流开车、精准开车。而且增开临客的信息，铁路12306系统会及时准确地一对一地发到候补旅客的手机上，保证了不仅能及时加开车，而且保证加开的临客趟趟满员。

有了大数据作支撑，加开一趟临时客车只需提前2个小时动议就行。而过去加一趟车，要先跟沿途的铁路局沟通，确认运行图，那时没有电子运行图，调度都是靠电话、纸上画表格来完成调度业务，加开一趟车需要筹备好几天。

回想在信息系统不发达的年代，只有加开临客车的始发站，掌握加开车的情况，知道车辆的情况，有多少座位、有多少铺位，而中途站，对列车的情况一无所知，沿途站有多少旅客上车，只能是碰运气，因为靠人工传递信息，不仅慢而且不准确，加开临客车存在着很大的盲目性。

以大数据为纽带，还可以与其他交通运输方式及交通以外行业密切合作，构建交通大数据业务生态圈，推动行业互连互通及数据共享，优化运输资源配置，为公众提供更加优质、便捷和高效的智慧出行服务。

大数据与风控系统

2022年1月10日上午，铁路12306系统首次面向媒体开放。来自北京多家媒体的记者伫立在监控中心大屏幕前，目睹屏上大数据的快速变化：截至当日上午9点，铁路12306系统开售不到3小时，就已经接到183亿次访问请求，其中正常请求近90亿次，风险请求93.6亿次，风险请求访问占比已达52%，每秒的风险请求高达82.12万次。

大屏幕继续显示，在93.6亿次的风险请求中，用户行为异常占到75.3亿次，网络环境异常占到15.8亿，剩下的2.5亿次为其他异常，如设备指纹异常、请求格式异常等。

眼前的一切都被记录在案。巨大的风险请求不断地遭到拦截，系统在实时报警的同时，详细记录了风险请求的IP地址和来自的省份。

据介绍，这些拦截行为正是12306风控系统在发挥作用。监控中，系统会进行复杂的分析，不仅要查看风险请求的频次，还要汇集点击行为、终端环境等数据，进行建模，最终得出结果。铁路12306系统的保障团队严密监控着整个系统运行状况，对每一组数据的异常变化，系统都会及时预警和处置。

单杏花说，风险控制系统的强大功能在于，不仅要知道有风险，还必须知道风险源在哪里，这样就为精准化解风险提供了保证。

诚然，这个风控系统的基础就是大数据。大屏幕上不断翻滚的数据，汇成波澜壮阔的海洋，海面上气象万千，海底下惊险四伏。

譬如说，在售票高峰时段，客票发售与预订系统的压力和负载巨大，来自各方的业务流量对系统的压力等同于大型的 DDoS 攻击，同时，来自市场的各种第三方软件的反复刷票行为，更是极大地增加了原本就庞大的业务流量，也就大幅度地增加了网站负载和带宽压力，对于铁路 12306 系统的可用性和安全性造成威胁。

尤其是大量抢票软件及第三方加价代购网站纷纷涌现，他们利用技术手段向铁路 12306 系统发起大量访问请求，同时以"加速抢票"等噱头，吸引用户提交自己的身份信息和在铁路 12306 系统注册账号和密码等。

单杏花表示，在这些风险请求中，来自第三方抢票软件的请求，占据不小的比例。正是在与抢票软件的顽强斗争中，单杏花团队研发出了 12306 风险控制系统。其技术特点是，利用海量大数据来做基础信息，进行规则判定后，将疑似的抢票流量和异常行为予以拦截，从而有效遏制网上购票的"霸门者"和"加塞者"，保障系统稳定运行。

12306 风控系统分为风险分布、风险策略命中分布、风险拦截报警、拦截走势等几大功能板块，通过内外联动、多维度大数据分析、多样化控制等手段，分层防控，盯控重点，围堵疑似者。其技术上的反制措施还包括限制特定的账号登录、限定刷新时间、建立黑名单库等方式，以尽量消除抢票软件对普通消费者购票的冲击。

在铁路 12306 系统运行中，风控系统会实时采集网上注册用户的行为数据，以及第三方数据，然后投入到大数据平台里进行实时分析和实时计算，完成之后对最上层的风险、决策和管理进行处置，对异常行为进行拦截，用科技的力量维护了公平公正的售票环境，确保铁路 12306 系统的平稳运行。

数据显示，2018 年春运期间，刚上线的风控系统风险拦截比例是 50%，系统运行平稳，用户体验良好。这年投入的带宽不多，整个机器运行负担只是2017年春运的1/3，却卖出了比2017年春运更多的车票。

事实证明，12306风险防控系统，对访问请求实施安全风险识别和分级控制，有效控制了抢票软件的不正当行为，维护公平公正的售票环境。通过大数据实时云计算，建立起多级联动体系，以多维度的数据分析，实现多点数据、多维度数据结合，不断提高了打击的精准度。

网络安全专家胡瑶表示，通过第三方软件购票，最大的风险在于个人信息安全无法保障。2018年12月28日，北京市公安局网络安全保卫总队破获了一起信息数据贩卖案，被贩卖的数据包括60万条用户的账号和密码，还包括470万条乘客姓名和身份证号信息，据数据贩提供的测试信息来看，多数账号是有效的。

据了解，该数据贩子为某科技公司的职员，其数据并非攻击铁路12306系统获得。公布的信息表明，被贩卖的账号以及密码主要是通过网上购买，而乘客姓名和身份证号数据等则是由第三方平台泄露的。

12306官宣，铁路12306系统从未授权任何第三方网站或者软件进行代理售票业务，没有任何优先购买渠道，也没有与任何人合作开发购票软件。如果有人以极高的速度访问服务器，会被视为非正常操作，高危用户将被拦截甚至被列入黑名单。

事实证明，建立在大数据背景下的12306风控系统，让抢票软件的存在意义大打折扣。

"平衡术"的最高境界

第五章 大数据开始思考了

铁路12306系统的最佳境界是"平衡"。

从本质上说,地理位置并不能产生价值,有价值的是从那个地理位置经过的人,即客流。从宏观上讲,客流在方向分布上是相对平衡的,因为旅客乘车一般是一往一返,由此产生了客运上的往返车票之说。

然而,从微观上讲,客流在时间分布上是很不均衡的,即往与返不可能在同一时间内完全对应。旅客列车要实现上座率满员,不欠座、不超座;沿途各站上车与下车旅客平衡,这就是铁路售票的最佳效应,其背后都取决于大数据的支撑。

2009年底,武广高铁刚开通时,一趟从武汉站开向广州南站的动车组列车,开车后一连几个站都没有旅客上车。车到清远站,眼看二十几分钟后就要到达终点站广州了,这时才突然上来了一大批乘客,将车厢坐得满满的。"显然,这趟列车大部分票额卖给了从清远到广州的短途乘客,那些从武汉出发到广州的长途乘客反而没有买上票。"单杏花很可惜地回忆

▲ 大数据分析是12306技术团队每天的必修课（刘一赢/摄）

道。当时系统显示这一大数据分析结果后，让单杏花团队无比惋惜。

正是通过这一次典型案例分析，单杏花团队意识到，大数据的价值全在于运用，只有策略是不够的，还要孵化出更科学的系统模型，通过大数据分析，找到每趟列车的旅客上下平衡点。单杏花称之为"平衡术"。

火车票究竟应该怎样分配？比如说，武汉站开向广州南站的高速列车，武汉站—清远站—广州南站，两个大区间构成一个完整区间，通过历史大数据和模型测算，可以预先算出武汉站至清远站、清远站至广州南站的人数，从而刚好构成完整区间的客流量。在有限的运输能力情况下，让更多的旅客买到票。用情景再现就是：这站有人下了车，座位刚空出，立刻又有人上车坐下了。

单杏花认为，大数据是实现售票系统科学决策的前提，只有从海量的数据里捋出一些规律性的东西来，才能实现售票方案与旅客购买需求尽量适配。

票额预分应用

长期以来，我国铁路售票采取的是票额预分方式。即一趟列车的始发站及沿途各站按一定的比例计划售票。售票计划规定了哪些站预留了多少张票，以及这些票的车厢号、座席号、限售距离等等。

票额分配的原则是，坚持把列车全程整体利益放在首位，优先满足始发站至终到站及限售站以远长途客流的需要，适当考虑中途直辖市、省会、自治区首府、铁路局和较大城市所在地车站的票额需要。

没有互联网售票时，这种票额预分是在坚持总体原则的基础上，凭借历史上的售票情况和经验，是一种粗放型、想当然的管理方式。而建立在铁路12306系统大数据基础上的票额预分，能够实现运输能力的自动、快速分配，保证了列车开行的整体效益，无疑是一种智慧、科学的表达。

铁路12306系统的票额预分流程是，以历史客运大数据为基础，以列车运行图为约束，对每趟旅客列车的客流进行分席别、分区间的需求预测，以票额效益最大化为优化目标，实施灵活机动的售票组织策略。

所谓票额预分应用，是指在铁路有限运力约束下，以最大程度有效利用运能、满足旅客出行需求为目标，构建的铁路基于客运大数据平台的客运票额优化组织与管理的创新管理模式。

通俗地讲，就是票额由列车始发局集中管理，依据始发站和沿途各站的历史客流数据及车票预售情况，对列车沿途各站的票额进行预分配，力争实现上车与下车客流的平衡。

其基本原则是，最大可能便利沿线旅客群众购票出行，最大程度用好铁路运力资源，以此对售票策略进行动态优化调整：当长途车票预售达不到预期时，铁路部门会将部分票额调整至沿途有需求的车站；当始发站车票预售需求比较旺盛时，则会增加始发站车票预留。

铁路线路是直线的，可旅客列车并非都是直达，一趟从北京南站开往上海虹桥站的高速列车，最多停站 11 个。每趟车有不同的席位，每个站点有不同的线路与车次，每趟车次出行的人数不同……方向、车次、区段、席别、时间、线路，都会出现百余种不同的乘车路径，这些都必须纳入车票分配的考虑范围。

单杏花团队通过对数据进行重组，采用了星型和雪花模型进行数据的多维存储，运用智能分析软件从不同的角度多维分析客运情况，建立适用于铁路的客流预测模型，构建不同客运主题的数据挖掘模型，有效探索铁路客票分配的内在规律性。

"基于大数据平台的分析，优先分配重点客流，努力保证稳定客流，科学兼顾其他客流，我们要对销售时机和数量进行预测，卖不够了补，卖不了收回来。"时任电子所副所长朱建生表示，从目前对 3000 多动车组列车进行区间预测结果来看，发送量和收入通过精细化的管理显著地提升。

不仅如此，为老人优先配置下铺、为儿童配置相邻席位等，也离不开铁路 12306 系统的大数据支持。购票者输入基本信息后，系统若判断订单里面有老人，就会去为老人优先寻找下铺，哪怕只有一张下铺，就一定会给他找到。

为儿童配置相邻席位方面，考虑到家长带孩子，购票时本身分为全价票和半价票两种票种，可能会出现位置不相邻、不好照看，甚至有时候出现在不同车厢这种问题。2020 年春运期间，优化后的铁路 12306 系统，提升了大数据的辨别力，破解了这一难题，哪怕是为了均衡运输需要，票已经卖散了，但是系统也会尽量将他们匹配在相邻的位置，如果没有相邻的位置，则优先配置在同一个车厢。

12306大数据显示，有不少乘客，在大城市返往二、三线城市的过程中，会出现买了去程票买不到回程票，或者只买到回程票没买到去程票的问题。尤其是在春运等节假日，这一问题更加突出。

单杏花表示，我们一直在分析这种规律，正在进行研究，在出行时就把去程和返程的需求一起考虑。尤其是在乘客已经买了去程的情况下，应该优先配给返程票。至于说采取什么途径，还得研究成熟之后再进行研发，再进行一些评估才能上线。

显然，大数据支撑下的票额预分应用，应该是一项系统工程。

长短途兼顾原则

多名网友一度在社交平台发文称，在铁路12306系统购票时，时常出现全程余票充足，但区间票无票的情况。有网友怀疑，这是铁路部门让旅客买长乘短的一种营销策略。

对此，12306官宣表示，确实会存在全程票还有区间票售完的情况，这是因为不同区间段的票起售时间有所差异。2023年8月，"中国铁路"公众号发文称，在节假日等高峰时段和运能紧张的情况下，铁路部门会把长途列车的票额，优先满足从始发站乘车到终点站的长途旅客，实现运力资源利用的最大化。当然，也会兼顾短途旅客需求，在长途票额充足时，会根据客流需求变化动态调整票额投放，自动分时段将部分票额转移到沿途各站，满足短途旅客购票出行需求。

事实上，如果短途车票敞开出售，会直接挤占长途旅客的票额，有刚性需求、选择面本身就小的长途旅客购票机会就少了。同时，长途车票随机分段出售，必然会造成部分区段席位闲置，运力得不到充分利用。

显然，这是大数据的客观表达。这种现象背后，既有技术和运营层面的市场表现，也揭示了铁路管理部门在运力分配上的策略和理念。

从技术角度看，铁路12306系统的这种"全程余票充足但区间票无票"的现象，确实与区间票的起售时间有关。不同的区间票因为与其他车次、区间的联动性，可能存在一定的起售时间差异。这样，当一些热门区间的票早早售罄后，可能在其他区间段仍有余票。这种差异性的售票机制，虽然能保障一些长途旅客的乘车需求，但显然也带来了部分短途旅客的不便。

从运营层面上看，铁路部门对于在运能紧张情况下优先满足长途旅客的决策，背后是对运力资源最大化的考虑。铁路作为公共交通工具，其核心任务之一就是最大化、最充分地利用运力，为社会提供更多的出行便利。优先满足长途旅客的需求，理论上可以使得更多的旅客得到服务，提高列车的载客率，优化运力资源。

就某一趟列车而言，若长途客流需求很旺盛，系统也会释放一些短途区间车票，但可能数量会少一些；若长途客流没有那么多需求了，系统就会自动放出更多的短途区间票。大数据所呈现出的科学系统，自动实现了人流上下的平衡，这就是最佳效应。

单杏花认为，铁路客运营销分析系统的成功研发与实施，为铁路客运组织决策者提供了数据支撑。建立在大数据基础上的铁路12306系统，客流预测精准，票额预分科学，实现了车票运用效率的最大化。

2023年中秋节当天，国铁集团董事长、党组书记刘振芳到北京西站、北京南站检查工作时，针对此前一些旅客提出的"短途票额不足，买不到车票"的情况作出回应。他强调指出，今年中秋国庆假期，广大人民群众的出行需求旺盛，铁路运输面临超大客流考验，要充分挖掘运能潜力，密切关注客流需求变化，统筹高铁和普速线路，兼顾长途和短途旅客出行需求，动态优化票额分配。在保障安全和应急的前提下，用好用足车底，利用长途车底套跑等方式增加短途运能，最大限度满足旅客节日出行需求。

近几年来，铁路12306系统积极运用大数据分析，在车票实名制、学生团体、农民工团体售票系统技术研究方面，取得了丰硕成果。运用大数据研究、创新售票组织策略、席位控制等技术，极大地缓解了铁路车站购票的组织压力，为铁路客运取得显著的经济和社会效益做出了贡献。

诚然，旅客乘车不能"买短乘长"。这是因为铁路车辆均有一定载客容量限制，安全、高速、平稳运行的高铁列车，对载客容量的限制要求更为严格。在客流高峰期，若大量购买短途车票的旅客到站后不下车，会造成车厢人数超员，严重危及列车运行安全，影响正常的运输秩序。

大数据自动"调峰"

客流峰值，是指一个周期内客流最高值和最低值之间差的值，即最大和最小之间的范围。在坚持票额分配的基本原则前提下，单杏花团队充分发挥大数据的杠杆作用，让部分票额有了更多的灵活性，引导旅客错峰出行。

客流时空分布不均匀，是一种客观存在。春运、暑运、黄金周，都是铁路客流的高峰期，而平时就属于平峰期。如何有效"削峰平谷"，合理疏导客流，成为一个现实课题。

采访发现，单杏花团队针对大数据实时反映的客流动态变化，灵活票额分配，搅活现有票额，均衡客流分布，实现客流的自动平峰、调峰功能。其具体做法表现在两个方面：

一是建立共享"票池"。依据大数据，先拿出一部分票额建立"票池"，这类车票可以在自由区间售卖，而且是所有车站同时共享。铁路12306系统出票时，会从票池里优先找出临近区间段已出售的席位。如某乘客想买南京南到济南西的车票，系统会优先找上海虹桥到南京南出售的席位，或者济南西到北京南已出售的席位，如果没有找到，则进一步缩小出售席位的区间范围，第二次再寻找上海虹桥到常州北，或者廊坊到北京南，以此类推，如果都没有，则出售完全没出售过区间的席位。

二是处理好"限售"与"解限"的关系。在追求效益最大化与兼顾旅客需求多样化之间，部分车票在人工分配票额设定时，限制售卖某个车站以远的区间，俗称限售。如某个席位分配给上海虹桥站，限制出售济南西以远的车站，那么这个席位在卖票时，一开始只能卖上海虹桥到济南西、廊坊、北京南这个区间，当这个席位卖出限售范围之后，才会出现复用票可以出售剩余的区间。

同时，限售有一个时间点，即在火车开车前多少天，如果限售车票没卖出去，则转为可以在自由区间售卖车票，俗称解限。如上海至乌鲁木齐的Z40次旅客列车，全车所有卧铺车票限售哈密以远，所有硬座车票限售武威以远，仅在开车前一天早上，才会解限。这时在有剩余车票的情况下，才能买这趟车上海到西安、南京到兰州的短途车票。

诚然，限售与解限的决定权取决于铁路12306系统的大数据。或者说，充分发挥大数据的杠杆作用，实现削峰与调峰。在平峰的时候，铁路12306系统显示的列车上座率不算高，车票在自由区间售卖并不限制乘客购买车次。而在高峰时候，系统就会自动干预票额的分配限售，让乘客尽量短途的购买短途车次，长途的购买长途车次，在长途车次的席位有剩余区间的情况下，再出售给短途乘客保证座席复用率。

由此，实现了及时、自动地按需调整列车票额配置，突破了传统固定票额分配办法不能及时体现客流变化、时效性差的局限，有利于优化沿线车站售票组织和营销。

通过大数据分析，铁路部门可以提前预判一些热门地区的需求，进而在条件允许的情况下增加运力，或增加列车编组，或加开临时客车，动态优化列车开行方案。

2021年"五一"节前夕，单杏花带领团队通过大数据分析，发现北京地区在这个节日是探亲流和旅游流的高度叠加。于是根据客流的不同方向，提出了开行临客的优化方案。即北京去东北方向加开临客，北京至石家庄方向加开夜间的普速列车，保证了旅客的出行需求。

"用户画像"的魅力

借助大数据技术塑造的客户画像，是实现服务精度和温度的核心。

用户画像是当前大数据领域的一种典型应用，也普遍应用在多款互联网产品中。精确有效的用户画像，依赖于从大量的数据中提取用户特征，这需要有一个强大的数据管理系统作为支撑。

在大数据时代背景下，用户信息充斥在网络中，将用户的每个具体信息抽象成标签，使之用户形象具体化，从而有针对性地提供服务。作为一种勾画目标用户、联系用户诉求与设计方向的有效工具，用户画像正在各领域得到广泛的应用。

铁路12306系统旅客用户画像，即通过对旅客用户的行为数据、交易数据等进行采集、加工和分析，有效开展数据增值服务。对内提升铁路客户服务能力和行业核心竞争力，对外支撑精准广告投放。

高速动车组的开行，使有快速出行需求的群体多了一个选择，互联网的快速发展和铁路12306系统的创建，给予人们更便捷的购票体验，在这样的基础环境下，铁路用户的高数量增长是很自然的。

一方面，铁路企业无法依赖传统的运输服务来分析旅客的特征及分类；另一方面，随着铁路的竞争对手（航空、公路等）对旅客用户标签特征越来越重视，这种反差会直接导致铁路高价值旅客的大量流失。由此，铁路客运用户画像系统应运而生。

铁路旅客用户画像系统整合旅客出行、交易信息，通过数据建模实现标签化。以用户画像数据为依据，不失时机地为旅客提供精准服务推荐和个性化的客运服务，彰显出铁路信息化的灿烂前景。

这就是12306用户画像系统的"魅力"。

给用户贴"标签"

从大数据角度看，用户画像的本质是对用户的需求进行描述，一种刻画用户需求的模型。

用户画像是一个挺时尚的词，最初它是大数据行业言必及之的时髦概念。现在企业经营谈及用户画像，也是和精准营销、精细化运营直接钩挂的。

随着互联网的发展，用户画像又具有了新的内涵，即用户画像是根据用户人口学特征、网络浏览内容、网络社交活动和消费行为等信息，抽象出的一个标签化的用户模型。

强调用户画像是用户信息标签化表达，就是说服务企业通过收集与分析消费者社会属性、生活习惯、消费行为等主要信息的数据之后，完美地抽象出一个用户的商业全貌，是企业应用大数据技术的基本方式。

标签和标签规则需要业务专家参与制定，定义好画像的目标至关重要。构建用户画像的核心工作，主要是利用存储在服务器上的海量日志和数据库里的大量数据，通过对目标的确定和数据的分析，最终给用户打上"标签"，成为表示用户某一维度特征的标识。

标签是用户属性、兴趣、偏好、行为、需求等特征的抽象与描述。同时定义出来的标签根据业务的不同，可以分成事实标签、业务标签、模型标签、反馈标签等类型。

用户画像包含三个要素：人、物、环境。从分层标签、分群标签到个性化标签，正是一个由粗到细的过程。目的在于，注重个性化需求，有针对性地、尽量满足个性化需求。

在生产行业里，我们经常看到这样一种现象：做一个产品，期望目标用户能涵盖所有人，男人女人、老人小孩、专家小白……事实上，这样的产品很快就会走向消亡，因为每一个产品都是为特定目标群的共同标准而服务的，目标群的基数越大，这个标准就越低。换言之，如果这个产品是适合每一个人的，那么它其实是为最低标准服务的，如此大众化的产品，要么毫无特色，要么过于简陋。

事实证明，给特定群体提供专注的服务，远比给广泛人群提供低标准的服务更接近成功。如苹果产品，一直都为有态度、追求品质、特立独行的人群服务，赢得了很好的用户口碑及市场份额。又如豆瓣，专注文艺事业十多年，只为文艺青年服务，用户粘性非常高，文艺青年在这里能找到知音，找到归宿。

用户画像是真实用户的虚拟代表，首先它是基于真实的，而不是一个具体的人，另外一个是根据目标的行为观点的差异区分为不同类型，迅速组织在一起，然后把新得出的类型提炼出来，形成一个类型的用户画像。

在实际操作的过程中，最有效的做法就是以最为浅显和贴近生活的话语，将用户的属性、行为与期待的数据转化联结起来。作为实际用户的虚拟代表，用户画像所形成的用户角色并不是脱离产品和市场之外构建出来的，形成的用户角色需要有代表性，能代表产品的主要受众和目标群体。

12306用户画像系统，是建立在庞大的样本来源基础之上的。基于铁路客运用户画像系统收集的用户行为数据，通过深入分析，用户的基本信息、坐车频次、席别选择、购买习惯等都会被发现，并将其进行提炼、分析，有助于铁路部门进行预测和决策，并将其运用到旅客运输的各个重要环节。

与之匹配的，将原本的客运决策系统——仅能基于客座率、运行图、旅客出行规律等提供决策服务，重新升级打造成为针对旅客购票行为、出行行为、订餐行为、站车Wi-Fi上网等数据，深入挖掘用户特征，满足不同旅客的个性化产品服务需求。

根据旅客交易行为数据，从而描绘出旅客的交易频次、出行偏好、消费水平等特征，为旅客群体分类提供了数据基础。在铁路客运用户画像系统中，用户的统计类标签主要包括购票次数、退票次数、购票金额、出行里程等。

单杏花解释道，譬如说，将某位旅客一年内的出行情况数据化，其表达为，近3月乘车总次数、近1年乘车总次数、近1年车费消费总金额、近1年乘车总里程、近1年总旅行时长、近1年乘车总里程。这就是用户的"出行标签"。如果换成订单数据，那就是用户的"交易标签"；如果换成列车等级、席别等数据，那就是用户的"偏好标签"。

通过这些特征分析，得出的结论是：从近一年提前0—24小时购票比例判断该旅客出行有无计划及频率占比，从近一年GDC等级列车乘车比例判断消费水平，从近一年手机购票比例判断手机购票频次等。通过对旅客统计类标签的计算结果进行分析，可以基于某一个特征或者少数特征组合，对旅客进行群体划分。

↑ 为用户定制个性化服务方案，是单杏花团队实现精准服务的重要环节

很爽的用户感受

2015年12月8日，旅客刘先生打开铁路12306手机app时，便自动弹出了一则北京现代汽车的广告。这是商业广告首次现身铁路12306系统。无论你抢票多么心切，你得先看三秒钟的广告。有趣的是，这些广告不会让你心烦，说不准您对此还特别有兴趣，因为就是为您量身定做的。

网民说，这就是一种很爽的用户感受。

用户感受是用户在使用一个产品或系统之前、使用期间和使用之后的全部体验，包括情感、信仰、喜好、认知印象、生理和心理反应、行为和成就等各个方面。

说到底，是一种主观感受。

张先生是一位服装商人，这天早晨他打开手机，登录铁路12306手机app，准备购买一张北京去大连的高铁车票。手机屏幕上立刻跳出了一则大连韩国服装城的广告，韩国服装各种式样、面料的画面，丰富多彩，琳琅满目。他顿时惊呆了：12306怎么知道我要去大连韩国服装城进货呢？

铁路12306系统是中国铁路官方唯一火车票发售系统，用户流量堪称"海量"，自然被商家看好。如今商业广告多如牛毛，如何精准推送，自然是一门很有奥妙的学问。

构建用户画像是对用户行为数据的抽象表达，所以需要广泛的数据源，包括用户相关的所有数据。首先针对用户行为数据进行分类，将数据分成静态数据和动态数据。静态数据主要包括人口属性、社会属性、账户属性、商业属性等；动态数据包括访问行为、接触点行为、交易行为等。

12306用户画像系统通过对铁路用户的行为数据、交易数据等进行采集、加工，对用户的属地属性、行为偏好等主要信息进行建模分析，从而抽象出能够让人理解的语义标签，形成用户的信息全貌和精准画像数据，实现对旅客的精准服务推荐和个性化服务。

在很多情况下，买票的旅客只知道他们要去的城市，至于坐什么类型的车（高铁或普通列车）、什么时间的车（上午或下午），都需要选择。对于用户来说，这是一个重要需求。建立在大数据基础上的用户画像，可以熟知每位旅客的出行习惯、偏好，包括喜欢乘坐什么类型的列车等。因此，用户直接填写到达城市后，用户画像功能就可能提供多种行程方案供挑选。如果没有直达车，系统还会根据列车的时刻表、余票等情况，向旅客展示差异化的铁路中转换乘的路线。

由此，12306画像系统还会根据旅客经常出行行为，推算其常驻城市，广告商如果想要定点开拓对应城市区域市场，常驻该区域的乘客就会看到对应广告。再譬如说，旅客消费能力不同，购票座席档次就不同。购买学生票的是学生，购买一等座席的是高端人群，客户端广告将按消费人群分类，进行消费推荐和广告推送。

画像系统的延伸

诚然，12306用户画像系统就是一个大数据平台，有展示，有融合，有延伸。

用户画像系统对内不仅服务于铁路12306系统、站车Wi-Fi运营系统和互联网订餐等，还可以实现数据交互与共享，提供旅客群体分析、用户异常行为发现、客运产品智能精准营销、广告投放等，对外还可以为第三方企业提供数据核验、精准营销方案等。

这个系统综合考虑了分布在业务系统专网、铁路服务内网、铁路服务外网等网络中的相关服务系统，构建了安全可靠的数据采集子模块以及数据服务子模块，在保证各铁路客运信息系统正常运行的情况下，进行业务数据采集存储，深度挖掘潜在价值，并将分析结果运用到各个业务系统内，实现系统间的大数据交流，提高各个信息系统的服务质量。

用户画像系统有着超强的容纳能力，无论是铁路12306系统、客管系统、清算系统、客服系统、财保系统、短信平台、支付平台等客运生产和服务系统，还是来自于客运相关的延伸服务系统，如互联网订餐、广告和站车Wi-Fi运营服务等系统。由于系统构建的时间不同，采用的技术不同，系统中存储的数据类型和格式也千差万别，如果把这些数据都纳入铁路客运用户画像系统中，经过加工和整理，就能实现资源共享。

除画像子系统外，铁路12306系统还扩展建设了室内定位应用示范系统。在全路建立若干个示范车站，在站内搭建定位服务系统，实现智能化车站，为旅客提供车站导航服务。如北京南站，西安北站、郑州东站、上海虹桥站等大站，建筑规模庞大，导致一些旅客乘降困难，迷路情况屡屡发生。智能化车站建成后，旅客通过手机连入车站定位服务系统，乘降线路一目了然。

这个大数据交换平台为各铁路局集团公司延展了更多的收入入口，例如站车 Wi-Fi 运营服务、互联网订餐、约车、酒店、旅游等延伸服务系统，为铁路客运一站式服务奠定了基础。在维护客户关注的核心服务质量的同时，为客户出行链条提供全方位的增值服务。

新冠肺炎疫情期间，来自全国各地的一张张请求协查确诊患者同车旅客的申请单，不分昼夜地发往铁路 12306 系统，一场和时间赛跑的大数据战役就此展开。如某趟列车上出现确诊或疑似旅客，铁路 12306 系统立即启动应急机制，利用实名制售票大数据优势，及时排查出"从哪里来、到哪里去"的轨迹，并进行动态跟踪，快速精准提供相关信息，第一时间交给防疫部门处理，有效阻止疫情随着铁路线蔓延扩散。

大数据应用风光无限

党的十八大以来,我国交通行业实现了可持续发展,已成为世界上运输最繁忙的国家之一。铁路、公路、水路、民航客货周转量,港口货物吞吐量,邮政快递业务量等指标居世界前列。

旅客出行服务更加便捷舒适,出行服务体系更加完善,旅客运输多层次、差异化的公共交通体系加快形成,专业化、个性化服务品质不断提升。货运服务更加高效,多式联运等高效运输组织模式创新发展,综合运输效率不断提高,交通运输对国家经济社会发展的支撑显著增强。由此,交通大数据的应用与发展,呈现出无比灿烂的前景。

采访中,单杏花多次表示,铁路12306系统大数据,不仅仅是应用于铁路、服务铁路,而且在整个经济社会发展中,有着极其重要的意义。譬如说,这些大数据能够展示覆盖区域的人口流动及经济变动情况,可以直接服务综合交通体系建设,助力政府部门实施更精确的宏观经济调控策略及手段等。

事实上,利用铁路大数据可以给用户提供更加丰富的增值服务内容,可以作为城市发展及投资决策的重要参考，助力智慧城市的发展。通过完善"出行地图"，更精准地反映地区经济状态及各群体的出行习惯，为城市的基础设施建设规划提供决策依据。打造适合智慧城市需求的数据产品，实现对城市的精细化和智能化管理，从而减少资源消耗，降低环境污染，解决交通拥堵，消除安全隐患，最终实现城市的可持续发展。

铁路12306系统大数据，是一个灿烂的星空。仰望星空，海量的数据，如同星光闪烁，助力数字铁路，形成强大的智慧力量。随着科技的不断发展，智慧铁路被人们认为是铁路行业的未来，必将改变我们的出行方式，并为我们提供更好、更快、更安全的服务。

构建综合交通格局

谈到下步的工作构想，单杏花谈得最多的话题，就是铁路12306系统客票大数据在综合交通体系中的运用。

单杏花认为，我国铁路不仅有复兴号动车组、跨江、跨海大桥等硬实力，还要发挥铁路12306系统优势，充分运用客票大数据软实力，服务于综合交通，服务于城市建设，服务经济社会发展。

《国务院关于印发"十四五"现代综合交通运输体系发展规划的通知》中强调指出："完善结构优化、一体衔接的设施网络，扩大多样化高品质的服务供给。"2018年，中国铁路总公司和民航总局签署了《推进空铁联运战略协议》，标志着铁路和民航发展进入新阶段，也拉开了综合交通旅客联程运输大发展的新局面。

为此，单杏花带领团队成员开展了"铁路与其他交通方式联程运输"专题调研，积极推进综合交通运输体系下大数据关键技术研发应用。2019

年到 2021 年间，单杏花团队辗转于全国各铁路局、航空公司、机场、公路、水运运输系统，了解综合交通联运业务，积极推进铁路 12306 系统的空铁、公水延伸服务。

2019 年，单杏花团队承担了北京冬奥会综合交通出行"一张票"关键技术的《运力资源调控与路径规划优化技术》课题，在充分调研的基础上，形成了多类型案例，为实现一体化交通出行提供了重要参考与典范。2020 年，单杏花主持的《基于区块链技术的多种交通方式下旅客一站式票务服务应用研究》课题，建立起了兼容的电子客票互认与鉴权机制。同时，铁路 12306 系统上线了空铁联运、铁公水联运和机票、汽车票的售票服务，创新空铁组合票、定制客运班线、琼州海峡铁公水联运等联程运输产品，为旅客提供更安全便利的"一站式"智能出行服务。让旅客轻松地在铁路 12306 手机 app 站内，即可实现民航、铁路、公路等交通方式的安全无缝对接，实现各运输主体之间的客运数据资源共享、优势互补。

"作为中国铁路客票人，我们利用多年的经验和技术积累，利用大数据，优化算法模型，创新出适合中国铁路运营的决策理论与方法，为建立综合交通新格局服务，做好产品设计，更好地服务旅客出行。"单杏花的工作思路十分清晰明确。

单杏花认为，未来的高铁应该是更加便捷、更加舒适、更加温馨。从信息技术的角度来看，铁路 12306 系统的境界是"知您所想、予您所需"，充分运用云计算、大数据、物联网、移动互联网和人工智能等信息技术，为旅客提供全方位、智能化的出行服务。

近年来，单杏花团队积极推进铁路 12306 系统与其他交通工具的密切合作和数据共享，构建综合交通大数据空间，推动联运产品的联合设计，实现铁路网、公路网、航空网的无缝衔接，优化运输资源配置，为公众提供更加优质、便捷和高效的智慧出行服务。提升了综合交通全程畅行服务能力，进一步增强国际接轨能力，实现系统化、一体化、科学化、国际化

▷ 12306技术团队，精心守护着浩瀚的网络空间，努力打造一张融合空铁公水的大交通网

的综合交通服务。

目前，铁路12306手机app"空铁联运"服务已接入中国国际航空股份有限公司、中国东方航空集团有限公司、中国南方航空集团有限公司的机票销售，空铁联运已覆盖全国78个枢纽城市，2000余条线路，为旅客提供丰富的机票产品选择。

与此同时，铁路12306手机app"汽车票"服务，覆盖了全国2700多个车站。铁路12306手机app"铁水联运"服务，一次购票，就能在火车、轮船、巴士间无缝换乘。

空铁联运，实现飞机、高铁接续，商务旅客出行接续更顺畅；铁水联运，实现高铁、轮船接续，内地去海南更方便；公铁联运，让各地县与省会和北上广的联系更紧密……

"着力把铁路 12306 系统打造成一张融合空铁公水的大交通网,成为中国铁路最有实力的软实力,最大限度地方便人们的出行。"这是单杏花的梦想与追求。

打造铁路主数据中心

中国铁路主数据中心,是按国家 A 级数据中心标准设计建造的,已入选工信部《2022 年国家新型数据中心典型案例名单》。中心引入了 BIM 建模等领先技术手段,是目前投入运营的唯一一座国家铁路主数据中心。它位于天津市武清区高村科技创新园,距离国铁集团机关 72 公里。

中国铁路主数据中心采用虚拟化、云计算、大数据等新技术,规模化部署自主知识产权的云计算平台、超融合一体机等产品。首次整体实现了铁路行业云落地和应用,推动了云计算、大数据技术在全国铁路系统的广泛应用。由此,标志着中国铁路信息化迈入云时代。

中国铁路主数据中心一期工程占地约 70 余亩,房屋总建筑面积达 54393 平方米,设置有信息楼、柴发楼和运维楼等,以及园区配套设施。

信息楼是主数据中心的核心建筑,设有超过 10000 平方米的超大机房,服务器装机台数最多可达 3840 台。运维楼设有总控中心及办公区,主要功能在于监控主数据中心设备运行。柴发楼主要功能是为整个数据中心提供应急电源。

据悉,数据中心二期工程将设置 DCIM 系统(数据中心基础设施监控管理)——全面集成机房电源、环境监控、建筑设备监控、安全防范、火灾自动报警、能源管理等子系统,为数据中心提供集中监控、告警管理、数字化运维、基础设施管理、容量及能耗管理、系统运行自检、数字化可视等功能。采用 OM5 预端接光缆系统，进行结构化布线。

为了保障系统高效、安全、稳定地提供服务，正在研发和建设中的中国铁路客票服务系统 7.0 版本，充分利用数字化、智能化等新技术，依托国铁集团数据中心建设，实现客票系统两地三中心架构，同步构建适应集中处理架构的研发安全运维一体化技术体系和标准，优化网络架构、增强网络安全、重构应用架构和升级业务功能，更加完善铁路 12306 互联网客票系统。

单杏花解释道，所谓客票系统的"两地三中心"架构，除实现常规的数据备份和灾难恢复目的外，更多出于系统高效、稳定、可靠运行，同时补强系统能力等多种因素，在天津武清主数据中心设置铁路 12306 系统的第一生产中心，在武清附近设置 12306 的第二生产中心，第一、第二生产中心形成双活架构，在异地设置 12306 的灾备中心，三个中心协同运行，实现应用在线负载的同时进行灾难数据备份。这是一种适合铁路 12306 系统的科学合理架构设想，是我们下一步的奋斗目标。

由此将带来一系列的可喜变化：实现相关终端的网络接入统一管理，支持铁路局和车站终端通过 4G、5G 网络及 5G-R 接入，提高网络的应急能力；提升系统的物理环境安全，优化网络安全防护体系，适应集中架构下的系统安全防护要求，全面提升系统在两地三中心、路局及车站的网络安全防护能力；夯实售票基础管理，实现数据共享共融，提升售票组织的业务管理效率；构建具有自适应能力的售票组织管理模式，统筹兼顾组织机构、人员、设备、乘降组织等管理业务；建立业务自动预警机制，设计适用客票业务场景的全生命周期流程的数据审计模式，具备持续提升客运管理和服务的能力。

尤其是中国铁路客票服务系统 7.0 版本，将通过突破智能票务服务关键核心技术，推动铁路客运新质生产力发展。庞大的系统架构，可支撑年旅客发送量 41 亿人次的售票交易、出行服务，不断满足铁路旅客对美好出行的需求。

铁路主数据中心投放使用后，将在提升铁路运营效率、保障铁路运输安全、智能铁路建设等方面发挥十分重要的作用。据测算，每年直接节省运行运维成本6500万元；通过云计算提高信息设施利用率，已节省建设成本10.8亿元；通过集中部署，可节省全路信息化经费21亿元；按照运行在数据中心各类业务系统15%贡献率测算，每年间接创效可达150亿元以上。

随着大数据分析、社交媒体对话普及、人工智能技术广泛运用和5G新技术的渗透，未来的12306铁路客服中心也将采用自助语音AI机器人、云服务、全媒体、全渠道、非语音交互运营管理技术、物联网、区块链等技术，为广大旅客货主服务。

采访中，我请教单杏花："未来中国铁路客运大数据应用，应该从哪些方面发力？"

单杏花从两个方面进行了描绘：一是用好铁路客票大数据，丰富完善铁路大数据平台，重点围绕运输能力和运输组织优化，精准营销，多开车，多卖票。以售票组织为重点，在监控、预警、调整以及风险防控等应用领域开展研究。通过引入智能质检技术，逐步实现话务全量自动质检。二是积极开展大数据在铁路客运延伸领域的应用，促进智能化发展。实现接送站、餐饮、旅游、租车、酒店等客运延伸服务产品的智能推荐，提升铁路旅客出行体验。利用每天海量接触旅客的优势，通过大数据收集客户信息和存在问题，参与产品改进，融合市场营销。

"我就是一枚螺丝钉，时代锻造和岗位磨砺，让我成为了一枚拧在关键位置的螺丝钉。"单杏花这样形容自己。她表示，将继续发扬钉钉子精神，一锤一锤接着敲，一颗一颗接着钉，把中国铁路客票系统打造得更加坚实。

"最难的不是对人，而是对己。想要不断满足旅客对美好旅行生活的需求，就要不断用批判的眼光进行自我突破和创新。"单杏花正是以这种不断进取的追求和志向，极大地推动了铁路12306系统大数据运用，开发新功能，开拓新领域，攀登新高峰。

数字铁路畅想

数字铁路是现代化铁路建设的必然趋势，呈现出灿烂的美好前景。

数字铁路，又称为智慧铁路、互联网＋铁路等，是指在传统铁路基础上，通过信息技术、物联网、大数据等手段，实现铁路运行过程中的信息采集、处理、传输、分析和决策等功能，是提高铁路运行安全、效率和服务质量的一种新型铁路意义的表达。

如果说数字经济是一座宏伟"高楼"，那么各领域的数字化建设发展就是"地基"。铁路作为重要民生基础工程和国民经济大动脉，数字铁路建设为数字经济发展发挥了重要的先行官作用。

十多年来，铁路12306系统大数据广泛应用于铁路运营服务，构建起铁路数字化、智能化的新形态，使服务运输领域更加宽广、服务内容更加丰富、服务方式更加智慧便捷、服务效果更加人性化。数字铁路改变了整个铁路行业的工作方式和生态系统，充分发挥了对数字经济的引领作用，促进经济社会高质量发展。

深化铁路网和互联网双网融合，助力于铁路数字经济和网络经济的发展。随着信息技术、物联网技术、大数据的深度应用，必将有力推动交通运输现代化发展，有助于加强线上线下联络沟通，推动人、物等跨越时空有效连接，让运输资源利用更加节约高效，为铁路运行提供更加精确的预测和决策支持。同时，旅客、货主可以随时随地参与网络活动，实现人货共在，使生产生活更加方便快捷，促进发展成果共享。

数字铁路风光无限，通过实时交通流量预测和智能调度系统，可以为列车提供最佳的行驶路径和时间，提高列车运行效率；通过实时获取铁路运行数据，为乘客提供更加便捷、智能的服务体验；通过精细化运营管理，降低铁路运营成本；通过实时监测铁路设施和运行状况，及时发现异常情

◩ 加强党的建设和人才队伍建设，不断提升12306技术团队的战斗力

况，预防铁路事故的发生，确保行车安全。

2023年9月，国铁集团印发《数字铁路规划》，强调要夯实铁路数字基础设施和数据资源体系"两大基础"，推进数字技术与工程建设、运输生产、经营开发、资源管理、综合协同、战略决策六大业务领域深度融合。实现铁路业务全面数字化，大数据的共享共用，促进智能化水平不断提升。

到2027年，随着铁路数字化水平的大幅提升，重点领域实现智能化，基本形成纵向贯通各层级业务场景，横向联通各专业系统的推进格局，数字铁路建设呈现出新图景。到2035年，铁路数字化转型全面完成，铁路各业务领域智能化程度全面提高，铁路信息安全保障能力全面增强，铁路信息技术创新应用实现全面覆盖，铁路数据要素价值全面释放，铁路数字技术、应用创新和人才队伍领先全球同行业。

谈到人才队伍建设，单杏花认为，人才是企业的核心竞争力。加强党的建设，是我们从胜利走向胜利的根本保证，要用党建工作统领全局，加强党性修养，全方位培养、引进、用好人才，为高质量发展提供人才支撑，打好人才基础。

未来，数字铁路必将发挥"大平台"优势，以其强劲的引擎助推数字经济加速发展，实现高质量发展，构建新发展格局，为实现铁路现代化、勇当服务和支撑中国式现代化建设的"火车头"提供数字化新动力。

以铁路12306系统为代表的数字铁路建设，互联网售票、刷脸进站、电子客票等数字技术的广泛运用，不仅极大地方便了旅客的出行，也丰富了数字化生活发展的广阔前景，成为创造美好生活的重要手段。一幅"人畅其行，物畅其流"的美好生活画卷，正在祖国大地徐徐展开。

我以为，探索中国铁路12306系统密码，数字化是一把钥匙，这个用大数据组成的魔方，变幻无穷，每一个转动，都是一个惊喜，每一个转动，都是一道美丽的风景。

铁路12306系统从一个单纯的售票网络，逐步发展到提供全方位服务的综合网络系统，涉及到方便旅客出行的多个方面，旅客的体验和感受越来越好。电子客票、刷脸进站、铁路月票、网上订餐，一切从方便旅客出发，让"智能化"出行变得触手可及，从而大大提升了路网运用的整体效率。

第六章
智能化出行的快乐

智能化是当今社会进步的主旋律。当然，也包括高铁智能出行。智能化出行，正不断美化着我们的生活，提升我们的出行品质。

　　在互联网普及的时代，智能、快捷、高效成为服务行业的服务标签。互联网逐渐深入到各个行业领域，促进了线上线下交流联系，对开拓商业范畴起到了积极作用。人们的"吃喝玩乐住行"，也被智能化元素所涵盖。

　　不可否认，眼下铁路智能化出行的许多美好体验，都是从铁路12306系统延伸而来的。它给老百姓的出行带来了不一样的体验，彰显了高科技的奥妙与方便。人们再不需要亲自跑到车站广场花几个小时、十几个小时排队买票了。只需要打开手机，轻轻一点屏幕，足不出户就能知道你所要乘坐的列车是否有票。而且网络支付方便，不用拿着现金去窗口买票，省去了点钱找钱的程序，也不用担心人多被小偷偷钱。

　　在那个火车站广场排长队购票的年代，谁能想到有朝一日，坐在家里动动手指，就能买到火车票呢？铁路12306网站的上线、12306手机app的开通，实现了从窗口排队到数据排队的转变，昔日车站广场的购票长龙一去不复返了。

　　经过十多年的探索，铁路12306系统从一个单纯的售票网络，逐步发展成为提供全方位服务的综合网络系统，涉及到方便旅客出行的多个方面，旅客的体验和感受越来越好。电子客票、刷脸进站、铁路月票、网上订餐，一切从方便旅客出发，让"智能化"出行变得触手可及，从而大大提升了路网运用的整体效率。

　　在便捷畅通的高铁出行背后，是高科技、智能化设备和技术的投入使用。高铁智能出行，旨在高铁领域中充分运用物联网、云计算、人工智能、自动控制、移动互联网等现代电子信息技术，为旅客提供智慧出行的信息、设备需求和应用解决方案。

　　智能化正越来越多地体现在高铁出行的方方面面。购票方面，全面实行网络售票,简化售票流程,推行无纸电子票;进站方面,推广应用自助实名制核验闸机,验证验票通过能力和效率大大提升;候车方面,智能导航系统为旅客提供自助查询;旅途方面,全程开展"行程通知"信息服务,为旅客及时分享信息资讯。

铁路12306系统衍生的多种智能系统,为老年旅客、残障旅客的出行提供智力支持,包括农民工团体票系统、学生票优惠资质线上核验等,极大地方便了农民工、大学生这些特殊群体旅客的购票与出行。

当旅客来到车站,智能机器人会主动过来打招呼问好,全程提供进站引导服务;到了站台,智能机器人会站在车门口迎接;在车厢内,智能机器人还会重点照顾老幼病残孕旅客、调整车厢内温度等,让乘车体验更加舒适、温馨。

一次旅途,阅尽山水美景。一路上,美食与您相伴。如今越来越多的人愿意选择高铁出行,这不仅是一种交通的时尚,也是一种有品质的体验。正是这种智能化出行,让人们在潜移默化中提升了生活质量。

"刷脸进站"的时尚

朋友对我说:"当你乘高铁出行时,刷脸进站,一路畅通无阻,这种'无票乘车'的方便与快乐,还有旅客的尊严,都是难以言表的。"

大数据时代,"人脸"是关键的数据信息,因其唯一性和较好的防伪性,人脸识别技术发展前景广阔。三维人脸成像识别技术,是基于人的脸部特征信息进行身份识别的一种生物识别技术。如今这项技术已趋于成熟,大家都开始享受刷脸带来的便捷。

购物时刷脸支付,用手机时刷脸解锁,进小区时刷脸开门,坐火车时刷脸进站……人脸识别的应用场景日益丰富,越来越多的事情都可以用刷脸来完成。

所谓刷脸进站,就是进火车站只凭一张脸,即使你身份证没有带,只要在进站时,对着"人脸识别"的闸机看一眼,就可以直接进站乘车。

京张高铁开通后,旅客进站乘车无须身份证、车票,只要在铁路12306系统客户端进行过实名刷脸认证,就可以直接刷脸进站。

人脸识别技术是一种容易落地、较为准确、成本较低的身份认证方式，能减少检票员的大量工作，也就能降低火车运行的成本。新时代"黑科技"陆陆续续进驻火车站，让旅客的出行越来越便捷，在提高人民生活幸福感与满足感上发挥了积极作用。

过去存在于科幻作品中的关于现代生活的科学幻想，在科技浪潮的冲击下，已经一步一步成为现实。像直升飞机、潜水艇、平板电脑、火箭、地球同步卫星等，最早都是出现在科幻小说里。其实，很多科幻作品令人着迷，不仅仅是因为它们反映出当时最新科学的发展，而且还展示了文学想象力对科学研究的深刻影响。

"人脸识别"的奥秘

视觉是人类与生俱来的能力。

20世纪七八十年代，随着现代电子计算机的出现，计算机视觉技术也初步萌芽。人们开始尝试让计算机回答出它看到了什么东西，而解决这个问题的方法是，借鉴人类看见东西的方式。

到了90年代，由于CPU、DSP等图像处理硬件技术的飞速进步以及新算法的引入和尝试，计算机视觉技术取得了更大的发展，并开始广泛应用于工业领域。

进入21世纪，得益于互联网兴起和数码相机出现带来的海量数据，加之计算机视觉技术的迅速发展，以往许多基于规则的处理方式，都被机器学习所替代，自动从海量数据中总结归纳物体的特征，然后进行识别和判断。计算机视觉技术的爆发式增长和产业化，促进了各类视觉相关任务的识别精度大幅提升。这一阶段涌现出了非常多的应用，包括典型的相机人脸检测、安防人脸识别、车牌识别等等。

科学实验证明，要想从1万个人中快速找到目标人物，这个任务对于人类来说，就显得力不从心。随着AI技术的发展，机器视觉已经可以替代甚至超过人类。现代社会中越来越多"看"的工作，已经由机器来完成，比如刷脸支付、刷脸认证等。

专家告诉我，人脸是唯一不需要用户主动配合就可以采集到的生物特征信息。其他生物特征的采集过程，如指纹、虹膜都需要以用户的主动配合为前提，如用户拒绝采集，则无法获得高质量的特征信息。

从社会心理的角度来看，通过人脸识别身份，符合人的视觉识别经验，容易被使用者接受。如人们在采集指纹和虹膜时，会担心隐私泄漏，但是每天被街头的几百台监控摄像机拍摄，却不感到被侵犯，因为人脸天生就暴露在外，被认为是识别身份的天然特征。

科学实验表明，任何一幅人脸图像在减去平均人脸后都可投影到子空间，得到一组权值向量，而后计算机就可以直接对比这组向量，确认两边图像中是否是同一个人了。这种方法实际上是计算了此向量和训练集中每个人的权值向量之间的欧式距离，取最小距离所对应的人脸图像的身份作为测试人脸图像的身份。

其实，人脸识别技术重在"拼脸"，它以一个基础脸形为底，将合适的眼睛、眉毛等五官放上去，最终组成一个所要识别的人脸图。刷脸机器所做的事情也大致如此，只是它的"眼睛""眉毛"等五官更加抽象，对比的过程也是通过纯数字化的形式进行。

摄像头在采集人脸图片时会先定位图片中的人脸，然后再从中定位诸如眼角、鼻尖、嘴角、脸部轮廓等特征点，再进行光线补偿、对少量遮挡物剔除校正，最后用深度学习算法进行身份特征提取，与身份证后台图片比对，以识别身份。系统对人脸识别验证时，仪器将扫描到的人脸和身份证照片进行比对，主要是看脸部轮廓、眉骨、嘴唇两边，只要不是特殊妆容，机器大多都能识别出来。

其工作原理很简单，就是通过3D摄像头对旅客的外形和骨骼结构进行扫描，判断人脸与身份源照片的相似度，人脸识别技术采用区域特征分析算法，使用计算机视觉捕捉人像特征点，利用生物统计学的原理进行分析，人脸特征数据与源照片、源视频素材采集一致，则确认是同一个人。这个过程被压缩至相当短的时间内，却包含了人脸检测、人脸分析、活体检测、人脸比对等多维度分析。

作为新的"黑科技"之一，刷脸进站的主要设备——自动检票闸机，闸机系统接入了身份证二要素验证和人脸身份证比对（人证合一）数据，这些应用场景下所用到的身份认证数据，都来源于铁路12306

☑ 旅客刷脸进站通过闸机
（霍春光/摄）

系统出售的客票以及与之相连的公安系统服务平台。闸机上都装有摄像头，当旅客走近闸机时，识辩系统就会迅速抓取旅客脸部信息，与身份证芯片里的照片进行比对，闸机识别验证"人证合一"后就会自动放行。

所谓"人证合一"就是指对个人的身份证信息、票证信息以及人脸信息进行比对，验证身份证与持证人是否是同一个人。在这里除了需要人脸识别设备和身份证信息阅读设备，还需要有后端的人脸库和身份证信息库作为支撑。

诚然，"人脸识别"仅仅是在身份证、车票之外的又一种验证手段，目前来说，人脸识别还是不适合作为单独核验身份的手段来使用，通常只是作为交叉验证增强安全性的一种辅助验证手段，验证过程中还存在其他验证手段，与人脸识别形成多重验证。

进站口的实践

"检票进站"是铁路出行中的一个重要环节。

自从铁路进入中国，从外国人修的吴淞铁路开行旅客列车开始，在过去的一百余年中，人工检票一直是我国火车站对旅客进站上车的必要程序。显然，人工检票存在随意性大、检票失误率较高、容易漏检以及检票效率偏低等缺点。

特别是在春运客流高峰期，人员拥挤，车次增多，人工检票的问题更加突出，导致进站速度非常缓慢。再者，检票人员单靠人工检票很难检验出旅客是否"人、证、票"相统一。

于是，刷脸进站作为一种智能化手段，高调登场。一般情况下，传统人工验证评价每个人需要30秒钟左右，而"刷脸"也就是3秒钟的事，而且准确，迅速改变了进站排长队的现象。

2017年1月13日，北京西站率先开通了人脸识别验票系统，也就是刷脸进站，开启了铁路检票服务新时代。旅客通过人脸识别仪刷脸实现了快速进站，火车站内为旅客提供问询服务的不是工作人员，而是机器人。

2018年春运期间，我国省会以上火车站基本上实现了自助实名制核验通道，刷脸进站成为一大亮点。截至2020年6月，随着全面实行电子客票制度，刷脸进站迅速普及到几乎全国所有的火车站。进站后，在检票口检票上车，以及下车到出站口，都只要刷脸或刷身份证即可通过。

而让人们开心的不止是刷脸进站，微信作为人们最常使用的app，也成为铁路服务旅客的好帮手，绑定手机号实时接收退改签等通知，让出行信息真正尽在掌握。

"背上背着东西，手里抱着孩子，能刷脸进站实在是太方便了。"在广州南站春运的人流里，年轻的母亲文静第一次体验刷脸过闸机，"解放双手"的感觉，令她赞不绝口。

"刷脸进站"在一定程度上缓解了乘车难的局面，把"旅客至上"变成了实实在在的举措，让旅客从进站就能感受到新面貌、新服务、新体验，用具体的行动赢得客运市场的认可和社会公众的点赞，体现了铁路客运工作的"心动力"。

如今，越来越多的民众选择高铁出行，或乘坐城际铁路上下班、上下学。在快节奏的生活圈里，分秒时间都弥足珍贵，如何缩短每日出行时间，顺畅进站、出站，成为大家的共同期盼。

以往，春运回家进站要经历重重"关卡"，这么做一来是为了让人们有序进站，二来也是为了防止不法分子进入，保证人们的乘车安全。如今，秒速进站不仅消除了人们进站的焦虑，减少了排队等候时间，而且人脸识别技术的应用让安全系数也得到提高。全景导航、智能询问机器人、智能翻译机，以及人工智能+铁路服务如今已不是新鲜事。

"刷脸"进站速度很快，比起传统的靠车站工作人员识别放行，其最大的优势在于节省时间，方便快捷。"刷脸"系统解放了人力，节约了进站的时间，也方便了旅客。

刷脸进站，让中国百姓出行更体面、更有尊严。

还有另一项功能

乘客刷脸进站，不仅可以提高进站效率，减少安检成本，公安网一旦连入铁路12306系统，刷脸进站闸机还兼备了安保功能，在验证本人与所持身份证是否一致的同时，将人员信息与不法分子信息库进行匹配，第一时间识别坏人。

铁路12306系统可以将人脸信息自动比对公安网的追逃数据，无论是网上通缉的罪犯，还是屡教不改流窜于铁路线的小偷扒手，一旦刷脸进站，通过与公安部门的数据衔接，就可以快速锁定嫌疑人，并发出报警信息。这让打算乘火车潜逃的嫌疑人，一露脸，就露馅。

如此，刷脸进站将"天网"撒到了每个进站口，让罪犯无所遁形，牢牢地将坏人拒之门外，可谓是最大限度地保证了旅客的出行安全，有效避免了旅客财物受到损失。

2018年3月13日，郑州东站人像识别系统识别出肇事逃逸者孔某，并发出预警，执勤民警当场将其抓获；2018年5月22日，贵州省遵义站利用人脸识别技术，一天抓获3名在逃人员。

有趣的是，刷脸进站能够辨别火车票的真伪，打击伪造假骗者。在客票验证中，铁路运输行业运用RFID电子客票形式，其票根是加密的，通过电子芯片，借助读写器进行验票，就能够读出票上的数据，辨别客票的真伪，打击假票。

诚然，事物都具有两面性。对于人脸识别，多数人是又爱又恨，爱的是它的方便快捷，恨的就是安全风险。人脸等生物特征信息具有特殊性，人脸识别的广泛应用容易衍生过度使用、缺乏统一标准规范、数据存储缺乏安全保障等问题。

一份调查报告显示，有九成以上的受访者都使用过人脸识别，不过有六成受访者认为人脸识别技术有滥用趋势，还有三成受访者表示，已经因为人脸信息泄露、滥用而遭受隐私或财产损失。

值得注意的是，犯罪嫌疑人利用"AI换脸技术"非法获取公民照片，进行一定的预处理后，再通过"照片活化"软件生成动态视频，骗过了人脸核验机制，得以实施犯罪。

如何增强人脸识别安全性？专家表示，目前最简单的人脸识别，只需要采集、提取人脸上的6个或8个特征点就能实现。而复杂的人脸识别，则需要采集、提取人脸上的数十个乃至上百个特征点才能实现。相比于解锁手机，"刷脸"支付、"刷脸"进小区等应用，采集的人脸特征点更多，安全性自然也更高。

目前已经研发出了专门针对生物特征的活体检测技术，可有效识别扫描对象的生命体征，大大降低了识别系统把照片或面具当人脸的风险。

调查显示，当下人脸识别技术的风险点，更多集中在存储环节。很多人都关心过人脸原始信息是否会被收集方保留以及会被如何处理。

专家指出，人脸数据存储应该建立更严格的标准和规范，技术开发方、app运营方应该在更趋严格的监管、法律以及行业规范下采集、使用、存储数据。

无可否认，伴随着刷脸支付设备产品的升级优化，刷脸支付市场规模将要进一步扩大。应用场景伴随着产品普及度的逐渐提升，也将得到更进一步的扩展。刷脸支付将来的发展前景，将远远超出我们的想象。

科技改变出行，也让丰富多彩的生活拥有了无限可能。随着科学技术的发展，刷脸认证、刷脸支付等智能服务，将更加方便人们的生活，人们的生活会更美好。坐上开往春天的列车，向着幸福前进。

"无纸化"客票时代

从有形的纸质车票到无形的电子票，无疑是一个质的飞跃。

早在 1997 年 10 月，原铁道部总结了区域联网售票经验，决定在全路推广全国联网售票。由此，因势利导统一了计算机软纸火车票式样。这种统一的软纸车票，不是事先印制好的，而是在售票时采用非击打式打印技术，热转出票，现场打印，票面美观，打印速度快。

尔后，另一种新型磁介质火车票问世。尽管磁介质票也是软纸票，但旅客拿着它可以自助刷票进站，检票进站的速度大大加快，最快 10 秒就能通过，是人工验票时间的三分之一。

2007 年 6 月 30 日 24 时，我国边远地区的最后一批火车站停止发售纸板火车票。沿用了 100 多年的纸板式火车票，退出中国历史舞台，完全由全国联网的计算机发售的软纸票所取代。

2018 年 7 月 17 日，中国铁路总公司正式宣布，电子客票将于 2019 年在全国推广，届时乘客刷身份证+扫码，即可进站乘车，而不需要特意换取纸质车票。这意味着刷身份证进站由部分车站试点,上升为普遍化、标准化全面推广。

消息一经传出,许多人不禁连连感叹时代变迁之迅猛、我国铁路客运发展变化之快……当日,许多乘客体验后表示,刷身份证进站非常方便快捷,节约了取票时间,提升了出行效率。

时任12306技术部主任单杏花解释说:"铁路将全面取消纸质车票,届时无论旅客是在铁路12306网站还是12306手机app,或售票窗口,或自动售票机上买票,都不再出具纸质车票。"

电子客票,也称"无纸化"车票,是以电子数据形式体现的铁路旅客运输合同,与普通车票有着同等的法律效力。电子票的推行,有利于旅客实名验票自助化、无干扰化,可以有效减少旅客排队取票、验票时间,提升旅客进出站的通行速度,并且减轻了车站窗口压力,节省大量的人力物力。

简单地说,电子客票就是将以前的纸质火车票变成了电子版火车票,存放在手机上或者其他智能设备上。它的形态是一个二维码,或是一个条形码。旅客在购买完车票后,会自动生成车票码,无需换取纸质车票。旅客进站时,只需从手机上调出车票二维码,在车站的验票闸机轻轻扫一下,就能直接乘车。

电子客票将原纸质车票承载的旅客运输合同、乘车、报销三个凭证功能分离,实现运输合同凭证电子化、乘车凭证无纸化、报销凭证按需提供,进一步提高旅客出行体验。

电子客票成功问世

1993年,世界上第一张电子客票在美国一家航空公司诞生。2000年,中国南方航空公司推出了内陆首张电子客票。到2007年,电子客票已经

100%地覆盖了中国民航票务。

然而，与民航相比，铁路旅客基数庞大、受众面广，是否能够推行电子票，一直在探索之中。

2011年12月，铁路12306系统正式开通运行后，铁路部门开始尝试"刷身份证进站"，预示着中国铁路无纸票时代的来临。乘坐京津城际、京沪高铁列车的旅客，网上办理购票手续后，只需要带着二代身份证，就能在自助机上刷证直接进出车站。

紧接着，其他高铁线的刷证进站也加紧推进。2015年1月20日，西安至宝鸡的高铁开始实现刷身份证直接进站。当时西安媒体记者曾在新闻稿中感叹道："也许，再过十年，我们上火车都不再需要车票。小小的车票将永远被定格在历史中，成为大家年轻时的记忆。"

然而，这个过程只用了四年时间，铁路就告别了纸质票，电子客票闪亮登场了。

电子客票的问世，意味着乘坐火车从开始的"取票上车"时代、"无需取票"时代，直接正式进入了"无票可取"的时代。形象地说，身份证、手机就是你的全国铁路通行卡。

此时的单杏花，已经成为了铁路客票领域的领军人，面对电子客票在全路的推广，她带领团队开始了智能检验票技术研究，提出"点—线—面"的发展路径。即先做一个站，再做整条线，然后搞通整个局，最后覆盖全路客票网络。

传统的检票模式是，旅客持纸质车票通过检票口进行人工检票，剪口为证，方可进站，候车时再次经过人工核检，才能上车，过程繁琐，延长了旅客候车时间。单杏花团队从提高旅客乘车体验角度出发，深入分析在检票的供给侧如何用信息技术进行赋能，实现快速高效乘车。

"全面实施电子客票方案，检票系统之前的所有系统都要改动，从哪下手，怎么干，当时我们所有人都很迷茫。实际上，单杏花脑海中早已形成了系统的改造框架,那段时间她基本是连轴转,出现难点问题时,她始终保持思路清晰,缜密地进行梳理与排除,而且兼顾到全流程各模块的业务办理规则。"团队的一名同事回忆道。

"试点初期,我们多次深入车站,发现闸机在车次检票高峰时总会显示网络故障,单总与我们一道进行排查,她说我们必须抓紧时间找到问题所在,并快速完成修复,不能影响现场检票效率。"团队的另一名同事说道。

后来发现,检票系统原来属于脱机检票,全面电子客票实施后变成联机检票,之前对检票系统高并发能力估算不足,造成检票高峰时的偶发网络故障。问题找到了,单杏花和大家连续工作40多个小时,终于将系统调制最优状态,保障了全面电子客票的正式实施。

单杏花强调说:"全面电子客票是民生大计,电子客票替代纸质车票,受影响最大的就是旅客的出行检票环节,旅客只能使用身份证件直接检票,我们的检票系统设计要完美,除了自助闸机的系统改造,人工检票设备与相对应的人工检票方式也必须同步上线,方便旅客,方便车站检票员。"

之后,在单杏花的带领下,柱式闸机项目和手持检票机项目顺利完成研发,随着电子客票一起上线,大大提高了旅客的通行速度和车站的作业效率。系统正式运行后,单杏花又带领核心团队前往各个铁路局和大型车站,进行调研及问题收集,针对需要完善的功能点逐项进行业务梳理及讨论,并最终逐项攻克。

2018年11月,经过多半年的调研、讨论、设计、研发、测试,电子客票在海南环岛高铁进行试点。单杏花带领20余人的研发团队来到海口火车站,开始了由点到线再到面的试点工作。

"海南的光线太充足了,与北方调试完全不一样,经常会出现识别不成功,严重影响验票效率。"单杏花第一次遇上这种环境因素影响,她马上组织团队开始讨论解决措施,采用调整遮光棚、调整误识率等方式,顺利解决了问题。

紧接着，检票环节也出现了问题。因为证件已经成为了客票的载体，持身份证可以快速通过检票，但其他证件却需要人工输入证件号，影响检票效率。虽然持身份证的旅客占大多数，但要实现全体旅客的美好出行，就必须解决这个问题。于是团队又开始了多功能证件识读设备的研发和推广工作。

2019年初，电子客票在海南环岛高铁经受住了春运客流高峰的考验，试点工作取得圆满成功。半年后，试点扩大至上海至南京、成都至重庆、广州至珠海（湛江西）、昆明至大理至丽江4条高铁线路。

"与海南环岛高铁相对封闭的线路环境不同，上海、南京、成都、广州和昆明都是我国区域性重要交通枢纽，试点时既要保证本线路内的票制可以成功切换为电子客票，又要保障同一车站发往其他线路的车票仍为传统纸质车票。"为此，单杏花组织团队展开细致讨论，不断推演旅客购票、乘车等环节，最终形成了试点实施方案。

按照总体安排，4条线路实施试点的时间仅相隔一天。单杏花刚在上海组织完沪宁线的试点工作，马上赶往成都指导成渝高铁，然后奔赴昆明，继而抵达广州，在中国的版图上画了一个大大的四边形。最终，4条代表性高铁线路电子客票工作实施顺利完成，为高速铁路电子客票推广工作积累了丰富经验。

2020年春运大幕开启时，全路高铁和动车组停靠站基本完成电子客票推广实施工作。

最终实现"无纸化"

电子客票生成了，需要打印吗？如果需要打印，那就失去了电子客票的意义。如果不打印，怎么凭票进站？怎么凭票报销？

细心的人都会注意到，从2019年开始，线下互联网取票机器的界面发生了变化。很多网上购票的人，有了两种选择，一种选择互联网取票按钮，取出的是行程信息提示。另一种选择是点取报销凭证，就会打印出车票。

火车票自动取票机界面的选择性，是因为铁路部门在鼓励车票无纸化，如果不是报销需要，大家可以直接凭身份证去坐车。通过界面的交互设计和选择性提示，意在引导人们转变传统的纸质票观念，从而悄悄改变人们的出行方式与行为习惯。

随着电子客票的实行，12306手机app也进行改版升级。升级后的界面首先增加了个人行程展示功能，只需要登录12306个人账号首页，就可以查看到个人的行程。

☑ 进入"无纸化"时代，身份证、手机就是你的全国铁路通行卡（杨宝森/摄）

如果想咨询列车的到站、晚点等运行信息，在12306界面的下方也增加了一个车站大屏的模块，旅客可以通过这个模块查询到全国铁路几乎任何一个车站，当天列车出发到达的时间、正点或晚点、检票状态等信息。

旅客购买了电子客票之后，会有"您本次购买的车票是电子客票，无需换取纸质车票"的温馨提示。同时，手机里还会出现一张购票信息单，看上去特别像超市购物小票，这张信息单记录着旅客购票车次、座位号、电子票号等信息，内容非常详细，但不作为乘车凭证。如果上了年纪的人怕乘车过程中看错信息，也可以打印一张这样的小票，非常方便。

旅客通过这条信息就可以确定自己买到了电子客票，而且不一定要用手机，持有效身份证就可以完成进出站及车上的检票流程。

2019年10月，全国高铁站、城际铁路开始大面积实施电子客票。到2020年4月29日，实现了高铁站和城际铁路电子客票全覆盖，站点多达1075个。同年6月20日，电子客票在全国普速列车推广实施，覆盖近1800个普速铁路车站。

截至2021年1月4日，电子客票已在全国2878个高铁站和普铁车站实施，覆盖95%以上的铁路出行人群，极大地提升了旅客体验。至此，中国铁路客票票制完成了由"纸质客票"向"电子客票"的华丽变身，实现了铁路现代化生产组织和客运服务体系的全面优化和重构，中国铁路全面进入电子客票时代。

最佳的乘车体验

实行电子客票后，旅客购票、检票、乘车等流程都更加方便快捷，更加精准、更加自觉，乘车体验更佳。旅客扫身份证进站，或刷脸进站。"无纸化车票"成为铁路迈入新时代的一个标志。

就购买火车票而言，旅客不仅买票不再排队，而且实现了从"窗口时代"到"网上时代"和"拇指时代"的跨越，带给旅客的是更多的便利与舒心。

就在10年前，为了买到一张回家的车票，唯一的方式就是去火车站的售票窗口排队购票。旅客为了买到票，春运期间冒着严寒，暑运期间顶着酷暑，熬更守夜，忍渴挨饿，好不容易排到了窗口，票没了，只能是白忙乎一场。

电子客票检票程序的简单化，促进了车站进出的畅通，加快旅客进出站速度。由于能从系统中读取到身份证号对应的车票信息是否存在，这样可以防止车票丢失，杜绝了假冒车票。

电子客票取消了闸机检票部分磁信息读取的机械结构，大幅度降低闸机的购置和维护成本，降低了故障率，相应减少了大量维护人员。同样的投资，车站可以设置更多的闸机。车站闸机数量的大幅度增加，又有效减少了进站排长队现象。

电子客票优势多多。相比于传统的纸质车票，电子客票省下了旅客到售票窗口取票的时间。对于一些大型枢纽站、省会车站来说，每逢节假日取票机前必然排起长龙。以电子数据作为铁路承运合同，乘车凭证和报销凭证实现无纸化，排长队取票的现象消失了。通过窗口购票的旅客，还可在网上自助办理行程变更等业务。

"90后"的章女士在沈阳工作，放假时经常回大连看望父母。她笑着说："应该没有年轻人不喜欢电子客票，既不用排队取票，也不用担心弄丢车票，只用二代居民身份证就能一证到底，真正做到了省时省力省心。"

环保、方便又新潮的乘车方式，让各地旅客满怀期待争相体验。章女士还特意保留了第一次使用电子客票的购票信息单，以此纪念这跨时代的一刻。

实行电子客票，乘客通过自助身份证刷脸进站，将极大提高安防系统的效率和准确性。首先，提高了乘客在闸口的通行速度，实行电子客票后，乘客有望做到1—3秒通过闸机，有效缓解客流高峰时段排队时间长和易拥挤等问题；其次，能够减轻车站工作人员压力，尤其国庆、春节等节假日期间，火车站日客流量大大增加，电子客票能够通过身份证与人脸的对比，省去取票验票的进站步骤，减少进站时间和车站安检人力成本，有效缓解车站人流高度集中；其三，提升了识别效率。人眼与机器相比，辨别身份的准确性与效率不能得到保障，尤其是在乘客身材和发型发生变化之后，人力识别容易存在漏洞。而机器对人脸进行识别验证，只要乘客不是特殊妆容，大多都能快速识别。

对于实施电子客票的列车，卧铺车厢不再为旅客换取卧铺牌，而是通过乘务员手持的智能终端机，实现席位的可视化管理，为旅客提供查票和叫醒服务。如果不慎丢失了身份证，也不用着急，可以直接到车站制证窗口打印一张临时身份证。应该注意的是，办理临时身份证明虽然也可以进站乘车，但只能走人工验证通道。

电子客票表面看是减少纸质车票的使用，却见证了科技改变出行方式的历史进步。实现"无纸化"，少不了安防技术的支撑，"人证合一"验证系统与闸机助力实现高铁"无纸化"。其设备保障之一，就是自助实名制验证闸机，全国铁路各个车站都启用了这项"黑科技"设备。

我国铁路系统客流量巨大，人员身份复杂，以往铁路安防系统能保证票证合一，检票通过人工辨别本人与持票人身份证是否一致。且不说其辨别是否存在漏洞，在春运等高峰期，每天工作量之大可以想象。

从此，火车票再无蓝色、红色之说，取而代之的是一个白色的打印单，进站出站的时候只需要刷身份证即可，旅客的乘车体验比以往提升了很多。

通过实地测试，检票进站由过去的"身份证件+车票"，简化为只需持有效身份证件即可完成实名制核验、检票、验票，闸机平均检票速度由约3.8秒/人缩短至1.3秒/人，提高了约3倍，极大提升了进出站效率。

省下一片片森林

彻底告别纸质火车票，实现了出行效率与环保的双赢。

人们在感慨科技进步的同时，环境危机也一直拉响警报。随着互联网的发展和环保的迫切需求，无纸化发展已成必然。电子客票的优势还体现在节能环保上，不仅方便了旅客出行，也让绿色环保理念愈加深入人心。曾经那种蓝黑双色的火车票有着质地坚韧、防伪等诸多特点，但造价不低，车票使用之后的油墨和废票造成的污染，更是难以忽视。我国人口基数庞大，出行人数众多，仅每年春运期间火车票的销量就要过亿张，生产发行纸质车票不仅耗费能源和成本，还消耗了很多造纸资源，其背后，仿佛一片片森林在缓缓消失。

其实早在"无纸化"火车票之前，各行各业都在努力减少纸张的使用，很多公司都定下了纸张双面打印的规定，市面上一些电子凭证越来越常见，一些网上办事的流程也尽可能少要复印材料，一些餐馆更是连菜单都省了，直接二维码点餐……

无纸化车票对于那些喜欢收藏火车票的市民来说或许会有些遗憾，却是必然趋势。沈阳市民冯女士便收藏了曾经乘坐的所有火车票，"我第一次收藏火车票只是因为想记录一下去过的地方，后来便一发而不可收，不管是去哪的火车票，都想留着，当那些火车票数量初具规模后，才感觉特别有成就感，于是这个习惯就这样保留下来了"。

在冯女士看来，车票无纸化也是一种必然趋势，虽然不能继续收藏火车票了，但车票无纸化确实是很方便，再也不用担心弄丢车票了，而且还环保。

"我退休前在铁路部门工作，与铁路有着深厚的感情，一直都有收藏火车票的习惯，每张车票都有自己独特的故事，现在用上了电子票，刷脸进站，我可是无票可藏了，这可是快乐的烦恼啊！"谈起自己的火车票收藏爱好，苏州万达社区居民孔庆晓笑着说。

我国是纸张使用大国，纸浆进口量逐年攀升。国家统计局数据显示，2016年我国纸浆进口量高达2107万吨，出版印刷企业用纸量达64299.06万令。大量消耗纸张，不仅导致成本增加，还带来环境污染问题。1万张A4纸，就是一棵100公斤的大树。

有资料表明，在纸质火车票年代，仅北京火车站一年使用的纸板票就达到90吨。

"无纸化"是相对于"电子化"的一种通俗表达，是现代社会各行各业经历了移动浪潮、"互联网+"等技术洗礼之后的必然趋势，是信息时代网络化、数字化和智能化的必然结果。

清华大学循环经济产业研究中心主任温宗国认为，除了降低成本，"无纸化"还有诸多好处，例如节约资源——纸质材料大多由原木纸浆、非木材浆、再生废纸浆制造，减少纸张使用可以避免原生资源的浪费。此外，造纸过程中会产生大量污泥、污水，"无纸化"从源头和消费端，减少了上游制造生产带来的污染物排放，环境效益显著。

国家民航局曾公布过一组数据，经测算，2019—2020年，全国民航有5.7亿人次享受到"无纸化"便捷出行。节省5.8亿小时时间成本，节约纸张成本1.2亿元，减少相关设施设备投资3.1亿元，减少碳排放8620多吨。

按此推算，2021年全国铁路发送旅客26.12亿人，实行电子客票后，一年节省了26.12亿张纸质火车票，大约节省纸张数量为3353.7吨，换算成成年树的数量，就是6.2万棵，可节约纸张成本5亿元以上。还有节省旅客的时间成本、相关设施设备的投资等，都是一个天文数字。

由此可见，实行电子客票后，随着纸质火车票的消失，人们的出行越来越环保了，这是铁路改革与科技创新为社会带来的好处，也是当下大数据生活的一个美好图景。"无纸化"便捷出行，有力地践行了国家绿色发展理念，有效降低了能耗，减少了碳排放，产生了可观的社会效益。

每一张纸都是一节树木，都是大树为人类粉身碎骨后的遗容，我们理当感恩怀德。树木撑起的是天空，如果森林消失，世界之顶的天空就会塌落，自然和人类就一起死亡。

人类正面临着多重全球危机，污染、贫困、气候变化，以及生物多样性的丧失。森林占地球陆地面积近三分之一，尽管多方努力采取措施遏制毁林并恢复退化土地，但森林面积仍在不断缩小。

电子客票的推行，是一种环保理念的传递，更是时代发展的趋势。让无纸化生活的理想照进现实，人们正在渐行渐远地离开纸张，包括电子书、电子票、电子台账等，这是物联网时代数字化和智能化的必然结果。人们发自内心地去保护环境，当人们充分感受到了"无纸化"时代的方便和快捷，保护环境的行为习惯也自发地养成了，省下的是一片片森林，惠及的是子孙后代。

"铁路月票"说走就走

"铁路e卡通"和计次票、定期票,被旅客称为"铁路月票"。

公交、地铁有月票,飞机有"随心飞",高铁作为另外一种出行方式,以"公交化"形式运营的铁路月票也就应运而生。

铁路月票显然是铁路12306系统后时代的产物,可以通过12306网站和12306手机app实名购买。它不需要配发实体卡片,无需购票,只需在手机上出示12306 app的乘车二维码,就可以在指定线路的车站直接扫码,过闸进站乘车。并且旅客乘车不受车次限制,不分时段、车型,即来即走。

有了铁路月票,就可以来一场说走就走的旅行。

铁路e卡通是一种实名制电子乘车凭证,是在铁路全面应用电子客票的背景下,将便捷的扫码支付和快捷的高铁出行有机结合的产物。而计次票、定期票是铁路部门推出的新型票制产品,持有者可在规定的有效期内,乘坐规定次数的或购买产品时指定发到站及席别的列车。

铁路e卡通、计次票等"铁路月票"的推出,旅客出行像乘坐公交车一样方便,实现了随到随走、说走就走,而铁路、公路、民航无缝衔接的立体交通,则将曾经分散的城市连接成群,让城市之间实现了更密切的交流。

坐车不用预先买票

铁路 e 卡通最大的亮点,就是坐火车不用预先买票。

早在 2013 年 6 月,沪宁城际铁路尝试中铁银通卡应用。2017 年 8 月,宁安城际、宁启铁路实施中铁银通卡应用,为旅客不用购票、直接刷卡乘车出行提供了便捷服务和良好体验。

沪宁城际、宁安城际、宁启铁路分别贯穿上海、江苏和安徽南沿江,以及江苏北沿江共 14 个地级以上城市,是沿长江铁路客运通道的重要组成部分。

铁路 e 卡通是在铁路全面应用电子客票的背景下,将便捷的扫码支付和快捷的高铁出行进行了有机结合,以"一键开卡、一键充值、一键生码、扫码乘车"为设计理念,简化了进站乘车流程,方便了旅客的乘车体验。这项由中国银行联合中铁银通支付有限公司、铁科院推出的,依托个人金融账户开设的实名制电子卡片产品,具有转账汇款、消费等金融借记功能。

旅客通过 12306 手机 app 自助完成铁路 e 卡通的注册、充值,即可在 12306 手机客户端生成乘车码,通过闸机扫描乘车。旅客乘坐这类列车时可以像坐公交车一样随到随走。自扫码乘车之日起 31 天内,旅客可在车站自助售取票机自助打印报销凭证。

2018 年 10 月 30 日,铁路 e 卡通在长株潭城际铁路正式上线投入使用。旅客只需在手机上通过 12306 app 注册核验铁路 e 卡通,便可在长株潭城际铁路沿线各站,通过手机扫码和人脸识别,无须购票,刷证或扫码即走。

铁路 e 卡通投入使用后,实现了旅客乘降"验检合一",简化了进出站流程。开通铁路e卡通服务的列车预留了专属座席，一般情况下，使用e卡通的始发站都将预留20席，途经站每站10席，以方便持有e卡通的旅客上车就座。具体数量可能根据列车运行情况动态调整。未来还将提供预约席位和刷码立即分配席位的功能。

紧接着，上海、河南、广东、山东、河北、宁夏等高铁线相继开通了铁路e卡通服务。包括中川城际铁路、齐鲁环线铁路、穗深城际铁路、莞惠城际铁路、京张高铁崇礼支线、银兰客专银中段等线路，以及福建省和江西省内16条城际高铁线路，也陆续开通了铁路e卡通服务。

2020年12月24日，成渝高铁复兴号动车组列车运营时速提升至350公里，两地最短旅行时间压缩至62分钟。目前，成渝间平均每20分钟开行一趟动车，同时实现了铁路e卡通刷码乘车，验证、检票二合一，大大地向公交化运营服务迈进。

2021年11月15日，中国铁路西安局集团公司在西安至延安间铁路推出铁路e卡通服务。这是我国首个在普速铁路推出的e卡通。中国铁路成都局集团有限公司管内的川渝贵地区121座高铁车站启用公交化票制，启用铁路e卡通刷证模式，刷证、扫码即走。截至2023年6月，全国有80条高铁或城际线路开通铁路e卡通，一码畅行。

采访中，我特地进行了一番体验。在北京西客站进站闸机前，打开手机，开启铁路e卡通"一键式"出行，刷手机二维码，5秒顺利刷脸进站。这个通道十分顺畅，旅客不用取票，也没有验票手续，进站速度快。

目前，我国许多城际高铁都开通了铁路e卡通业务，乘坐高铁就像乘坐地铁、公交汽车一样方便。旅客可以节约买票排队、检票的时间，让急着出门的旅客可以多化一下妆、多睡几分钟懒觉，让出行变得越来越简单，越来越轻松。

苏州旅客韩雪梅，就切身感受到铁路e卡通带来的方便。她介绍道，我现在往来苏州、上海两地，通勤可以做到一码在手，说走就走，免去了我买票的时间，真正让我感受到铁路长三角一体化带来的便捷。

常熟律师余慧因工作原因，经常要往返于上海和常熟两地。公交化的高铁出行，让她感受到了极大的方便。

诚然，有了e卡通，还给漏乘车、乘错车者带来了保障。无须担心取票后丢失，或者没有赶上车票改签等问题，有了铁路e卡通，让你畅通无阻，不用被这些事情烦恼。没有赶上车，换乘下一趟即可。不用取票，也就不担心车票遗失了，只要玩转指尖，一切成为现实。

西延铁路开通以来客流持续火爆，周末车票更是紧张。陕西延安的李先生经常在延安和西安两地间往返。以前一遇到高峰时段李先生就头疼，经常为买不到票而焦虑。铁路e卡通开通后，他少了这个麻烦。晚上九点半，他来到西安站，准备乘坐列车回延安。李先生无须提前购票，在车站核对身份证件后，就扫描乘车码进站乘车了。

计次票与定期票

除铁路e卡通外，还有两种铁路月票：一种是90天有效期内可乘坐20次的计次票，一种是30天有效期内最多乘坐60次的定期票。这两种铁路月票的发行实质上是"以量换价"，可以让双城通勤的乘客享受更多优惠。

2020年12月24日，铁路12306系统正式上线计次票及定期票产品，暂时只支持京沪高铁和成渝高铁，其中京沪高铁可购买计次票，成渝高铁可购买计次票和定期票。

这两种特别票一经推出，社会反响积极。媒体认为，随着中国各地都市圈的发展，跨城出行甚至日常跨城通勤越来越普遍。铁路部门推出定期票和计次票，有利于定期跨城出行的人群。

乘坐复兴号列车，
我出行，我快乐
（陆应果／摄）

中南财经政法大学教授叶青表示，购买高铁月票可以让旅客降低通勤成本，简化购票步骤，不仅是本身票价的降低，还能省去一些订票过程中不小心添加的手续费，这种高铁"公交化"运营模式给旅客带来了诸多的便利。

以京沪高铁为例，全程 20 次 /90 天的二等座计次票售价 11240 元，即每张票 562 元。目前京沪高铁执行浮动票价，日常列车的二等座票价为 498—604 元，计次票的票价处于日常票价的中间水平。一等座 20 次计次票售价 18880 元，平均每次 944 元，处于日常票价 884—1006 之间。

成渝高铁 30 天的二等座定期票价格为 5852 元，如果能够达到 60 次的乘坐次数，平均每次乘坐只需

97.5元，而普通单次购买成都东至沙坪坝复兴号动车组列车的二等座最低价格为144元，算下来每次最多能便宜46.5元，相当于打了6.8折。如果足额利用乘车次数，相较于二等座最贵的168元票价，一张票可以节省原价的40%。

成渝高铁定期票，则更适合成都和重庆周边的跨城通勤人群。假设一位乘客居住在距离成都高铁行程20分钟的简阳，每个月有22个工作日需乘坐高铁前往成都，购买30天60次的定期票，算下来每张车票24元，比单独购买省2元。如果乘坐次数更多，则优惠更大。

随后，京津城际铁路、沪苏通铁路同时推出了30日定期票、20次计次票。购买30日定期票的旅客，在30天有效期内，最多乘坐60次对应的列车；购买20次计次票的旅客，在90天有效期内，最多乘坐20次对应的列车。

2021年11月25日，西安和兰州铁路部门联合在西安至兰州的高铁线路上推出计次票。旅客购买此项产品后，可通过席位预约和直接刷证两种方式，在90天有效期内乘坐20次西安与兰州间开行的动车组列车。

国铁集团表示，计次和定期票的目标受众是商务差旅、通勤人士。根据时间和次数计算，如果购买90天20次的计次票，想要完全利用乘车次数的话，至少每9天要乘坐一次往返列车，适用于每周往返两地的乘客群体。

2021年11月初，交通运输部办公厅、公安部办公厅、中国民用航空局综合司、国铁集团办公厅联合发布了《关于开展空铁（轨）联运旅客换乘流程优化工作的通知》，明确提出推行空铁（轨）联运旅客换乘流程优化。今后，旅客出行实现城市地铁公交、火车站、机场间无缝换乘不再是梦想。

目前，以郑州为中心，河南省公交化线路辐射中原地区3座城市、两千多万人口。依托"米"字形高铁网络和京广铁路、陇海铁路，加之与新郑机场连通的城际铁路，形成了中原城市群"半小时"立体交通圈、经济圈。而粤港澳大湾区每天有近50万人次通过铁路通勤往返。高峰时段，广州到深圳、珠海5至10分钟开行一趟列车。立体化交通网络实现了旅客刷卡、刷码进出站，即到即走。

眼下，穗深城际与深圳宝安国际机场实现无缝对接。旅客无须出站就可进入机场航站楼。下一步，广州、珠海等地将实现城际铁路与机场无缝换乘，便捷高效的现代化交通运输体系正加速形成。

多了一种选择

在京沪高铁、成渝高铁试行铁路月票的同时，乘坐这两条高铁线的旅客购票还多了一种选择，就是可以选择"静音车厢"。

"静音车厢"可为旅客提供更加安静舒适的旅行环境，愿意遵守相应行为规范的旅客，通过铁路12306系统、自动售票机等渠道购票时，可自行选择"静音车厢"。

2020年12月24日起，京沪高铁、成渝高铁部分车次开始试点"静音车厢"服务。旅客购买这两条高铁线的指定车次车票，如需提供"静音车厢"服务，还可以根据系统提示，选择购买"静音车厢"车票，"静音车厢"设在3号车厢（二等座车）。

有网友提出疑问："静音车厢"到底静音到什么程度？能不能讲话？手机是不是都要调成震动？打呼噜的能不能买？

登录铁路12306系统，点选"静音车厢"的提示后，系统会自动弹出五条"静音"约定。请在"静音车厢"内保持安静；请使用各类电子设备时佩戴耳机或关闭音源外放功能；请将手机调至静音或震动状态；请在接打电话或相互交谈时离开"静音车厢"；请携儿童出行的旅客照看好您的孩子，避免喧哗。并特别提醒：不建议携婴儿乘车的旅客选购"静音车厢"。

其实，"静音车厢"并不是鸦雀无声，而是旅客乘坐"静音车厢"时，需要配合遵守"静音"约定。乘客在该车厢内需要把手机调成静音或者干脆关闭掉，如果要听电话或者乘客之间需要对话的话，必须要离开车厢。如果在火车上你要听音乐当然可以，但前提是你必须要戴耳机听。传统的列车广播报站名也一律会被取消，乘客需要靠车厢内的显示屏来获得站点信息。

"静音车厢"全程为旅客提供无干扰服务。"静音车厢"内的车载视频系统默认静音，车内自动广播音量也设置在最高音量的40%内。列车员尽量不通过车厢，如果需要，会安静、尽快通过。同时，"静音车厢"为旅客提供了服务指南，使旅客能够更清晰的知道自己车厢卫生间、电茶炉的位置，不需要询问，每个座席上设有扫码点餐服务，不用离开座位就可以享用到午餐或者晚餐。

阳春三月的一天，我登乘上海虹桥站开往北京南的G2次列车采访，列车三号车厢座无虚席。和其他车厢不同的是，三号车厢两端及车门玻璃上均张贴着"静音车厢"标识，每个座位网兜后也摆放有"服务提示卡"，告知旅客相关注意事项。

邻座的席先生低声告诉我："我昨天买票的时候，在铁路12306系统上看到有个'静音车厢'的选项，我经常要在高铁上用手机、笔记本工作，当然希望有个安静的环境，当时就毫不犹豫买了。"

列车沿着京沪高铁，以350公里的时速疾驰。车厢内除了高铁运行时的声音，几乎听不到旅客间的交谈，也听不见接打电话和播放视频的声音。

旅客坐高铁时最怕噪音干扰，诸如熊孩子吵闹、接打电话、手机外放、聊天等，都会制造出很大的动静，影响到其他旅客的乘车体验。曾几何时，你是否满心欢喜登上高铁，准备开启一段新的旅程时，却被各种各样嘈杂刺耳的声音扰乱心神，想要休息却被吵得心情烦躁。现在，"静音车厢"给了您宁静。

"静音车厢"的推出，是对车厢内每位旅客行为上的约束，也是一种社会公德提醒，赢得的是一个更加安静舒适的旅途环境。列车员会轻声提示未静音旅客，屡次不听劝阻旅客可能被纳入铁路旅客运输信用管理。

据悉，"静音车厢"服务在国外也有过尝试。早在2012年，澳大利亚悉尼在公共交通线路上推出了"静音车厢"的服务。荷兰铁路为想要安静的乘客在车厢中划出了"Quite Zone（静音区）"。日本铁路公司并没有明令要求"禁止在车上打电话"，但车厢中贴着"请不要打电话""将电话设置为静音模式"等提示。在高铁列车上推出"静音车厢"，中国高铁是首家，应该点赞。

让美食与旅途相伴

如今出差或旅游一般都会将高铁当作首选,但是乘坐高铁时难免会遇上饭点,而高铁盒饭又贵又不好吃,大部分人都会带点零食在乘坐高铁时吃。这样似乎让美好的旅途缺少了一些什么。

随着经济社会日益繁荣,人们出行的需求越来越高。长期以来,高铁盒饭一直遭遇旅客吐槽,众口一词地批评高铁盒饭价高质次,存在口味单一、价格偏高、垄断供应、招标不透明等问题。

《中国青年报》社会调查中心曾通过网络对22.6万人进行调查,93.6%受访者认为高铁盒饭"太贵",80.3%受访者坐高铁时即使赶上用餐时间,也不买高铁盒饭吃。对此,社会舆论和专家给出的解决方案是,打破铁路餐饮经营的垄断格局,引入社会力量建立竞争机制,才能真正惠及民众。

一些媒体还对日本、韩国等国家丰富而精美的火车便当进行展示,更让人对中国火车的餐饮感到不满。"高铁时代"正在倒逼铁路餐饮的升级和匹配。

中国铁路总公司宣布，从 2017 年 7 月 17 日起，铁路部门将在全国 27 个主要高铁客运站，推出动车组列车互联网订餐服务，为旅客提供更多品种、口味的餐食服务。

也就是说，乘坐高铁的旅客不仅可以订高铁盒饭，还可以订购沿线各地社会品牌餐食。这意味着，中国铁路首次将列车餐饮服务大门面向车站、社会餐饮商家开放。这让许多吃货们不禁感慨道："'逛吃逛吃'的梦想终于实现了！"

旅客通过铁路 12306 网站和 12306 手机 app 两种高铁订餐方式，用微信和支付宝实现快捷支付点餐。乘坐 G、D 字头的动车组列车出行的旅客，既可以订所乘列车餐车供应的餐食，也可预订沿途车站提供的特色美食。如果是通过电话、车站窗口、代售点、自动售票机等其他方式购票，也可登录 12306 网站或移动客户端，输入车次和联系人信息后，同样能进行点餐。如果要进行网上退票、改签、变更到站，系统会自动提醒旅客进行退餐，在实体窗口进行了以上操作的旅客，也可在网上自行办理退餐。

高铁推出网上订餐服务，引入竞争机制，将网络外卖服务形式引入到了高铁，在为旅客出行带来了方便的同时，也悄然改变了旅客的消费习惯。

动动手指，美食到手。铁路 12306 系统的宣传语是：享受指尖上的美食，让您的旅行更惬意。

肯德基上了高铁

"啤酒饮料矿泉水，花生瓜子八宝粥。"这熟悉的叫卖声，浸透着传统火车旅途的体验和故事。如今乘坐高速列车，则升级为一种新体验：坐高铁，点外卖。

2016年，成都铁路12306客服中心曾通过"黄琴热线"尝试微信订餐，受到广泛点赞。旅客在列车开行两小时之前，通过12306手机微信客户端订购餐食，便能坐享火车上的美食。

2017年7月17日这天，是广东小男孩胖胖八岁生日。这天一大早，他在奶奶的陪护下，登上了广州开往北京的G80次列车，他们要去北京天安门广场看升旗。

高铁列车上，胖胖兴奋不已，东看看，西摸摸。突然，胖胖对奶奶说："我想吃肯德基。"奶奶笑了："这是在高铁上，傍晚到北京后给你买。""不行，今天是我的生日，在高铁上过生日才有意义呢。"祖孙俩的对话，被路过的列车员听到了，她高兴地告诉奶奶："从今天开始，高铁车上可以网上订餐了，现在订餐，到武汉站就会有肯德基上车。"

胖胖喜出望外，高兴地跳了起来。中午车到武汉站，胖胖奶奶在网上订餐的肯德基准点上车、送到了座位。

高铁网上订餐开通后，仅武汉站就有肯德基、德克士、美味驿站、尚珍舫等4家餐饮名店上车。从广州南到北京西的京广高铁线，参与网上订餐的餐饮商家有18家，而从上海到昆明的高铁线，参与的餐饮商家则有19家。

高铁实行网上订餐服务后，当你乘坐高铁而不想吃列车盒饭时，就不用只吃泡面了，而是可以任意订购沿线车站的美食。这些沿途线车站美食，除了肯德基、麦当劳、真功夫等热门快餐，还有很多地方特色美食供乘客选择。而且，只需列车到站前一个小时下单。

从单一到多样，从统一口味到地方特色小吃，随着网上订餐推行，乘坐长线高铁的旅客，还可以选择沿途十几家餐饮商家的菜品，以及一些地方特色食品，丰富旅途生活，让旅途有美食相伴。

中国铁路上海局集团公司确定了10个品牌、21家商铺为网上订餐提供服务，中餐西餐都有，品种相较过去火车上餐饮增加近10倍。

当您乘坐的高速列车途经广州南站时，可以订购叉烧包等广式餐点；经过长沙时，可以选择毛家红烧肉、剁椒蒸鱼；经过郑州时，可以选择河南特色的萧记三鲜烩面；经过西安时，可选择陕西最正宗的腊汁肉夹馍。当您在上海到成都的高铁上，还能预订到正宗的川味回锅肉饭、金牌辣子鸡丁饭。

在订单备注栏，旅客还可根据自己的口味选择"少放辣""少放醋""不要香菜"等。真正实现了不少网友憧憬的"走一路、吃一路"的理想。

这些试点的供餐站共有27个，主要是上海、天津、广州、南京、杭州、西安、沈阳、长春、武汉、济南、福州、厦门、长沙、成都、重庆、兰州等省会及计划单列市所在地的高铁客运站。

2023年11月17日，我从北京西站登乘G1579次采访，午餐选择郑州当地特色小吃。我点击了铁路12306系统页面上的"餐饮·特色"栏目，立即显示出在郑州东站可上车的特色菜肴，共有18家餐饮公司，每家餐饮公司都有20多种特色菜。我点了一份剁椒鱼块套餐，价格38元，送餐费4元。12点03分，车到郑州东，5分钟后，列车员将饭菜送到了我的座位。原来，车进站时，快递已在列车中部停车位等候，将订餐交与列车员，由列车员开车后送到座位。

与我邻座的一家四口，点了四份郑州外卖，包括河南烩面、胡辣汤、肯德基等。大人小孩吃得津津有味，喜笑颜开。

微信是当今最流行的交流工具之一，微信营销也是如今很火的营销形式。列车上推出微信点餐服务，与时俱进地与市场接轨。微信点餐作为一个全新的自助点菜模式，不但省去人工的时间，而且迎合了广大消费者的需求。

将网上可选择的饭菜全放在微信里，旅客只要在微信里扫一扫，就会出现一个公众号。关注后，就可以根据里面的菜单进行点餐，转发到朋友圈后，菜品还可以享受九折优惠。

网上订餐，旅客可以通过铁路12306系统直接订餐，只需提供车票信息和联系人信息。其流程是，旅客叫外卖后，商家先将餐食送到配送中心，配送员再统一将餐食送到站台交给列车乘务员，待开车后，经乘务员核对无误，便将餐食送到订餐旅客指定的车厢和席位。

网上订餐服务得到公众一片赞扬之声，这也许是继高铁之后，听到的对铁路最为广泛且高度一致的喝彩声。因为这与每个出行人的关联度太高了，高铁成就了人们出行的效率，而"互联网+铁路外卖"或将成为人们的另一种个性化体验。

网民"看看"说，铁路部门结束了对列车餐饮"一统天下"的时代，网络订餐给了旅客更多的就餐选择，可以在乘坐高铁时享用到价更低、质更高的饭菜，增添旅行舒适度。

网民"凌珊珊"说，借助"互联网+"，真正形成了公平开放的高铁餐饮市场，可喜可获。

只有两分钟

国铁集团决定推出动车组互联网订餐业务，以丰富动车组列车餐饮品种结构，服务人民群众美好出行，这个重任自然落到了铁路12306系统肩上，由单杏花团队扛了起来。

当列车在点餐站停留时，乘客可以坐在车内等着外卖送达。这是一种很人性化的设想。调研中，单杏花团队发现高铁外卖有别于传统城市外卖，对时效性的要求往往需要控制在秒级。大多数高铁列车在站停靠时间仅为两分钟，若车站配送员晚送达一两分钟，就会错过送餐。此外，站车双方配送员需在两分钟内准确完成交接。用铁路送餐人员的话说：要比"外卖

△ 站台上紧张的网上订餐交接
（董芳忠/摄）

小哥"更加争分夺秒。

在这短短的两分钟内，要完成车站送餐人员与列车人员的交接，把旅客预订的餐饮送上车。在开车后，送至旅客座位上。这对整个餐饮配送链条提出了严格的时间要求，必须环环相扣，任何一个环节都有可能影响高铁外卖的准时、准确送达。

为了把整个"下单—接单—配餐—取餐—送餐到座"链路吃准摸透，单杏花重新梳理思路，带领团队深入各铁路局集团公司客运、劳卫、经营开发等部门，以及相关具备条件的供餐车站开展更有针对性的调研。同时向旅客发放问卷，从旅客角度了解更多对"高铁外卖"餐品结构等方面的需求和建议。

"根据各站调研结果，每个环节都需要通过一个系统串联起来，形成了又一个巨大方阵的大数据，对系统和产品设计是一个不小考验。"单杏花带领团队一一分析，逐个突破。

对互联网订餐业务进行详细系统架构设计，引入"互联网+"思维，将互联网先进的餐饮服务理念与铁路服务模式相结合，创新铁路餐饮组织和配送模式，实现餐食由站至车、由车至座的准确、及时、高效配送。通过设计基于供应链管理的餐饮资源实时动态配置模型和算法，创新了供销存循环迭代的铁路餐品优化设计方法，满足沿线各餐食商家在多系统界面、多运算逻辑、多数据结构等多样化服务模式方面的需求，开创了铁路旅客出行服务运营新模式。从而构建了支持多场景、多业务的支付、对账、结算、营销平台，解决了"旅客—平台—商家"三方的资金流、票据流周转的难题。

铁路12306系统订餐涉及角色众多，有旅客、商家、车站配送公司、列车配送公司、列车售卖公司、铁路局集团公司和国铁集团运营管理等，为满足不同用户角色需求，需要设计多个子系统来满足整个链条的正常运转。单杏花团队为商家和配送公司开发了中国铁路餐饮运营管理子系统、中国铁路餐饮商品管理子系统、12306配送app、12306商家接单app，为运营管理开发了结账清分子系统、电子支付子系统、对账子系统、电子发票子系统，正是这些子系统的安全高效联动运行，支撑了高铁外卖系统持续为旅客提供温馨的餐饮服务。

2017年7月17日，铁路12306系统"网餐饮·特产预订平台"在上海、天津、广州等27个重点城市高铁客站试点上线，覆盖东北、华北、华东、华南、西北、西南等全国绝大部分地区。

从接到任务到上线短短两个月，单杏花团队完成了整套系统的需求设计、程序开发、功能测试、压力测试、安全测试、上线运行。"保持时间的精确是整套系统的关键。一般咱们用手机app点外卖，半个小时左右，迟到几分钟也没关系。"单杏花说，"高铁送餐若晚半分钟，车就开走了。"

截至目前，互联网订餐平台累计开通供餐站点达80个，供餐配送车次9428列，上线餐饮商家540家，上线餐品5万余种，旅客下单量超2

千万单，高峰日下单量近8万单。

铁路12306系统"网餐饮·特产预订平台"，实现了高铁餐饮与"互联网+"的结合，是中国铁路"互联网+"的又一次生动实践。正如单杏花所说："提高中国高铁'软实力'，为旅客提供更好的出行体验，我们一直在努力。"

变封闭为开放

长期以来，铁路是一种大而全的封闭管理，包括旅客餐饮。

采访得知，目前全国铁路有北京、沈阳、青岛三大现代化配餐基地。北京配餐基地，占地面积2.4万平方米，最大生产能力为日产快餐、面点系列产品10万份，但目前平均日产量只有1.4万份，除去折旧、食材、能耗、配送、税金、管理等费用，处于长期亏损状态。青岛配餐基地在全国铁路同类产业里，第一个达到国家量化分级管理最高标准A级，获得了全国工业产品生产许可证，是全国铁路第一个获得"QS"认证的"高铁中央厨房"，经营范围已达80趟列车，实现了1000万元的盈利，但是受制于北京配餐基地类似问题，很难做大做强。

于是，引进社会餐饮品牌进入高铁成为一种聪明的选择，更体现了铁路部门变封闭为开放的勇气。

铁路部门本着开放合作、许可经营的思路，向高铁车站社会餐饮企业开放铁路互联网订餐平台，符合规定的餐饮产品均在铁路12306系统明码标价，供旅客选择。并依照国家有关食品安全管理的法律法规，对网络平台提供者、食品生产经营者、食品配送单位等相关资质、准入条件、餐食卫生等进行监督，努力为旅客提供安全放心的餐饮食品。

高铁上可以点外卖的消息一传出，网友普遍持欢迎态度，期待高铁餐饮可以更丰富，点赞铁路部门的开放创新。采访了解到，自高铁网上订餐试点推开后，旅客好评如潮。不到两个月的时间里，广州、北京、上海三个铁路局累计接受完成的网络订单就超过了10万单。

如此大面积且移动距离超长的餐饮需求，既要保证几乎绝对的食品卫生安全，还要保障食品的供给效率和保质期，必须建立庞大的餐饮生产基地和高效的车上配餐及售卖体系。企业在保证供应的质量和时效的同时，其规模优势也带来与之相配套的规模运营成本。

有评论称，中国铁路列车餐饮服务面向社会餐饮业开放，这种探索无论如何都值得肯定。铁路部门推出"网上订餐服务"不仅满足了旅客的饮食需求，实现餐饮供应多元化，也可通过市场竞争机制，倒逼供应商提高服务水平，以改善整体餐饮服务质量，提升企业形象。

除了高铁列车餐饮在变，铁路车站餐饮也在积极地拓展市场。中国铁路成都局集团公司在成都东站、重庆北站、贵阳北站开设了川之味线下门店。中国铁路上海局集团公司旗下的"华东印记"，在南京站、嘉兴南、金华等长三角车站开设了门店，并在上海虹桥、合肥南、杭州东、苏州、义乌等车站推出了便民早餐车。

2020年国庆期间，杭黄高铁千岛湖站推出"为旅客打造一碗好饭"地方特色互联网热链供餐服务。千岛湖鱼头汤、花猪肉等地方特色美食，以点单现煮、到站配送的形式上线，受到旅客的欢迎，让更多的旅客爱上高铁出行，乐在高铁出行，体验"美食美景美好心情，乡味乡思浓浓乡情"。

弘扬特色饮食文化，推出列车美食产品，北京开往太子城的冬奥专列上有风味披萨、意大利面、照烧鸡排饭、蒲烧鳗鱼饭、轻食沙拉等中外餐食，满足国内外旅客的需求。刚刚开通的中老铁路上，就有竹筒饭、菠萝饭、老挝风味菜、木瓜鸡、香草鸡、傣味小排等美食。中国铁路广州局集团公司管内列车还提供了荆楚双糕、西芹虾仁、广式盐焗鸡、台湾卤肉饭等多种高铁餐食新品。

不少网民希望，饭菜单价要尽量走亲民路线，或者起码大多数菜品单价都符合高铁客源消费水平，从而保证不再走以前便宜饭菜几乎看不到，能看到的价格又过高的老路。还有网民提出，应尽快在全国铁路所有的火车站开启互联网订餐服务。

舌尖上的高铁，一路眼福，一路口福，美味的旅途生活，让旅客有了更多体验，享受方便、浪漫的出行。

餐饮高铁及其他

舌尖上的高铁，吃着美食看风景，快乐而浪漫的高铁旅途，大大提升了人们的幸福指数。

高铁实行网上订餐后，一直备受关注，铁路部门也一直在改进、发展中。继在全国 27 个主要高铁客运站推出互联网订餐业务后，2018 年 1 月，"高铁外卖"服务升级，将预订时限由开车前 2 小时压缩至 1 小时；2018 年 6 月，铁路新增 11 个互联网订餐供餐站点；2019 年 8 月，掌上高铁 app 与支付宝 12306 小程序上线"高铁订餐"服务，为乘客提供又一官方订餐渠道。

对旅客来说，想吃的美食都可通过线上订购、微信支付，从此以后无需考虑列车上的用餐难题，也无需在列车上使用现金找零。网络订餐大大减轻旅客在列车上的消费压力，让旅客能享受完善的无现金出行方式。

事实上，铁路 12306 系统聚集起了客户大数据的规模与质量，本身就具备金融属性。"互联网+铁路外卖"只是一个"互联网+"在铁路运行的开始，还将有"互联网+奶茶+咖啡+"等商业模式的出现，不断拓宽舌尖上的高铁空间，高铁餐饮不断丰富。

2021年底，奶茶和鲜煮咖啡纷纷登上高铁，一度成为网上热门话题。中国铁路昆明局集团公司和星巴克合作，在曲靖、宣威、蒙自、河口、攀枝花等方向的各次复兴号动车组列车上推出鲜煮咖啡，以及一系列"网红"美食。一杯美式咖啡的价格为29元，与星巴克店内的价格相当。

中国铁路广州局集团公司广州动车组餐饮公司推出了高铁奶茶，包括珍珠奶茶、红豆奶茶等4个品类。每一杯高铁奶茶的包装上，印的都是高铁餐饮乘务员形象，取名"那个女孩"，很受高铁旅客欢迎。

高铁将旅途时间大幅缩短，成都到西安的普速列车需要开行15个小时，而高铁只有3个多小时，这也改变了乘客的用餐需求。针对短途旅客，铁路餐饮也在向轻量化发展，推出饭团、三明治等轻食简餐。

面对消费者，高铁可以是移动的商业新渠道；面对供应商，高铁也可以是移动的大数据。而这些乘坐在移动车厢的消费者却是静止的、时间闲置的，这恰恰是体验式零售商业最渴望的。

不仅仅是餐饮，还有高铁车厢里售卖的旅游小商品，未来一定是通过大数据和云计算售卖消费者潜在需求的体验式商品，轨道上不仅有"舌尖上的中国"，更会有"梦想中的世界"。

还有流行中的掌上高铁app，它是中国铁路官方Wi-Fi入口及行程服务平台，除了高铁订餐，还提供高铁Wi-Fi、行程管理、在途娱乐、极速打车等服务。随着这一系列"智慧出行"服务的升级，高铁网与互联网的深度融合，人们的高铁出行体验也将被不断刷新。

路就在脚下，一个充满活力的"流动中国"，人们实现便捷出行才是硬道理。让出行的脚步更顺畅，让出行服务更优质、交通工具更智能，这是人们的期盼。毫无疑问，随着中国高铁的快速发展，国人出行的路会更加顺畅舒适，心态也会更加轻松敞亮。

不负特殊群体的期待

在中国广袤大地上，有这么一个群体，像候鸟一样，辗转在城市与乡村之间，用自己的辛勤劳作，为城市建设增光添彩；还有另外一个群体，出行集中在寒暑两季，他们是旭日东升的朝阳，祖国未来的希望。漫漫旅途中的两个特殊群体就是：农民工与大学生。

年轻人在网上购买火车票，只要几分钟的时间就能完成。但是，很大一部分老人不会玩智能手机，智障人群不方便用手机，他们的网上购票问题应该如何解决？春运中，面对"稍纵即逝"的网络购票、电话订票大战，尽管大学生年轻、有知识并不弱势，然而繁琐的优惠资质在线核验，一直桎梏着他们，让大学生们感到购票不便。

铁路12306系统大数据表明，2020年在12306网站注册的65岁以上用户，达到2500万人。近几年，单杏花和她的团队关注关爱弱势群体，积极实施适老化及无障碍功能改造，切实解决老年人及障碍人士运用智能技术的困难，帮助他们更好地适应并融入智慧社会，进一步提升购票体验。

充分利用农民工、大学生出行时间集中、客流集中、出发地点集中、易于组织的特点，单杏花团队设计开发了"农民工、大学生团体票订票系统"，在车票预售期之前，为农民工、大学生优先办理团体票，集中、批量、迅速地满足农民工、大学生购票需求，不仅满足了特殊群体的购票需求，也缓解了高峰期购票人员拥挤状态。

2017年10月18日，作为党的十九大代表，单杏花聆听了习近平总书记的大会报告。大会报告中多次出现的"脱贫"二字，给单杏花留下了深深印记，也引发了她无限的思考：作为铁路科技工作者，如何将铁路+扶贫有机结合？如何发挥铁路行业优势，帮扶贫困群众，践行一名共产党员的职责与使命？

党的十八大以来，铁路部门主动服务和支撑国家重大战略，自觉担当政治和社会责任。单杏花团队以脱贫攻坚、乡村振兴为重点，不断探索新思路、新办法，打造12306线上商城，让优质农产品通过铁路公益平台行销全国，助农走上致富路。

农民工与大学生群体

从江西山村走出来的单杏花，始终感恩党和国家给了她走出大山的机会，她对农民和学生有着天然的深厚情结。时代的进步给了人民更多的获得感和归属感，也给了单杏花尽力帮助广大农民工和大学生群体的机会。

如今，到城市务工的农民工越来越多，他们助力城市建设，城市的发展离不开他们的艰苦劳动。单杏花认为：农民工是城市的脊梁，大学生是祖国的未来，社会理应给他们更多的礼遇和机会。

12306网站上线后，为广大旅客提供了便利的网上购票渠道。但对农民工来说，受到上网不便、网上支付不普及、互联网预售期较车站窗口提前等因素限制，反而让他们在春运高峰期的出行，成为信息化环境下的"弱势群体"。

"广大旅客开始享受铁路 12306 系统的便利，但农民工兄弟的回家之路却更难，我们应该开展专题专项研究，解决他们的春运购票难问题。"早在 2011 年，在 12306 技术团队的春运便民利民研讨会上，单杏花诚恳地说道。

说干就干，单杏花带领团队做了大量调研和需求分析后，提出一个切实可行、方便有效的新的办票模式——农民工团体票。很快，农民工团体票系统研发团队成立。

单杏花团队充分利用现有软硬件资源，构建全路统一、逻辑集中的数据中心，建立资质认证体系和资质认证平台，设计完整的业务流程，自主研发配票算法，形成了完备的支付和数据传输体系，还专门搭建了短信通知平台。

在短短的 3 个月时间里，单杏花与大家一同奋战，一干就是几天几夜。2016 年春节前夕，铁路务工团体票功能顺利上线，首年就取得了一次办票近百万张的好成绩。看到电视上农民工兄弟满脸欣喜地拿着返乡车票的画面，单杏花大大地松了一口气，一脸疲惫地对大家说："不能让农民工兄弟再多等一个春节，这是我们的承诺，我们做到了，大家洗个脸，咱们也回家过个好年！"

12306 团体票系统，在一定程度上减轻了农民工春运回家买票的困难。单杏花团队乘势而上，简化务工团体票订购流程，压缩订票受理时间，降低门槛，操作上化繁为简，让订购团体票的人员无障碍，打开了务工人员"购票难"的心结。

2023 年 6 月 5 日，铁路 12306 系统又一重大功能——学生优惠资质在线核验服务上线，大大提高了学生购票效率和便利性，使得铁路 12306 系统覆盖面进一步扩大。

早在2003年，高校学生购买优惠火车票开始使用优惠卡，铁路就实施了站车场景优惠卡识读设备配置和相关识读设备改造工程，优惠卡一用就是近20年。随着铁路电子客票的问世及相关智能化装备的应用，学生优惠卡已经跟不上客票电子化及网络购票便利化的步伐。

多年来，学生们一直凭学生证、优惠卡和身份证到车站窗口或自动售票机上办理优惠资质采集，即便在互联网上先买好了车票，也必须到线下办理车票优惠资格核验。繁琐、陈旧的学生票核验体系，让大学生们叫苦不迭。如何让学生更加便利地完成优惠资质核验，单杏花团队一直在为之努力。

为了让大学生们尽情享受到信息化带来的出行便利与美好，单杏花带领团队深入开展调研。"调研中，我们听取了来自车站窗口、列车服务人员及学生旅客等多方面的建议和意见，针对学生信息安全存在隐患等问题进行详细论证，通过采用更加先进的加密技术和数据保护措施加强信息安全保护，以确保学生的个人信息不被泄露或滥用。"单杏花介绍道。

单杏花将调研成果向教育部有关部门进行了汇报，就大学生火车票优惠资质在线核验相关事宜，进行沟通对接和专题研究，最终形成《学生优惠资质在线核验实施方案》。

采访中，单杏花讲了一个小故事。关于在校大学生火车票优惠资质的认定，需要教育部配合检验在校大学生的相关信息。前几年，网络条件不请允许，一直是想干没干成，现在信息化技术有了可能，但政策上仍有障碍。单杏花想向教育部领导当面汇报，可一直没有机会。一次，单杏花去北京西客站调研客流情况，认识了车站站长。站长给她出点子："你准备一个简单的文字汇报材料，遇上教育部领导来车站乘车时，我给你递上去。"2022年夏季的一天，站长终于有机会把单杏花准备的汇报材料送到了教育部领导的手上。一周后，单杏花接到了教育部高校学生司副司长吴爱华的电话，邀请她来教育部面谈。很快，这件事得到了圆满解决。

接下来的资质核验功能研发环节，她强调核验工作的准确性和效率，讲究核验流程的顺畅性和便捷性，并要求团队成员不断提升服务水平，让每位学生都能享受到优惠服务。她还积极与车站、学校等沟通协调，推动各方共同参与到学生优惠资质的核验工作，保障了整个核验流程的顺利进行。

2023年8月28日上午，单杏花带着学生优惠票项目负责人来到北京西站，这已经是她今年第三次就学生票证核验专项工作来这里调研。各大院校学生准备返校，新生面临第一次入学，大学生们是否了解线上可以办理资质核验，如何在线上核验，如何购买学生联程优惠车票……她总是放心不下，决定来看一看、问一问、听一听。

暑运虽已接近尾声，但客流仍然保持高位运行。熙熙攘攘的人群中，青涩的年轻面孔、充满朝气的眼神，单杏花一眼就能辨别出哪些是大学生旅客。她与售票窗口员工交谈着，了解学生优惠资质线上核验后还存在哪些学生票问题，一同商讨改进的空间……一上午不知不觉就过去了，她的调研笔记本里满满都是收获。

下午14时，调研结束。单杏花回到单位后，第一时间召集业务骨干梳理调研结果，并及时展开对流程、接口、界面的优化设计。16时，她来到铁路12306系统监控大厅，看着大屏上一串串喜人的数据，满足感油然而生。

大学生资质在线核验上线以来，超过90%的大学生旅客选择线上核验。铁路12306系统共采集了1740.1万名学生资质的大数据，核验通过率为93.3%。铁路12306手机客户端为学生提供优惠资质在线核验服务，只需1分钟即可完成核验。从此享受优惠价的大学生们同其他旅客一样，也可以在购票后直接刷身份证进站乘车了。

单杏花说："接下来，我们还将针对大学生资质在线核验覆盖范围、新生初次购票、优惠区间变更、优惠次数异常处理等不断进行优化，让大学生购票、出行更加便利。"

为老年、残障人士分忧

当年启动网络购票时,有一个争论的焦点:不会使用智能手机的老年人群怎么办?

"咱们12306手机app的这个爱心版真是太好了,我们老年人也可以方便订票、四处游玩领略祖国大好河山啦!"一次在北京站调研,几位准备出游的老人认出了单杏花,把她团团围住唠了起来。

解决老年人群的上网购票问题,单杏花称之为"适老化改造项目"。

一个偶然机会,单杏花看到一组数字:截至2020年11月1日零时,全国60周岁及以上老年人口达26402万人,占总人口的18.70%。全国还有众多的视障人群,数量也非常庞大,平均每100人就有1个人伴随严重的视力障碍。

单杏花开始思考:如何让信息技术发展惠及全体人民,解决老年人、残障人士在网络购票中遇到的实际问题,力求无障碍体验和普通旅客体验的一致性。

2021年3月,单杏花带领团队开始了适老化及无障碍适配的调研工作。她介绍道,我们建立了无障碍用户专项体验团队,调研对象的使用设备覆盖不同系统和机型,通过安排他们独立完成4项业务操作(包括单程购票、改签、退票和候补购票),观察每位用户的体验链路、使用时的行为特征和使用痛点,测试完成后再进一步收集用户的真实使用感受,重点了解他们在特殊模式下的需求特点和系统目前仍未契合用户的功能点。

调研发现,大部分用户已适应了铁路12306手机app客户端的页面和功能布局,但不少用户对字号调整有较强诉求,且迫切需要在标准版中能提供字体调整功能,但现有系统架构无法支撑。团队成员犯了愁。

单杏花组织骨干成员攻关,全面研究架构优化的各种可能性,经过反复推敲尝试，最终采用多模态理念对系统进行整体重构。新架构支持同一app在不同版本模式间切换（如标准版与爱心版），更重要的是实现了标准版中全局字号和对比度等样式的自由调整，在保持既有版面和布局基础上，没有额外增加学习成本，满足了用户的个性化需求，进一步提升了产品整体的易用性。

调研成果为适老化改造提供了靶向，单杏花团队根据适老化及无障碍相关标准规范，从感知性、操作性、理解性、兼容性和安全性几个方面，综合考量制定了详细的技术改造方案，历经5个月的攻坚，完成了核心业务和相关辅助功能的改造。2021年9月1日，适老化和无障碍功能的新版本正式上线，为老年人及障碍人士线上购买火车票提供更多便利，广泛服务于数千万残障用户及65岁及以上老年用户。

在铁路12306网站方面，支持读屏软件获取网页完整信息，提供无障碍辅助工具，支持放大缩小、调整配色、语音识读等功能，优化登录验证码，提供滑块验证和短信验证两种形式。

在铁路12306手机app方面，推出标准版和爱心版两种界面模式，爱心版交互更简单、操作更方便，同时具有大字体、大图标、高对比度、显示屏翻译文字等特点。标准版也增加了字体和对比度设置功能，用户可以自动调整字体大小对比度。

由于视障人群看不清也看不到屏幕，铁路12306系统原有的功能对他们来说完全不起作用，即使在触发语音功能的过程中，可能还是会存在障碍。由此，铁路12306系统使出了一个"杀手锏"——快捷键。就是说，支持鼠标操作的同时还支持键盘控制，那么视障人群可以通过记忆快捷按键，来触摸键盘使用，从而启用爱心模式。浏览者可以根据自己的需要，选择是否以语音播报的方式获取网页信息。

最值得称道的是，铁路12306系统特别人性化，只要60岁以上的老人购买卧铺票，系统会优先安排老人睡在下铺。在此之前，老人想睡下铺都要碰运气。老人如果遇到一个好心人，愿意换床位，那么老年人就可以睡下铺，否则只能爬上爬下。

不仅如此，铁路12306系统会自动分配老人与同行人坐在一起，这样可以对老年人有一个照应。过去老年人出一趟远门，有时候买的火车票未必是连坐的，那只能与别人商量调换座位。

现在情况好了，购票系统会自动安排老人与亲属坐在一起，这样可以省去老人与别人交涉的麻烦。即便是不能坐在一起，系统也会采取就近分配的方式，让随行亲属坐在离老人尽可能近的地方。毕竟老年人岁数大了，需要旁人照顾，如果家属在周边，老年人也能安心。

同时，铁路部门还保留了现金购票、人工服务等线下渠道，加强重点旅客预约服务，为老年人及障碍人士购票出行提供便利。

铁路12306手机APP适老化及无障碍版本的上线，填补了国内交通出行领域信息化服务平台空白。截至2024年11月，敬老版适老化相关功能累计使用2100余万次，无障碍功能累计提供服务2400余万次，为2.76亿老年人和8500多万残疾人提供了更加可用、易用的铁路出行服务，让更多的老年人体验智慧生活带来的便捷与畅快，感受铁路部门的社会责任与担当。

凭借产品和服务在适老化及无障碍方面的实践与持续优化，铁路12306系统首批通过工业和信息化部"互联网应用适老化及无障碍改造专项行动"。经过适老化及无障碍水平评测，入选首批互联网应用适老化及无障碍改造优秀案例。

诚然，单杏花团队的适老化研究并未停止，仍在不断完善各类延伸业务的无障碍适配，同时与中国互联网协会和无障碍研究会等社会群体保持密切联系，为实现信息技术惠及全民做好基础服务支撑。

单杏花还设想，未来的铁路12306客服中心将融合客户服务、CRM、通信服务、营销服务管理、企业门户、移动终端等综合功能，成为铁路企业整合的互联网服务平台，提供适老化及残障人群的无障碍服务。

扶贫商城上线

2019年8月,单杏花接到了来自国铁集团的重要任务:铁路12306系统要上线扶贫商城,上线时间为10月中旬。

上线12306扶贫商城,专注于扶贫产品的销售,是国铁集团承担扶贫义务的重大举措。这一刻,单杏花不由激动不已,一个从婺源小山村走出来农家女,是人民铁路培养了她,如今终于有机会发挥所长,帮助更多贫困农户脱贫,她能不激动吗?

接受任务后,单杏花迅速组织力量成立了12306扶贫商城项目组。她深情地对大家说:"12306扶贫商城的工作是咱们对国家打赢脱贫攻坚战三年行动计划的响应,也是发挥咱们12306线上平台优势的一个重点突破,必须要高度重视,必须把事情办好。"

来到扶贫点调研前,单杏花认真阅读国家对扶贫的相关政策,带领项目组查阅梳理了国家扶贫网站对扶贫商户资质、产品资质的相关要求,按照国家相关规定,制定了12306扶贫商户入驻管理规范、扶贫商城商品入驻要求、扶贫商城平台管理规则等,以及平台规范、运营管理的系列试行办法。

单杏花意识到,商户及商品的考察审核是扶贫商城上线关键的一环,必须进行实地调研。项目组先后来到河南栾川、陕西勉县、宁夏原州和新疆和田等国铁集团的4个定点扶贫县(区)进行调研,了解当地的产品特色和销售情况。

陕西汉中勉县是项目组调研的首站,也是铁科院对口的定点扶贫县。项目组的同志与挂职干部座谈,与扶贫商户座谈交流,考察漆树坝肉牛养殖场、养蜂场、茶山……单杏花时刻关注着项目组的每一个活动。

一天,单杏花与团队成员一道召开日报工作会,项目组成员谈到了贫困商户们对国铁集团帮扶的感谢，以及对 12306 扶贫商城的期待。同时项目组反映道，贫困商户上线扶贫商城存在疑惑：入驻平台真的免费？成功交易是否真的不收服务费？商品上线条件是不是太严了……

单杏花叮嘱前方团队，一定要动之以情晓之以理地让贫困商户明白："咱们搭建的是国家铁路系统公益性平台，既然是公益，一定是免入驻费、免佣金。"她解释道，农产品要通过平台销往全国各地，从发货到收货有着太多不可控，所以上线品控严格些，这不是难为大家，而是为了给大家攒下好口碑，以获得更好的收益。她叮嘱团队成员，这个道理一定要讲清楚。

当扶贫商城进入上线最后预备阶段，新一轮问题接踵而至：有的扶贫商户没有图片制作能力，有的不会操作电脑，有的只有晚上才有时间关注商品信息……单杏花立即协调 UI 设计师帮助收集并美化图片，组织运营团队帮助他们维护商户信息及商品信息，安排运营团队逐个商户做对接，一个人负责一个地区，手把手教授快递打单、回填快递单号……

面对事关 12306 扶贫商城上线运营的大事小情，单杏花一点也不含糊，展现了女性特有的坚持与柔韧。在单杏花的带领下，团队集智攻关、团结协作，2019 年 10 月 17 日，12306 扶贫商城如期上线。

这一天，国铁集团的 4 个定点扶贫县区以及湖南怀化市沅陵县、通道县的多家企业，相继进驻 12306 扶贫商城，上架了水果蔬菜、粮油干货、肉禽蛋品、茶叶饮品、休闲零食、文旅非遗、特色商品 7 个品类、上百种产品。

当扶贫商城卖出第一单商品时，单杏花激动地说："我们要持续做好运营反馈和迭代优化工作，不断为旅客提供优质的扶贫农产品，通过咱们 12306 平台帮助贫困县，切切实实为扶贫商户和农户带来利好！"

2020 年，是全面打赢脱贫攻坚战收官之年，也是 12306 扶贫商城运营一周年之际，团队开发了扶贫商城电子兑换券，还拍摄了第一期宣传片。在单杏花团队的努力下，消费扶贫开源拓面，商户范围从最初国铁集团定点帮扶的4区（县），拓展到湖南、江西、湖北、云南、内蒙古等地的1000多家商户，销售农副产品、手工艺品等7个品类、1000余种，交易额超1000万元。

2021年7月，12306扶贫商城正式更名为"12306铁路商城"，以便更多地吸收引入全国各地优质农产品，打造"一城一品""铁路文创"等系列活动和专区，为更多商户提供新的帮扶思路和路径。

截至2022年9月底，12306铁路商城已帮扶商户110余家，帮扶区域覆盖全国25个省份，52个市区，70个县。在线售商品达5000余种，包括粮油干货、茶叶饮品、肉禽蛋奶、生鲜水果、佳节礼品等。

2023年11月10日，在12306铁路商城上线4周年之际，我来到铁路12306系统监控大厅采访，大屏显示铁路商城信息：合作商户总数达到99家，在线销售商品达到7000多个种类。

单杏花告诉我，12306铁路商城至今经历3次改版，商城功能不断丰富，用户体验不断提升，扩大了电子兑换券的使用范围，新增了帮扶专区、铁路文创等板块，线上铁路商城呈现出一片欣欣向荣的景象。

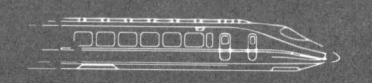

无论是在高铁穿梭的城市,还是在"慢火车"悠悠前行的乡村,在中国,只要有铁路的地方,就一定有一个对社会公开的客服电话:12306。"很高兴为您服务,请问有什么可以帮到您……"只要听到这亲切温柔的声音,旅客遇到的各种问题和困难,就会得到妥善的解答和处理。

第七章

真情传递美好声音

无论是在高铁穿梭的城市，还是在"慢火车"悠悠前行的乡村，在中国，只要有铁路的地方，就一定有一个对社会公开的客服电话：12306。"很高兴为您服务，请问有什么可以帮到您……"只要听到这亲切温柔的声音，旅客遇到的各种问题和困难，都会得到妥善的解答和处理。

从广义上讲，铁路12306网站、12306手机app，与各铁路局集团公司的12306客服热线本就是一家人。它们有着一个共同的名字：12306。只是分工不同，前者是铁路售票系统的技术运营和维护，后者是旅客服务的爱心之约。

客服工作是企业与客户之间的桥梁，起着传递信息、解决问题、维护关系的重要作用。近些年来，越来越多的人信任12306热线电话，通过热线电话寻求旅途中的帮助。毫无疑问，在12306客服平台的背后，有一个庞大的客服群体，他们正是凭借一根根电话线，架起了旅客出行的信息桥，用真情传递美好声音。

据了解，铁路12306客服中心通过人工在线和自助语音两种方式，24小时受理各类与客运服务相关的投诉、咨询和建议。12306不只是一串铁路客服电话号码，它承载着万千旅客对铁路部门的信任和期待，更饱含着铁路真诚服务旅客的信念和真情。

2011年1月19日，春运首日这天，原铁道部所属的18个铁路局（公司）机关所在地分别设立了铁路客户服务中心，采取12306电话语音查询、人工在线服务和12306网站信息查询、客户信箱等方式，承担起铁路企业客运、货运业务对外电话咨询、求助、投诉、意见建议和延伸服务工作，并公布了区号+12306客服热线电话。

十多年来，铁路12306客服中心实现了从无到有，从有到完善，并正在从普通客服中心向智能客服中心转变，逐步融入智能客服中心大家庭，更好地为广大旅客货主服务。

客服员的桌上摆放着一台电脑、一部电话。电话软件系统，可以实时显示电话呼入时间和排队情况；电脑中的列车信息查询系统，用来随时查询各种信息。而除了这两个基本装备外，客服员一般都准备着工作"神器"三件套：水杯、唇膏、笔记本。水杯用来喝水，因为工作量比较大，客服员们上班大概一天要喝五六杯水左右。唇膏用来润唇，因为要不断地讲话。笔记本用来记录所有的客运知识，这是客服员的基础和保障。因为情况在不断变化，每天都会有新的业务，所以这些知识需要经常更新，每天早上开会，他们都要学习新知识，巩固旧知识。

一个电话解决许多困难

这是一座座联络铁路与客户的桥梁,一个电话能够解决旅客许多困难。

遥想三十多年前,电话入户刚刚兴起,移动手机随之开始普及,开启了中国铁路客服发展的历史脉络。互联网、云计算时代,信息技术广泛应用,铁路客服的交互形式,逐渐由单一语音交互,演变为文字、图片、视频及超链接等多元交互,呼叫中心上云端,成为大势所趋。

铁路12306客服中心的创建,为旅客提供了特殊重点旅客预约和遗失物品查找等便民利民服务,深受旅客好评。特别是旅客在购票、乘车遇到问题时,首先想到的就是拨打客服热线12306。因此,客服中心面临着呼叫量巨大、业务种类多等压力。作为铁路对外服务形象与宣传的重要窗口,过硬的职业素养和优质的客户服务是客服中心的标签。

在铁路12306客服中心,每天都在发生着形形色色的故事,每一次通电话,客服员们都用最热情饱满的声音,为旅客提供咨询和帮助,每一个假期,他们都坚守在岗,为旅客平安顺利出行奉献自己的一份力量。

熟悉受理程序、了解客运业务，研究旅客心理、掌握交流技巧，是对每一位客服员的基本要求。每天，源源不断的咨询、求助电话从四面八方汇聚到这里。那一端，饱含着旅客的焦急和期盼，寻求希望和慰藉；这一端，和风细雨，惠风荡漾，客服员们用心、用情演绎着动人故事。

诚然，许多来电旅客夹带着五花八门的方言口语，过好语言关也是客服员们的基本功。

电话潮水般涌来

每年进入春运后，铁路12306客服中心每人每天工作至少10个小时以上，他们每个人都配了一只大型号水壶，为的就是省出离开座席打水的时间，尽可能多接听旅客电话。

工作时抢时间，午休吃饭也是一个技术活。为了保证不耽误旅客电话接听，吃饭时都是轮流去，但不论先后，每个人就只有15分钟的时间，之后要立即回到岗位继续工作。

上海铁路12306客服中心承担着长三角地区江苏、安徽、浙江、上海三省一市铁路客户咨询、求助和增值服务等重任。每天旅客的咨询求助电话，从四面八方，源源不断地汇聚而来。客服中心设有311个接听席位，一年呼入电话量超过1100万个，日均达3万个，接通率达99%以上。单日最高纪录达到17.5万个，客服员一天最多要接到480多个电话。

这里的呼入电话量，占全国铁路总呼入电话量的20%，堪称"全国最大"。"全国人民每打5个铁路客服电话，其中就有1个电话打到这里。"上海铁路12306客服中心主任董伟鑫说。

近2900平米的上下两层工作厅内，客服员席位几乎全满。2023年春运期间,为了应对春运咨询高峰,除了本中心原有的162名客服员,还从铁路客运服务一线抽调了151名业务骨干来帮忙,24小时全天候为旅客提供服务。

走进广州铁路12306客服中心,电话的问候声、解答疑问声此起彼伏,"热闹"是这里的常态。这里有93个人工座席,座无虚席,每逢上午10点至12点、下午2点到4点高峰期,更是异常繁忙,全年每席日均受理咨询约2万件。

北京铁路12306客服中心的涂丽莎,是一名"90后"南方姑娘,她是客服中心话务量第一的客服员。

"您好,很高兴为您服务,请问有什么可以帮您?"坐在自己的工位上,涂丽莎一个电话接着一个电话帮旅客解答问题。她熟练地为旅客进行解释和说明,始终保持态度和蔼、语气亲切、不急不躁。她说,自己的话务量多也跟自己的性格有关。"我学美术出身,特别能坐得住,耐得住性子接。同样一个电话,熟练且有耐心的话一分钟就能解决,不熟练的话可能就要三分钟完成。"

她说,眼下春运售票高峰期已过,之前最多一个月接电话近7000个。"现在改签和退票的咨询问题多一些,话务量平均一天近300多个。"

春运期间,除了吃饭、上洗手间,她基本就把自己"钉"在了座席上,在线接听时长最高纪录是每天14小时,通话时长达12小时,一天能完成400多通电话。

韦薇是南昌铁路12306客服中心的客服员,她告诉我,她们最忙的时候是春运、暑运或节假日,一天她最多接过300余个电话,最繁忙时每个电话间隔不到5秒。工作心得是少喝水,少跑厕所,回答旅客问题要精准,一个字都不能错,既要讲清讲透,又要长话短说。

上海客服中心的段舒晴尽管是个"95后",但也称得上"业务娴熟"了,细心的她总是可以从来电旅客的声音中听出点"画外音"。这天,她接到一个改签电话，电话那头是位年轻女性的声音，吐字清晰，但敏锐细致的小段却捕捉到对方语气中的一丝疲惫，于是询问对方是否需要帮助。电话那头犹豫了一下："我怀孕了，是有点不舒服。"小段连忙说："站、车上都提供重点旅客服务，我帮您预约一下。"

说起这段自己"招"来的事，她有点不好意思地笑了："我真的真的很希望能帮助到每一个来电的旅客。"

当好客服员，要过好语言关。上海铁路 12306 客服中心客服员蒋骏把经常遇到的方言分为北方、江浙、湖南、粤语等 7 种，并有针对性地观看地方电视节目、收听地方方言广播，加强自学和交流，为"听懂旅客心声"打下了良好的语言基础。在蒋骏的带领下，上海铁路 12306 客服中心掀起了学习全国方言的热潮。

采访中发现，每个客服中心都紧张繁忙，电话铃声此起彼伏、接连不断，接完一通，马上就会有新的电话进来。为了减少去洗手间的次数，工作人员连水都不敢多喝；每天分批用餐，尽力缩短用餐时间，确保旅客打入的电话有人接听。

"百问不倒、百扰不烦、百缠不怒"，是铁路 12306 客服中心客服员必须具备的基本素质，同时也让他们养成了讲文明、讲礼貌的良好职业习惯。即使给家里人打电话，最后一句也一定会说"感谢您的来电"。有时休班叫外卖时，电话那头外卖小哥要挂断电话时，他们还会下意识地回复一句说："请问您还有其他需要我们帮助吗？"这些日常趣闻也调剂着客服人员紧张的春运时光。

"黄琴热线"

"黄琴热线"是成都铁路12306客服中心的一个服务品牌。

成都铁路客服中心现有客服人员80名，平均年龄30岁。曾先后荣获中华全国总工会"全国五一巾帼标兵岗"、火车头奖章、全国铁路先进女职工集体等多项荣誉。

采访得知，"黄琴热线"不是一个人，也不是一班人，而是成都铁路12306客服中心的全体客服员。"黄琴热线"成立于2011年11月，以中心班长、共产党员黄琴的名字命名的。她们秉持真心、热心、细心、尽心、耐心的服务理念，努力打造真诚沟通、信息开放、用心服务的铁路服务新窗口，对外展示铁路全新服务形象。

2012年2月，"西南铁路—黄琴热线"新浪微博网络客服平台开通，受理旅客的咨询、求助及投诉服务，实现了与客户互联网渠道信息零距离沟通，受到广大旅客的欢迎。

2013年11月，"黄琴热线"设置为流动红旗岗，作为一种流动品牌，通过比工作业绩、比服务质量、比业务技能、比作业标准，每季度在全体职工中进行评选、考核、排序、公示、授牌，将品牌终身制改为定期评选制。"人人都是品牌、个个都是先进"成为中心全体职工共同的奋斗目标。

通过组织开展流动红旗岗排名和服务评星活动，树立"星级客服员"标兵形象，带动整体服务工作实现从效率到效果的全面提升。该中心电话接通及时率、回访满意率，以及业务处理及时率均达100%。

"您好，客服小妮为您服务。"2016年春运，成都铁路12306客服中心推出了的一个新的服务品牌——灵妮客服网，由客服员陈灵玲、兰珍妮两名90后女孩组成。主要负责"黄琴热线"微博和"成都铁路局12306"微信公众号的信息发送、回复网友提问工作，其中包括加开、重联、停运、

成都铁路12306客服中心"黄琴热线"的工作场景
（朱振文/摄）

余票正晚点等信息。

"我们每天人工在线的时间为8时至22时，下班后，有些放心不下的事，我们还要通过手机或者家里的电脑登录客服操作系统，就连春节和家人朋友团聚时，也不能例外。"陈灵玲说。

成都铁路12306客服中心不断创新服务方法，从客服员的知识培训和技能培养上入手，不断提高客服人员素质，充分利用计算机教室授课，围绕客票知识学习、客服中心业务技能、客票系统、普通话实用教材等内容，创新学习培训模式，每月定期组织客服人员进行学习观摩及职业技能鉴定考试，不断提升客服员的职业技能水平，从而提高了客服热线服务质量和服务满意度。

中心从成立之初的20个机位、单一的客运咨询投诉服务，逐渐发展到今天的 52 个机位，成为了集客货运咨询投诉、求助、网络服务、对外信息发布、订票、营销等功能为一体的铁路服务窗口。

"金耳麦"王颖

王颖是北京铁路 12306 客服中心的客服员。

从"不敢说话"的小姑娘，到业务精通的"专家席"，入路 10 年，王颖累计接听客户电话超过 20 万个，在线解决急难问题 2.4 万余件，向上级部门提报合理化建议 600 余条，参与研发 5 项提升全路客服系统服务质量的创新成果，与铁路 12306 客服热线同奋斗、共成长，用"好声音"践行了人民铁路为人民的服务宗旨。

王颖的祖父和父亲都是铁路客运乘务员，父亲还值乘过北京至拉萨的进藏列车，每次出乘都要离家好几日，回家后最喜欢做的事情就是给女儿讲述火车上的故事：厨师戴着氧气罩给旅客做夜宵、列车员照顾生病的儿童、列车长帮忙找回旅客遗失的行李……那时，十多岁的王颖，一边听故事，一边想象着火车上发生的一幕幕，充满了激动与感动。提及父亲，她脸上流露出满满的崇拜。

2013 年 8 月，从北京建筑大学工商管理专业毕业的王颖，怀揣着梦想走进了北京铁路 12306 客服中心的话务大厅。这里是全路成立最早、席位最多、电话接入量最高、服务功能最广的客服平台之一。整齐排列的席位间，客服员们都在认真细致地解答着各种问题。"我能行吗？"她多次在心里问自己。

"像携带品、退改签、儿童票、学生票等旅客问询频率较高的业务，我刚开始的时候很容易记混，就只能一边背、一边默写来加强记忆。"王颖笑着回忆道。一万多字的《客规》，她硬是默写了三遍。常规旅客问询的优秀通话录音，她也熟悉到能倒背如流。

2013年9月12日，王颖正式单独上岗——登录账号、戴好耳麦、深呼一口气："很高兴为您服务，请问有什么可以帮到您？"王颖规范使用客服用语，认真聆听旅客需求，仔细核对记录信息。挂机第一个电话后，她用冒汗的双手，捂住自己发烫的脸颊，开心地笑了。

电话"秒接"，提高接通率，每个班次接听200多通……王颖迅速冲上北京铁路客服中心的"精英榜"。热忱地为南来北往的旅客提供各类咨询服务，帮他们排忧解难，王颖因此被大家称为"金耳麦"。

为了让自己的声音听起来既专业干练、又亲切柔美，她专门在席位上放置了一面小镜子，时刻提醒自己在接听电话时要保持微笑。"我发现，人们在微笑时说话的语气、语调和语速听起来会更舒服。"王颖微笑着说。

"快帮帮我，我的包落在火车上了，包里有好多钱……"这天，王颖刚拿起电话，嚎啕的哭声就传了出来。她一边安抚情绪激动的旅客，一边倾听对方的描述并快速记录信息。挂机后，她立即与相关部门沟通联系，及时找到了旅客遗落的手提包，并交回到旅客手中。几天后，旅客再次打来感谢电话，并邮寄来了一面锦旗。

"只要听到电话里旅客说'谢谢'，我就感到特别满足。"每天，旅客电话询问的问题五花八门，王颖在整个通话过程中都精力集中、耐心倾听，反复沟通，快速思索，及时提出解决办法。

随着互联网和智能手机的广泛应用，铁路12306 app成为旅客购买火车票的首选平台，但部分老年旅客还是会通过拨打12306客服热线寻求帮助。每当这时，王颖总是会放慢语速帮助他们注册、进行实名认证、选择车次……她一遍遍地讲解、引导，直到老人成功购票。

"刚入职的时候，王颖就提示我，服务技巧并不只是快，有时还需要慢，旅客更需要我们的倾听。"同事梁珊珊说。

2021年夏天，河南遭受特大暴雨灾害，牵动着全国人民的心。途经受灾区域的多趟列车停运，12306客服热线的话务量居高不下。其间，北京铁路12306客服中心每天接到12306网站和12306手机app的特办退票工单多达1000多件，王颖临时被调派增援"电子支付"岗位，她和同事共同审核每笔退款申请单的信息，平均90秒完成一笔。

近年来，王颖还参与开发KPI数据自动提取分析功能，通过追踪每名客服员通话数量、在线时长、工时利用率等综合指标，进行有针对性的分析整改，让客服员通话平均时长缩短20.6秒，每人每天可多接听21个电话。

实习客服员的体验

2022年春运，广州铁路12306客服中心来了一些特殊的客服员。她们中有兄弟单位派来的客服员，有前来支援的实习学生，更有前来培养锻炼的站段客运骨干。她们每天用心、用情，演绎着一幕幕服务旅客的感人故事。

1月17日春运第一天，实习客服员张影接到一名老先生的咨询电话。他的子女都在国外，老伴也去世了，独自一人在家。他想在网上购买车票，趁着身体还硬朗回老家看看，可是他不会操作。张影听完后，耐心进行讲解，一一告知网上购票的操作流程。老人跟着电话讲解一步一步完成下载、注册、核验、购票等，直到操作成功。张影还不放心老先生独自乘车，主动帮他填写了重点旅客服务工单，并提醒老先生出行注意事项，让他有困难和需求就找车站工作人员。老人连连道谢。

1月18日上午，来自广州南站学习锻炼的客服员陈丹丹接到湖南余女士来电，说她定居在广州的母亲，现已年近70岁，需要坐轮椅行走，想乘高铁回湖南老家过年，可老人家没有智能手机、不会讲普通话，家中姐姐送至车站后，需要老人独自乘车至长沙南站。紧接着，对方说出了一连串的担心。陈丹丹告诉她，用你自己的智能手机可以帮母亲代买车票，12306客服可以提供在线办理特殊重点旅客预约优先进站、协助乘降、便利出站的服务，让她放心。然后，详细地讲解了12306预约重点旅客的工作流程。乘车当天，广州南站工作人员在收到相关预约信息后，主动与老人进行了联系，在车站大厅与老人的家人进行了交接，老人顺利上车。到达长沙南站后，由车站工作人员接送出站。

1月19日，来自湖南交通工程学院的实习客服员陈明慧接到一位老先生的电话，称他住的地方封控了，去不了车站，但他又不懂智能手机，请教如何办理退票。陈明慧一边安抚老人，一边教他如何在手机上操作退票。每一个步骤都讲得很仔细，每一步都待老人操作正确后再往下一步，硬是在虚拟的空间教会老人把车票退了。

1月20日，实习大学生客服员刘霞接到了一位老奶奶的电话："你好，小姑娘，麻烦你一件事，可以帮我订一张火车票吗？""奶奶您好，真的很抱歉，我们这边目前是没有相关订票业务的……"刘霞耐心地向王奶奶解释，并告诉她可以在线上下载铁路12306手机app购买车票，或是电话订票，还可以去车站窗口买票。但王奶奶就是不放电话，似乎有难言之隐。经过一番沟通，刘霞了解到王奶奶是一个人生活，而且是个盲人，不能使用智能手机，更谈不上使用12306手机app购票了。综合考虑后，刘霞建议，最佳选择还是去车站窗口办理购票，王奶奶采纳了她的意见。

"听得到的声音，看不到的微笑，感受得到的温暖，树得起的形象。"广州铁路12306客服员们，就是这样用专业知识、用心、用情、用微笑，传递着温暖与力量。

真诚地
帮旅客解忧

俗话说,人生最幸运的三件事情,虚惊一场、失而复得与久别重逢。

失而复得是指原本失去了某些重要的物品和重要的人,经过努力,又重新获得了这些珍贵的东西。

在飞驰的列车上,有人上车,也有人下车,有些人走着走着就散了,有些东西拿着拿着就掉了。列车每天都在上演、重复这些画面。

当您乘车途中物品不幸丢失了,您是什么心情?当丢失的东西失而复得时,您又是一种什么心情?随身物品不幸丢失,您不要忧虑,铁路12306客服中心会帮您分忧解愁,尽力帮您找到属于自己的物品。帮助他人,快乐自己。

铁路12306客服中心每天会收到无数个求助信息。每天拨打"12306"寻找遗失物品的旅客非常多,特别在春运期间,类似求救的电话就更多了,还有找小孩的、找老人的、抢救病人的。

一张工单,一片真情。在12306客服员的眼中,只要旅客有需求,她们都会在第一时间将求助信息以工单形式派发至相关车站，有寻找遗失物品的，也有预约重点旅客服务的。相关站车为了让每张工单都能及时得到回应，都会像接力赛一样，呈现出一连串的奔跑现象，为的是尽快帮助旅客分忧解愁。

"心尚"雷锋服务站

"太幸运了！本来只想打个12306电话试试，没想到真的找回来了，谢谢你！"2022年10月1日，在上海虹桥站"心尚"雷锋服务工作室，郭女士对着客运员朱雯晔连声道谢。

上海虹桥站"心尚"雷锋服务室负责旅客遗失物品招领服务，每天都有几个人分工值守，专门处理寻找遗失物品的工单。每天无数个像郭女士这样的"小幸运"叠加，就是朱雯晔他们繁忙的日常。为了能让这些物品尽早完璧归赵，虹桥站特设了"专人专窗"服务，在这里，大到行李箱，小到一根数据线，即便是再不起眼的物品，只要被移交到了失物招领处，就都会得到细心的看管，静静等待着主人带它们回家。

旅客遗失的物品，除了水杯、钱包等，最多的是身份证。近千张身份证整齐捆成数匝，放在两个大盒子里。"每天五六十个遗失物品工单，找身份证的至少一半。眼前的这些东西只是一小部分，一年的总量差不多有5万多件吧。"朱雯晔说。每次收到工单，小朱都要给旅客回电，核对详细信息，及时在仓库或旅客描述的地点寻找，如果核对无误的话就要和旅客约定取回失物的方式，可以到车站领取，也可以寄送快递。

朱雯晔介绍说："最怕的是有些工单，描述的是'蓝色华为手机''黑色书包'什么的，类似的东西可能一天收到好几个，就要在电话里核对好久。"每天被送到遗失物品窗口的失物有三四百件，每一件都需要尽可能详细地登记。"前期下足功夫，才能在看到工单的第一时间'锁定目标'回复旅客。"朱雯晔说。

中午1点，刚回到"心尚"雷锋服务工作室的孙裕涛，就听到了电脑收到12306工单的提示音。小孙立即点开系统，在重点旅客服务栏里，一条尾号0098的重点旅客工单跳了出来，上面写着旅客赵先生需要带导盲犬乘车的求助信息。

孙裕涛将工单上的信息抄到一本"特殊重点旅客登记簿"上，把导盲犬乘车几个字用红笔突出，然后拿起电话，拨通了旅客手机："您好，这里是上海虹桥站。赵先生您的导盲犬工作证、动物健康免疫证明等证件都有吗……"

☑ "心尚"雷锋服务站客运员在为重点旅客服务
（过云松/摄）

在写得密密麻麻、已经翻烂的"特殊重点旅客登记簿"上，几乎每一条工单最后都有红笔做了不同的标记。"红笔标注的，都是必须注意的服务细节。"孙裕涛解释道。

而此时，上海虹桥站客运员荣清韵正在跟进工单要求，做好重点旅客孙小姐的服务工作。孙小姐因先天智力残疾，不识字也无法控制情绪，家人就预约了重点旅客联程服务。在进站口接到孙小姐后，荣清韵将她带回了"心尚"雷锋服务工作室休息，担心她不适应陌生环境，荣清韵就坐在她身旁，陪她说着话。到了检票时间，荣清韵填写了"特殊重点旅客交接单"，将孙小姐送上车后一并交给了列车长。

这张工单将跟随孙小姐继续前行，孙小姐不仅车上能得到照顾，到站后车站还会安排接车，直到她顺利出站，回到家人身边。

2023年暑运的一天，有位家长带着刚上小学一年级的孩子坐G2高铁去苏州看姥姥。在虹桥站上车后，发现有件行李遗忘在安检处了，便将孩子放在座位上，返身回候车大厅去找行李，等拿好行李回来时，列车到点开走了。她赶紧打12306客服电话求救。"心尚"雷锋服务室接到工单后，立即电话通知G2列车长在座位上找到了孩子，又安排苏州北站服务员接车。待这位家长赶乘下一趟动车到苏州北站时，孩子正趴在车站服务台写暑假作业呢。

失而复得的惊喜

诗人说，在经历大悲、大喜之后，拥有的那一份庆幸和感激，就是失而复得。要知道，世界之大，与你所失去的再次相遇，是多么幸运。铁路12306客服的神奇，能让你失去的东西再次拥有。

2021年12月1日，广州客运段列车长谢承佑值乘的D1849次列车，接到车队派班室电话，旅客曾先生通过12306求助，称自己不慎将装有一万多元现金的背包和手机等重要物品，遗落在该趟列车上。

谢承佑立马打电话过去询问曾先生具体情况并加以安慰。

"车长你好，求求你帮我把背包找到，里面装了我今年打工积攒的过年钱，全家老小都指着这个钱生活，实在是麻烦你了，一定要帮我找到啊。"电话那头，曾先生声音颤抖，焦急不已。

"您别急，慢慢说，车厢里旅客多，您要把您坐的位置信息向我仔细描述一下，我马上去找，您等我电话回复。"经过在车厢里反复询问与查找，谢车长找到与曾先生描述相符合的背包与行李。因背包物品较多，列车长谢承佑仔细清点了半个小时。最终，确定背包内有17000元现金、一部手机、身份证、钥匙等贵重物品。

谢车长连忙告知曾先生这个好消息，应曾先生要求在列车经过永川东站时，将背包交给了车站工作人员。曾先生一直不停地向谢车长发短信表示感谢，说自己今年打工找活很难，好不容易攒了这笔钱带回家，没有休息好，下车匆匆，别的行李都拿上了，唯独这个最贵重的包没有拿。"我家娃的学费，我家的过年钱可全指望这个啊。如果不是谢车长您帮我找回来，我无法向家人交代啊。"

"这条线路我值乘了好几年，每到年末是农民工朋友返乡的日子，好多旅客说着地方方言，沟通常有困难，他们之中有些文化水平较低，接受新鲜事物能力较弱，出门在外觉得随身带钱才最安心，返乡携带行李又多，有时候就会遗落在车上，看见他们丢失辛苦一年的血汗钱我们也心痛，发生这种情况的时候我们都会尽自己最大的努力帮助他们解决困难。"谢承佑车长这样说。

2019年2月8日17时40分，D7715次列车终到丹东站后，乘警于征龙和列车长检查车厢时，发现4号车厢的行李架上有一个背包。此时，车厢旅客已经全部下车，为了立即找到失主，大家对旅客落下的背包进行查看。背包打开后大家都愣住了，只见背包内除了一台苹果电脑外，还有三个红包，分别装有 6000 元、5000 元、2880 元。由于包内没有找到失主联系线索，乘警和车长一起将背包交给丹东站，等候失主前来认领。

这时，沈阳铁路 12306 客服打来电话，告知失主徐先生在列车上丢失东西和钱包的情况，请丹东站协助查找。当徐先生得知自己的 13880 元红包和电脑已经被妥善保管后，激动地连连表示感谢。

原来徐先生家住大连，过年的时候带着刚结婚的妻子回江西老家拜年，爷爷奶奶和叔叔们都非常高兴，分别给他俩发了红包。当天夫妻俩乘飞机从江西回到大连，下飞机后没有回家，直接从大连北站乘火车去大孤山的岳父岳母家。由于带的东西比较多，就把大部分东西放在车厢右边行李架上，装红包的背包放在左边的行李架上。列车到大孤山站后，夫妻俩只顾拿右边行李架上的东西，却把放在左边行李架上的包遗忘了。回到家里后才想起来装红包的背包落在火车上，徐先生赶紧拨打 12306 客服电话。9 日上午，徐先生赶到了丹东火车站，如数取回了自己落在火车上的红包和贵重物品。

兔年春节前夕，一位旅客在乘坐吉林至龙嘉的列车时，将笔记本电脑遗忘在车上，里面有非常重要的资料，如果不能及时找到，会带来很严重的损失。听到旅客焦急的语气，沈阳铁路 12306 客服中心客服员焦蕊马上与列车取得联系，并将该旅客的特殊情况予以备注，希望找到后能够以最快速度交还旅客。大约 1 个小时以后，这位旅客再次打来电话，对帮助他第一时间找到并领取遗失物品表示感谢。

类似这样的报失电话，焦蕊在春运高峰期一天最多能接到 300 多个。为了节省时间，一上午过去了，她半杯水都没有喝完。"这样就可以少跑厕所，多接几个电话。"用焦蕊的话说，"虽然有时候觉得很辛苦，但每当帮助旅客解决问题后，听到一声谢谢，都感到非常欣慰和幸福。"

完美的预约服务

铁路12306客服中心除了解决旅客的投诉建议，还有不少"隐藏秘技"，如重点旅客预约服务，就让你大开眼界。

手术病人进出站不方便怎么办？轮椅老人不方便上车怎么办？器官转运抢时间怎么办？铁路12306客服中心提供的重点旅客预约、遗失物品查找、器官转运绿色通道等特色服务，能让您一切无忧。2017年，仅上海铁路12306客服中心就帮助了近万人次重点旅客出行，找回近15万件遗失物品（找回率超过50%），多次为器官转运提供站车全程绿色通道服务。

一次，有位旅客焦急地给武汉铁路12306客服中心打电话：我在武汉出差，腿摔伤了，我着急回家，咋整啊？客服员告诉他，这事不用发愁，只要您预约了，就有人接送您进站和出站。后来，这位旅客享受了12306客服中心提供的全流程重点旅客预约服务，顺利回家。

翻阅《重点旅客预约服务说明书》，上面写得很清楚，单独带小孩出门有需求的乘客，依靠轮椅、担架等辅助器具旅行的行动不便的老人，重伤残旅客和孕妇都是重点旅客。如果您出行不便，又符合重点旅客标准，无论在哪里拨打12306客服电话，铁路站车都会提供优先进站、协助乘降、便利出站等服务。

车站工作人员接到预约后，会根据重点旅客出行日期、车次、具体需求等，提供轮椅、拐杖等设备，检票时会有专人帮助老年旅客验票进站，全程提供"定制化"接送站服务。

铁路12306客服中心链接各车站、客运段的特殊重点旅客预约和遗失物品招领服务体系。在预约服务的全过程中，车站工作人员会来到站台上与列车长交接，实现全闭环服务。此外，如果旅客需要轮椅、担架等辅助器具，甚至需要有人引导，12306客服中心也会联系到车站，在现有的设备设施和功能性上，尽最大努力帮助旅客出行。

有个网名柯柯的网友在网上留言，讲述了自己预约高铁服务的经历：

"2023年夏天，我老公在老家摔伤骨折，出院之后，要回北京复查，预约了高铁的重点旅客服务，体验非常好。先是拨打12306电话，按提示音，接入重点旅客服务选项，就会有工作人员记录你的信息（身份证号，名字，座位信息，订单号等）。很快，我就收到了北京南站的工作人员来电确认。"

"出发时，我来到车站服务台，和他们说明情况，马上有工作人员过来接应，并且安排我们优先进站，进站安检、检票等都走的是快速通道。陪同的工作人员还给我们联系好了终点站的对接人员，出站的时候，北京南站的工作人员直接把轮椅带到车门口来接。这个过程中有个变化，我们本来买的是9：06分的高铁票，孩子陪我们一起回北京，结果孩子有事，换成了孩子的奶奶一起同行。高铁票都是实名制，孩子奶奶没法拿孩子的票坐车，又加上9：06的车没有票了，于是就换成了10：50的车。在高铁候车室的时候，北京南站一直给我打电话，由于当时在办理退票、重新订票的手续，没有听到电话，待看手机时，有五个未接来电。最后我终于在11：00的时候接到了北京南站的来电，和他们说明情况，到达北京南站的时间也由原本的16：00改到18：00了，工作人员没有丝毫埋怨，马上给我们做记录，按新的行程安排接应人员，所有的工作人员态度都非常好，好到让我以为是在做梦。"

一句句听得到的声音，一抹抹看不到的微笑，转化为真诚而实用的帮扶，投射出充满希望的温暖与力量。"12306"伴随着永不停歇的电波，为铁路旅客平安出行保驾护航。

王占杰大哥

走进北京铁路12306客服中心，近2000平方的中心大厅宽敞干净，260个座席呈鱼刺型被间隔开，大厅内电话声、敲击键盘声、接线员的回复声，此起彼伏。而眼前一个巨大屏幕，实时地显示着来电数量、接入人工席位的数量等信息。

如果说车站是春运的第一现场，那么北京铁路12306客服中心便算得上是北京铁路春运的第二现场，网络退票、查询列车余票、物品遗失求助……一个又一个咨询求助电话在这里汇集。

王占杰是北京铁路12306客服中心客服二组的组长，很平和，很实在。年过五十，中等身材，结实能干。年轻的同事们都称他王大哥。

王占杰是个老铁路，说起话来让人觉得亲切。他曾经做过铁路扳道员、客运值班员，最后成为了一名客服人员。王占杰说他喜欢现在的工作，喜欢这份工作承担的责任。

进入春运以来，北京铁路客户服务中心日均电话呼入量达12000多通，在购票高峰期，接线员一天能接近300个电话。每个接线员的桌面上都放着一个水杯。王占杰说，水杯是大家的标配。

1月7号，2023年铁路春运的大幕正式拉开，售票高峰期对应的便是铁路12306客服电话的呼入高峰期。王占杰上班接到的第一个电话，是查询余票的。这个旅客他想买的票是过路站，过路站的车次比较少，而且他要到衡水没车了，想从石家庄中转一下。

王占杰在与旅客的通话过程中，反复向旅客提示，石家庄站和石家庄北站不是一个车站，他怕旅客弄错了站而错过了车。对王占杰来说，春运意味着回家，他只想让每个人的回家路都顺利一点。

王占杰解释道，因为这两个站的距离不算近，所以一定要提示旅客这不是一个站，别到时候去了赶不上车那就麻烦了，尤其春运期间大包小包的拿着都不容易。不像平时，我赶不上这趟车之后还可以改签到后续的车次，但是现在春运期间票很紧张，赶不上车就麻烦了。车票也退不了，后续没车了，车票就失效了，所以一定提示到。

王占杰说，一般过春节的时候我们的开头语就变了，开头我们就会跟旅客说节日快乐，有的旅客挂电话之前也会跟我们说一下辛苦了或者是春节快乐，我们也很高兴。有时，我们还没说新年好，旅客就先说新年好了，先给我们拜年，我们心里更是热乎乎的。

新冠肺炎疫情以来，打进12306一多半的电话都是与咨询疫情防控政策有关，坐火车要不要先做核酸、

铁路12306客服中心工作平台

目的地车站要不要核酸报告……与铁路业务相关的内容似乎被淡化。随着疫情防控政策调整，旅客们咨询的问题又回到了往日，对于接线员们来说，虽然累，但干劲十足。新的一年，他们也许下了自己的心愿，希望2023年国泰民安，祝每一位旅客旅途顺利。

"喝水不仅能够解决口干舌燥的问题，我的习惯就是接两个电话就得喝口水，自己也调节一下，尤其赶上难缠的旅客，喝口水压压气。"王占杰说。

但当电话多时，王占杰根本顾不得喝水，看着排队的人数，他只想多接一个电话，就能多帮一位旅客。

"那么多旅客等着呢，旅客多着急啊，我看到电话排队30人我都着急，所以说我争分夺秒多接一个电话是一个电话，能多为一个旅客服务，就多服务一个。"

王占杰说，旅客只要打铁路12306都是有需求的，无论是投诉，还是建议，我们都应该热情相待，尽力帮助。如果旅客打来电话我们帮助不了他，那就相当于旅客的电话白打了，我们设这个岗位也就没什么意义了。

作为铁路客服人员，他们的生活没有所谓的周六日、节假日，上班、休息都根据排班表来，春节这几天能否休息，只能看运气。在铁路工作了三十多年的王占杰没回家过过几个年，但说起今年，王占杰有些兴奋：

只要一入铁路的话，就是倒班制，你倒上哪天算哪天。今年的活特别巧，我赶上休大年二十九、三十、初一，这是特别幸运的。我早就买了好多好吃的，好好陪陪父母，全家人一块聚聚。

海量信息的价值意义

第七章 真情传递美好声音

铁路12306客服中心是服务客户和铁路的综合系统，是体现双方价值的重要组成部分。随着新技术的发展和消费模式的升级，客服中心的价值定位持续提升，新技术与场景的深度融合，也让客服中心能够更加有效地运转。

不可否认，铁路12306客服中心每天都会产生海量的咨询、投诉信息，以及大量的需求、建议，中心在满足客户需求的同时，对这些信息进行梳理、明晰，物尽其用，从而有效反哺组织生产，成为敏捷预判市场趋势、挖掘商机，形成价值创造。

譬如说，旅客对开车的需求和建议，客服中心通过整合传递，提供给铁路局运输部门，有针对性地多开车、开好车，对促进铁路客运营销意义重大。旅客货主提出许多服务的建议，也必将对铁路内部的管理和服务改进起到帮助作用，成为铁路企业加速发展的助推器。

语音沟通与交流，是铁路12306客服中心海量信息的主要形式。从某种程度上讲，沟通的艺术决定了信息量的大小，决定了信息量价值的高低。多年来，广大12306客服人员，一直以良好的精神状态，不断强化基本功，讲究语言艺术，提升交流沟通能力。

随着人工智能技术的广泛应用，带来了诸如智能语音机器人、外呼机器人、文本机器人、虚拟数字人等创新型新产品，铁路12306客服中心积极应用新技术、新设备，建立统一、专业、高效的客货服务平台，自动化识别客户需求，实现渠道信息和功能共享，及时为客户排忧解难，提升客户体验。智能化客服正在走进人们的生活，成为未来的发展方向。

事实上，铁路12306客服中心在与客户的接触中，不断地激发自身活力，挖掘出更多、更好的信息价值。在思维提升、数据驱动和技术助力的加持下，海量信息被赋予了感知和认知能力，塑造了不同的服务形态，最终形成了组织与用户之间沟通的全新风貌，持续推动客服中心价值的提升。

让信息成为引擎

铁路12306客服中心承担着铁路客运、货运、物流、车辆、机务等系统大量的业务支撑，分别与售票系统、调度系统、列车正晚点系统、货物追踪系统等有效连接，是一种综合系统的体现，为客户提供准确的信息。

通过对大量客户接触信息的采集，包括用户行为、身份、消费、投诉、工单等数据，反哺业务部门进行产品设计与优化，从而将客服中心变成生产部门的重要辅助，改变了客服行业的层次及格局。

海量的信息应用，从服务精度层面来看，可凭借客户画像、知识图谱等能力，实现用户诉求与组织资源的精准匹配，在咨询、投诉、报障、办理等业务场景中，高效满足需求，提升用户体验。从服务温度层面来看，以用户咨询历史和行为轨迹数据为重点分析对象，关联工单、产品、基本属性等信息，为用户定制专属的服务方案，针对个体的不同需求、偏好以及习惯进行个性化的定制，以实现千人千面的服务体验。

2018年，伴随全路客服系统互联互通项目的深入推进，北京铁路12306客服中心数据员王颖与团队成员一道，从梳理客服中心各岗位工作流程入手，将"电话＋邮箱＋传真"的流转模式，转为线上"一键操作"的新型流转模式，通过成功对接全路客运管理信息系统，实现全路客服中心与各站段间的重点旅客预约、遗失物品查找等服务单自动流转和全流程闭环处理，大幅提高了工作效率。她与团队共同完成的《依托互联互通，实现铁路12306客服系统服务单电子流转和数据自动统计》课题，荣获第六届全国铁路青年科技创新奖。

与此同时，王颖团队对电子服务单结构和项点进行重组与优化，自动生成各类话务、业务统计等报表，让数据更具有准确性和时效性，为提升全路客货运服务质量提供了科学精准的参考依据。

一位客服员告诉我，以话务服务为基础，通过对通话文本数据的聚类分析，获取工单中具象的词句组合，进而对衍生出的问题事件和新出现的文本进行事件分类，可以提高判断事件发现的准确率。

客服员通过点对点的沟通采集，获得大量的用户信息、需求信息和产品使用信息，从而形成用户数据库。在此基础上，通过积累的信息分析用户的需求特点，通过语音、邮件用户可以接受的方式，有针对性地为用户提供产品和服务，满足用户的需求。

2021年7月，河南多地发生罕见强降雨，导致部分列车停运，郑州铁路12306客服中心呼入电话倍增。准备出行的人们、滞留在车站的旅客，都纷纷打来电话咨询、质问，这些人情绪十分激动，很有可能形成事件。客服中心组织力量，对这些通话诉求进行梳理归纳，迅速形成应对方案，缓解了旅客焦急情绪，把影响控制到最低。譬如说，如何退票？如何改签？

列车什么时候开？这些都是旅客当时比较关心的问题。

还有一种情况是，以客服话务知识图谱为基础，构建一个可以追溯到时间源的热点事件处理流程，形成热点事件处理闭环。运用话务数据，建立热点事件大屏监控体系，实时监控热点事件变化并完成趋势分析。

2020年春节，新冠肺炎疫情发生后，各地铁路12306客服中心的话务量激增，大家都在来电咨询疫情防控、列车停运等相关问题。北京铁路12306客服中心立即组织数据统计人员，开展各类信息分析。从每天一万多单的通话记录中，梳理出旅客最关注的问题，并做出细致的分类和分析，为铁路部门后续做好对外宣传、运输安排、强化服务措施等工作提供了参考依据，在广大旅客和铁路部门之间搭建起了坚实的"连心桥"。

还有客户标签数据和工单流转形成的工单标签数据，将其与产品数据相关联，构建"工单—客户—产品"的营销客户知识图谱，赋能客服人员进行精准客户画像识别，从而实现重点客户的识别，实现精准服务。

运用信息统计技术，对客服信息进行多维度深度分析，挖掘其中蕴含的业务价值，帮助铁路客运部门有针对性地了解旅客行为偏好、产品意见反馈，指导内部团队适应业务变化，及时调整业务策略，让整体的产品服务体系能够对客户的需求做出快速响应，最终实现企业良性发展。

专家认为，作为铁路企业的对外窗口，铁路12306客服中心尽管开始的形态是以"成本中心"出现的，但通过提高效率、满意度和服务质量，能够为铁路企业树立良好的对外形象，形成良好的口碑和品牌，这就为延伸服务打好了基础。随着业绩提升和价值的增长，铁路客服中心将由"成本中心"向"利润中心"转变，成为铁路企业重要的综合价值创造者。

沟通的艺术

从古到今，人与人之间最主要也是重要的沟通方式就是语言，我们可以借助语言向别人表达自己的意愿和需求，反之也通过语言了解对方的意图和心意。

面对客户提出的问题或表现出的焦虑，客服部门应当及时响应客户，第一时间为客户解决问题，当客户问题得到解决，并且从中感受到了良好体验，那么你或许就能得到一个潜在的回头客，这将大大降低客户的流失率，客户的生命周期得到延长时，其价值也得到提升。

身为客服从业人员，日常的工作就是和客户说话、沟通，因工作的性质的特殊性，他们与客户之间并不是面对面交流，而是通过一个小小的话机来与客户沟通。由于无法通过客户的面部表情和身体语言来判断客户的情绪，仅通过客户的描述、语气的高低、说话的平稳，来判断客户遇到的情况，需要我们解决什么样的问题，是否有投诉意愿等。在这种情况下，语言艺术就显得格外重要。

诚然，正确运用沟通艺术，掌握客户心理分析、安抚情绪等技巧，就可以帮助员工提升客户满意度，缩短通话时长。

在与许多客服员座谈时，他们都谈到了一个秘诀，就是"要耐心倾听客户的诉求"，把握重点，及时回应。要学会道歉，客户的投诉大都是遇上了不高兴的事，给他们的旅行带来了不便，本就应该道歉。如果处理客户问题时不慎出错、失言或考虑不周时，也应诚恳致歉，决不能欺瞒躲闪。道歉应该真诚、适度，让对方明白你内疚的心情和愿意把问题处理好的诚恳态度。道歉应以事实为依据，认错不宜夸张，应实事求是，尤其是当客户也有责任时，不应对错误大包大揽，否则会带来不必要的损失。

上海铁路12306客服中心的客服员告诉我，微笑服务，语气平稳，语言简洁诚恳,不到万不得已,不要否定式对话。我们无法确保自己总是百分之百正确,也不想"祸从口出"再导致投诉,所以最好的办法就是用委婉的态度表达出自己不同的看法。如果客户听到拒绝的话,不管是不是合理的,肯定会不愉快,不妨换一种说话方式。比如说:"我觉得这个建议很好,但是,这个方案……也许会更好……"

北京铁路12306客服中心张蕾认为,沟通中要带有一定的目的性,思路要清晰,要有层次感,第一句话就让别人知道你讲话的重点是什么,然后用第一点、第二点、第三点的方式,逐次澄清你的思想,最后再做一个总结。

事实上,建立咨询处理流程,收集整理客户常见的问题,制定一套标准化的处理流程,对客户同一类型的咨询,能够给出一致的处理或回复的答案,提高处理效率。这就叫做沟通预案。

哈尔滨铁路12306客服中心,将历年客服员与旅客的经典对话进行梳理,制作为标准版。当客服员接到客户的类似电话时,就可以直接套用,按图索骥地处理问题。这样处理速度快,解决问题果断,减少了客户的很多麻烦,也容易被客户接受。

兰州铁路12306客服中心客服员谈体会时说,客服员要主动表达帮助客户的意愿,从客户的立场上来说,他一定会认为他的问题是最重要、最紧急的。这个时候,主动表达解决他的问题意愿,能让客户更加认可你。我们如果能够主动发现客户的需求,并想办法满足它,会有效提高沟通效率。

先表达态度,后解决问题。首先你要学会以平常心对待问题,其次学会换位思考,再者要学会尊重客户。从本质上来说,就是"站在客户的角度思考问题"。在与客户谈话的时候,不能一个劲地只表明自己的看法,如"我认为是这样的……",这只会使对方反感和厌烦。总而言之,要营造一种积极融洽的气氛,给客户一种平等、友好的感觉。

恰到好处的赞扬,是一种赢得人心的有效方法,它可以表达对对方的尊重,从而获得对方的信任。学会使用赞美,是一种博得好感与维系好感最有效的方法。如"您提出的这个问题真的是太好了……""您真的太棒了……非常感谢您提出意见"等，都有可能赢得对方的好感。

讲究适时沟通，尤其是遇见那些无理取闹的客户，千万不要与他争辩。你要知道争论是永远无止境的，与一个钻牛角的人是无法进行正常对话的。你可以任由他发泄，等他想起咨询你的问题后，你可以再给出合理的解释。

智能客服问世

随着移动互联网、万物互联、大模型等新型应用的普及，对铁路12306客服中心的工作方式带来颠覆性的改变。在大数据、云计算、虚拟现实、语音识别、5G等技术的支持下，随着智能客服的问世，铁路12306客服中心的信息化、智能化迈向新台阶。

专家认为，智能客服有望解决企业客服管理难题，实现客服中心的数字化、智能化运营。

所谓智能客服，是通过文字、语音、图片等媒介与用户构建交互桥梁，协助人工进行会话、质检、业务处理，从而释放人力成本、提高响应效率。目前，越来越多的客服咨询都开始交由对话机器人解决。对话机器人能"以一敌百"、永不停歇的精神，替代人工完成了部分咨询的工作，大大降低了咨询排队的现象，并缓解服务压力。同时，它还可以在人工下班的时候延续服务。

得益于自然语言理解、知识图谱、虚拟现实等新型技术的快速发展，客服中心有越来越多的机器人和虚拟数字人，弥补了人工座席覆盖度的不足。据专家测算，在不远的将来，客服中心将会给每个用户配备专属的机器人或数字人，为其贴心服务。

12306客服平台引入了智能客服系统，通过智能语义理解和自然语言处理技术，为用户提供更高效的客户支持。客户解决问题和获取帮助将更加便捷，节省时间和精力。

上海铁路12306客服中心运用智能语音、智能机器人技术，整合语音合成、语音识别、声纹识别及自然语言理解能力等技术，推出了"智能客服"，为旅客提供全天候、全维度的售票、乘车、进出站等业务的自助查询服务。

譬如说，一些急躁、爱较真、学历水平高的客户，当他们接入服务渠道时，系统会根据标签自动匹配出一位经验丰富的专家座席，高效率解决其诉求，避免事态发酵；一些年轻、平和、接受过高等教育的客户接入服务渠道时，系统根据标签引导其进入虚拟数字人服务，减轻人工座席压力。

服务机器人可以24小时在线，全年无休，约是人工客服工作时长的四倍，且没有接待上限，无论多少访客都能轻松瞬间接待，对比人工客服，机器人无需进行岗前培训，在接待中还能自主学习。有数据显示，服务机器人能够解决8成以上简单重复的问题，对企业来说，服务机器人可有效降低人力成本。

以北京铁路12306客服中心为例，疫情期间咨询疫情防控政策的来电数量占总咨询量的50%。为更好地满足旅客需求，该中心建立铁路智慧客服体系，采用集成语音合成、语音识别及自然语言理解能力等技术，推出24小时AI智能客服，为旅客提供客运咨询、查询服务。旅客在拨打12306客服电话时，AI系统会自动识别旅客语音中的关键信息并准确解答，也可以让旅客与AI智能互动，实现铁路基本业务和数据信息查询的精准回应。

智能客服实现了常见问题的迅速解答，让客服人员能有更多时间和精力去解答更复杂的咨询。目前，智能客服已经覆盖北京铁路12306客服中心95.5%客运业务量，人工话务日接通能力由7000—8000个，提高至目前的1.8万个，高峰日可达3.1万个。

采访得知，将语音识别、知识图谱、语义理解等技术与客服业务场景深度融合，构建"智能客服助手"，是提升一线座席幸福感的利器。当用户与座席通话时，智能客服助手充当"第三者"，实时将语音转化为文本，并根据上下文理解和知识图谱技术，推荐应答话术和功能快捷入口给座席，缩短了问题解决时长。

进入数字化、智能化时代，物联网（IoT）的发展推动了服务的普及和深入，服务已经远离传统的形式，多模态沟通和透明化交流成为可能。通过了解用户的使用习惯和需求，主动服务可以提供更加精准的服务，并避免用户因缺乏关怀而与服务提供方断绝联系。

面向用户，客服中心的职能将会从咨询办理、投诉建议向私人顾问、关怀问候的方向演变，万物皆为触点，服务随处可在将成为现实。总体来看，泛在服务、主动服务和专属服务会是大势所趋，这将进一步提高组织与用户之间互相依存的亲密度。

伴随着"互联网+"的深入，铁路12306客服中心也正在打造集微博、微信、app于一体的全媒体平台。旅客可以像微信聊天一样，咨询客服问题。智能机器人无法解答的问题，人工客服会给出和电话客服一样细致准确的回答。

譬如说，旅客在拨打上海铁路12306客服电话时，智能机器人识别出用户语音中的关键信息后，调用知识库内容进行智能解答并准确反馈。智能机器人还可与旅客进行智能化互动，实现铁路基本业务和数据信息查询的精准回应。

上海铁路12306客服中心充分运用"移动互联网+"模式，有效提升旅客咨询体验，集成官方app、公众微信号、QQ公众号等主流平台，嵌入智能问答功能，打造上铁春运线上客服中心，满足旅客全媒体交流互动的需求。因为"有图有真相"，全媒体比单纯的电话语音功能更强大。比如严冬时，有人在网上发一张图片，说某个车站站台地面结冰有安全隐患，客服中心立即将图片转发到有关车站，车站当即组织力量除雪铲冰，问题很快得到了解决。

她们有委屈
也有烦恼

人们揣着对假期返乡、旅游的期待之情，打开铁路12306网站或12306手机app，就是买不到票，有时网还崩掉了，此时再有涵养的人也会怒火横生，拿起电话就会开叫："12306的'程序猿'，你们到底干什么吃的？"

一些人存在误解，认为购票信息"全是12306一手掌控的"。一些旅客没买到票，就将怨气和怒火发泄到铁路12306客服员身上，客服员们也自然会成为旅客宣泄情绪的"树洞"。

旅客根本分不清，售票的铁路12306系统与12306客服中心各司其职，除北京铁路12306客服中心有售票功能外，其他铁路局的12306客服中心都是"售后服务"。面对一些莫名其妙的怒火，当一些未名火无端地发来时，她们也有委屈和烦恼。

电话屏的左上角是对语音平台的分类统计，下半部分是对超长、超短电话的监控。按说对一些超时电话或无理取闹的电话，是可以挂断的。但各客服中心明确规定，只有旅客在电话中出现了多次辱骂客服员，或提出超出铁路规定的无理要求时，需申请组长接听确认后，才能挂机。他们每个月都要接受培训、考试，以提高业务水平，键盘上的便利贴时刻提醒客服员温习工作要点。

一位客服员笑着说："以前害怕接到骂人的电话，但工作时间长了看待事情的角度和心态会有一些转变，我能理解旅客的焦急，也许发泄一下能让他们心里痛快点。"

一位客服领班对我说，从事客服工作需要时刻保持阳光心态，微笑服务旅客。每当同事受到委屈时，我都会想办法及时化解她们的不良情绪。

"奇葩"问题知多少？

一般来说，旅客致电铁路12306客服中心，主要是咨询购票、退票、改签、列车晚点停运信息、遗失物品查找等问题，但也有例外，有人打来电话是为了找老婆、找孩子。一般接听一个电话用1到3分钟左右能够基本解答旅客的问题，但也有例外，一打就是一个多小时。针对各种"奇葩"问题和难缠的电话，客服员们在实践中摸索出"真诚热情适度赞美""情感交流转移注意""摆出困难征求理解"等多种方法，效果很好。

上海铁路12306客服中心客服员董伟鑫介绍说："有时一个咨询电话甚至要打2小时以上，旅客就是反复地问同一个问题，比如为什么买不到票、为什么列车临时停运了。对于一些旅客的电话纠缠，客服员不仅不能挂断电话，还要耐心做好解释。忙得喝不上一口水，连上厕所也一路小跑。"

对于许多不懂出行常识的旅客来说，及时有效的指导解答就是"及时雨"，这就要求客服员能解答旅客的各种问题。有些投诉电话，充满着哭诉、谩骂、刁难等各种情况，让人疲惫不堪。

董伟鑫说："有一次，一位旅客打电话来问，我老婆坐火车跑了，我该到哪里去找？要求客服员帮他查他老婆的行踪。事实上，我们只能核实一些信息，但不能向他人透露旅客的隐私信息啊。"

一次，一个超长咨询电话竟然耗时3717秒。原来一位旅客由于操作失误，把已购车票在手机上办理了退票，他把电话打到了上海铁路12306客服中心，要求客服员帮助他恢复已购的车票。客服员解释道，已办理退票的车票无法恢复，只能重新购票。但这位旅客很不满意，要求客服员阅读相关规定，反复纠缠了1个多小时……

"我现在买不到票，你们得负责到底！""你让高铁等我几分钟，几分钟就行，不然我几百万生意就毁了……"这种蛮不理的人大有人在。北京铁路局客服中心副主任李强介绍道，旅客最为关心、也是询问最多的问题还是如何才能买到票，但有些脾气暴躁的旅客由于买不到票，说着说着就开骂，我们也只能耐心细致地一遍遍解释，有时时长达1个小时之久。

成都铁路12306客服中心客服员章然然说："每天，我都会接到许多报失的电话。有些旅客的电话一打进来，就不停地在发牢骚，非说是铁路工作人员把他的物品拿走了。然后劈头盖脸地给我数落一顿。我想，旅客丢失了物品心里一定很着急，所以一直在听，也没有说话，等他说完之后，我说您消消气，我一定让车上的工作人员帮您仔细寻找。请您放心，我们不会随手拿走任何一位旅客的物品。说完之后，那位旅客就说了，我也没别的意思，你听声音也挺年轻的，我不是冲你，就是有点急。我说，没事的，我理解您的心情。"

其实这种事在这里是非常普遍的，特别是新来的客服人员，经常在接线时被骂哭，甚至还有一小部分客服受不了这种委屈，选择离开了这个岗位。然而，大多数的客服人员即使心情再不好，面对旅客时也会尽快调整情绪、微笑服务，让旅客满意。

成都铁路12306客服中心客服员李向红说："许多旅客打来电话，或咨询或投诉或寻求帮助，大都带着一种负面情绪。作为一名客服员，上班长时间被这种情绪围绕着，下班回到家，话都不想说，感觉力气在上班的时候全部耗尽了。"

2021年暑运，上海、江浙地区受台风、暴雨、疫情等影响，多趟列车停运，咨询的旅客特别多，上海12306客服中心显得格外繁忙。中心客服人员在线人数最高达到90人，最高的一天接到18700通电话，平均每人每天接听来电200多通，按照三分钟一通来电计算，客服人员要连续接听10个多小时的电话咨询。

"这趟列车因天气原因停运了，您得改签……"陈晶温和的声音并没有缓解电话那端旅客的焦躁，她已经和这名旅客解释两分钟了，电话屏幕上警示灯不停地闪烁，提醒她后面还有很多电话亟待处理。

"我们是为了您的安全着想，上海这边确实有暴风雨。"

旅客仍不能理解，将火气通过电话线传输了过来。好不容易结束这通电话，还来不及平复情绪，陈晶又马不停蹄地接下一个电话。幸运的是，下一个电话里的旅客表示了理解，在挂掉电话之前，她和气地对陈晶说："小姑娘辛苦了，这两天没少忙吧！"

陈晶鼻腔一酸："谢谢您！"

有时候人就是这么奇怪，受了多大委屈都可以面不改色地继续工作，但听到安慰的话却哽咽难禁。陈晶提到这件事时，眼睛红了，她再次向未谋面的旅客表达谢意。

再委屈，也要帮旅客

采访中，许多12306客服中心的客服员告诉我，工作受委屈是家常便饭，有时委屈得想哭，也还是要帮助旅客解决问题啊。很多旅客因为买不到票而向客服员发火，旅客买不到票，心情能理解。对于有些旅客提出的无理要求，也必须好言相劝。

2023年春运刚刚开始的那几天，武汉铁路12306客服中心客服六组组长梁珊珊就接到了一通长达50分钟的电话，最终她用耐心与诚恳换来了旅客的一声谢谢。

梁珊珊回忆道，当时那位旅客应该是就在自助机上取票，取票的时候那台机子确实不太好用，然后别的机子上还排着队，他又着急去坐车，便想打电话反映这个事儿，然而打电话又排队，等待的时间确实是比较长。电话接通后，开口就气愤地质问道，你们怎么回事，电话总是打不进？我要投诉你们。我和气地说，您来电话肯定是要本着解决问题的，咱们先解决问题吧。于是，这位旅客道了一通委屈事。梁珊珊一直静静地听着，最后说道，由于我们的原因，给您的出行带来了不便，我真诚地向您道歉。那位旅客笑了，不用道歉了，有你这句话就够了，谢谢你。

春运中，人们往往带着急迫的心情想回家，而也常会因为这份迫切而有些慌乱。有时旅客打电话时会因为着急而词不达意，这时便需要他们循循善诱，帮助旅客解决问题。

北京铁路12306客户服务中心电子支付岗和佳说，对于旅客的着急心理，我们要善于引导。比如说，旅客来电说，显示支付成功了，为什么没有票？你们真是骗子。我想，如正常购票，支付成功肯定是有信息反馈的。我问旅客，您是不是下的候补购票订单，他说对，当时是候补购票订单，不是直接买的票。我说，候补购票就要等着，不能着急啊。旅客不好意思地笑了。

"您好，您的车票是昨天的，已经过期不能办理退票。"北京铁路12306中心的涂丽莎，讲述了她春运期间被谩骂40多分钟的一次经历：一男旅客没有赶上出行头天的列车，第二天打电话要求退票。

对于该旅客的退票要求，涂丽沙明确告知了退票的相关规定。"但是旅客根本就不听解释，理由是自己买了票没坐上车就应该退还票款。跟他说什么都不听，一天打四五次电话来。"

涂丽沙说，退票是按照铁路《客规》相关规定来进行的，旅客就是不理解，而且还有不文明用语。"好几次提示他注意文明用语，根本就不听，电话打了40多分钟。"虽然涂丽沙是个温和性格，但是挂完电话，她还是趴在桌子上哭了。

工作压力大，受到的委屈多，事后涂丽沙都会通过读书、逛街，转移心情，调整好自己的心态。"挨骂是家常便饭，在接完一通电话后，我会来到办公室窗户前，看看远方，喝口水，心情就舒畅了。"

让涂丽莎觉得幸福的是，在遭到辱骂和不理解之后，最终还是能帮旅客解决问题。"很多时候，我会把旅客的投诉变为建议，多安抚投诉旅客的心情，这样问题也就能解决了。"

2017年春节除夕的晚上，武汉铁路12306客服中心当班的客服员冯依妮接到一个电话：接通后，只听电话那头一位听起来年纪不大的男士轻声说道"1、2、3"，随后便听到全车厢的人一齐喊："过！年！好！"这时，已有3年没回家过年的冯依妮激动地落泪了。但出于职业习惯，她必须要调整好自己的情绪："请问您需要什么帮助？"对方说："其实没有别的意思，也不咨询什么问题，就是想着过年了你们还在岗位上，我们车厢的旅客给你们拜个年。"冯依妮动情地、礼貌地回复了一句："也祝您新年快乐。"

理解、信任，是最大的支持。除夕之夜，能够得到旅客的真诚问候，一切委屈都化为灰烬，冯依妮知足了。

发泄墙与拳击柱

炒白菜、芹菜、水煮鱼……当北京铁路12306客服中心客服员张雪琪吃到这顿午饭时，已是中午一点多钟了，和班组的同事轮换吃饭，她必须将时间控制在10分钟以内，尽快结束午餐。

张雪琪说，旅客电话咨询的问题多种多样，许多奇葩问题还可以理解，但最让人无法接受的是来自旅客的责骂和曲解，我的许多同事在电话里直接被骂哭了。一些"90后"客服人员在家被父母宠着惯着，但在这实在忍受不了，就只能选择离职转行。

特别是春运期间，12306话务量的飙升，不仅让客服人员工作量大增，也让他们承受着巨大的心理压力。有些旅客拿起电话就是一通宣泄与抱怨，有的甚至是恶话连连。平均每天50个接线里，他们就会接到一个旅客斥责的电话。

"憋了一肚子火怎么办？客服员有压力、有委屈，必须要给她们一个减压的出口。"北京铁路12306客服中心副主任李强说。

采访中，我发现在北京铁路12306客服中心大厅背后的一角，设置有一个发泄区。从客服大厅走出来，直接穿过一条长走廊，话务员借午饭时间可以到此发泄情绪。在这个特定的区域里，有一块不大的发泄墙，墙上贴满了各种颜色的便签条，有些话务员把自己无法排解的委屈、对自己的鼓励都写在了贴墙上。我翻阅了几张纸条，上面写道："天空飘来五个字，那都不是事儿""痛并快乐着"，还有的客服员将情绪直接贴在上面："憋屈""尊敬的女王，请您态度好一些"……

饭前"发泄"一通,饭量都大了。一些客服员开玩笑地说道。

随后,我来到客服人员就餐的食堂,在一个角落里也有一面"发泄墙"黑板,上面已经贴了不少小纸条。

"天塌不下来,加油!""Fighting!"……在发泄墙上,并没有看到不文明词语,而是大家对自己工作上的鼓励。

客服人员涂丽莎说,无论旅客骂得多么难听,话务员的"红线"是不能和旅客"对骂",也不能挂电话。有的话务员因此而产生抑郁的情绪,需要进行发泄。"刚来上班时候,需要发泄的多,现在好多了,我也偶尔会给同事写一些鼓励的话贴在发泄墙上,大家相互鼓励。"

除了发泄墙,这里还立着一个蓝色的拳击柱,很多话务员在饭前先冲拳击柱"发泄"一通,再坐下来吃饭。"打几下,就不生气了,中午还能多吃些饭。"涂丽莎说。

"很多客服员在饭前,先冲拳击柱发泄一下再坐下来吃饭。"李强介绍道:"最近赶上春运,这里的拳击柱,每天都要被打近百次。"不仅如此,客服中心还专门设置了阳光心理室,如果客服员在与旅客的通话中受到心理伤害,还可以寻求心理医生的帮助。

采访中,我在武汉铁路12306客服中心工作区旁边的会议室内,也看到了一块贴满彩色便签的小画板,上面留有许多客服员的心里话,无声倾诉着工作人员的心声——"第一次不与父母过年。""认真负责,提高服务质量!""不管是旅客或客服,想与家人团聚的心情肯定是一样的。"

这块长2.4米、宽1.2米的画板,从2013年开始启用,专门供工作人员表达"愁滋味"。这个中心的56名工作人员被分成8个小组,昼夜不息接力式回答旅客出行中各式各样的问题,还要倾听旅客的"吐槽"和"抱怨"。

"我们不能与旅客争论,只能认真倾听。"中心干事刘亚倩回忆道,出现疫情、极端天气或节假日出行高峰的时候,旅客电话咨询量最多,随之而来的不理解也更多。

"大家休息的时候，就是我们最忙的时候。"中心主任马荣说，对客服员而言，作息不规律、照顾不到家庭，旅客的投诉、抱怨是最难释怀的。

为了帮助大家化解情绪，该中心从2013年初开始设置了这块小画板，同时还经常组织体育比赛，帮助大家消散、化解"负面情绪"。

负面情绪积压久了，一些客服员会写上一张便签，贴在小画板上面。"就像树洞一样，不开心也会慢慢散去。"刘亚倩自武汉铁路客户服务中心成立，就来在这个岗位上，至今已有12年。

2022年春运，况欣18岁，她刚读大一。寒假时，她作为153名学生志愿者的组长，来到广州铁路12306客服中心体验生活，刚上岗时，就有志愿者被旅客骂哭了，说起近半个月的工作情况，她猛呼："很有压力，心态要保持好。"

春运期间，订不到票的旅客总是很着急，打来电话不由分说，先劈头投诉乃至发泄一顿。况欣第一天就接到过一个电话，对方又闹又骂，足足纠缠了30分钟："为什么没有票？你们12306是什么都做不了！"

"这个时候我也很委屈，只能说，请您文明用语。对方还是反复问，为什么没有票。有时着急了，我说我也没买到票呢。"原来，她打算2月2日从家乡韶关回广州继续上岗服务，但全寝室同学一起出动也没能买到火车票，"所以特别能理解他们的心情，会耐心安抚他们"。

半个多月的春运锻炼中，况欣与同学们经常互写纸条、发短信，诉说心中的委屈，又相互鼓励，相互支持，但更多的是选择默默承受。

"时代楷模"的高光时刻

| 尾声 |

2024年12月9日,首都北京,群星璀璨。中央电视台"时代楷模"发布厅气氛热烈,掌声阵阵。

中共中央宣传部在这里隆重举行"时代楷模"发布仪式。在这个高光时刻,播放了反映单杏花同志先进事迹的纪录片,央视主持人张舒越现场与单杏花和她的同事们进行互动交流;宣读了《中共中央宣传部关于授予单杏花同志"时代楷模"称号的决定》;中共中央宣传部分管日常工作的副部长胡和平向单杏花颁发了"时代楷模"奖章和证书。科技部、交通运输部、全国妇联、中国科协、中央广播电视总台和国铁集团负责同志,以及首都高校师生、铁路职工代表参加发布仪式。

中共中央宣传部的表彰决定指出,单杏花同志坚持面向国家需求,聚焦专业领域,致力于我国铁路客票系统研发20余年,主持铁路运输组织、旅客服务、收益管理理论和技术研究,带领团队将12306系统建设成为全球交易量领先的超大型实时票务系统,为我国铁路数字化智能化发展作出了突出贡献,赢得了社会广泛赞誉。

决定指出,单杏花同志是践行"人民铁路为人民"宗旨,以科技创新赋能交通强国建设的先锋模范,她的先进事迹充分彰显了共产党员奋进新征程、建功新时代的使命担当,集中展示了新时代科技工作者勇攀高峰、敢为人先的创新精神,生动体现了广大铁路职工奋力加快建设交通强国、努力当好中国式现代化开路先锋的坚定追求。为宣传褒扬她的先进事迹,中共中央宣传部决定,授予单杏花同志"时代楷模"称号。

△ 单杏花荣获中宣部颁发的"时代楷模"奖章和证书（张启蒙/摄）

单杏花激动地说，回顾我之前的人生，就像一趟列车，从婺源小站出发，驶向了更广阔的天地。从那以后，客票系统贯穿了我的整个青春，也成了我热爱并想要为之奋斗终身的事业。因为我知道，每一张小小的火车票，都承载着期盼，就像当年那张改变了我命运的火车票一样，我所做的每一份努力，都是在帮助更多的人走向他们的梦想之地，抵达更美好的远方。在此，我要向每一位参与中国铁路客票系统研发的前辈们致敬，"时代楷模"这一崇高荣誉，属于全体铁路客票团队，属于我们每一位铁路人。

……

尾声 "时代楷模"的高光时刻

采访结束了，我再一次来到铁科院茅以升广场，伫立在茅以升老院长的铜像前，肃然起敬。一代代像单杏花一样的广大铁路人及铁路科技工作者，积极弘扬与践行老一辈科学家"一心为国，不懈奋斗"的精神，体现了当代铁路人的担当、智慧、激情与拼劲。

进入初冬，铁科院茅以升路两旁，红艳艳的月季花盛开着，金黄色的银杏分外妖娆。来往的人流，匆忙的脚步，他们的脸上都洋溢着微笑。这些微笑聚集成暖意，悄无声息地向周围弥漫。漫过深秋，漫过冬日，漫过一年又一年，漫溢在美丽广阔的中国大地上。

春色满园关不住，一枝红杏出墙来。春意盎然，杏花薄粉轻红，象征着蓬勃向上的生机和力量。单杏花是新时代的骄子，植根大地，星尘为泥，银河滋养，永远在浩瀚的宇宙中盛放。网民粉丝说，单杏花是春天里那朵最艳丽的杏花。这是广大网民授予你的，属于来自亿万民众的点赞，一种宇宙级别的浪漫与真诚表达。

多少天的采访，我对单杏花有了更多的了解和认识。我感叹道，在茫茫宇宙间，每个人都只有一次生存的机会，都是独一无二的，不可重复的存在。活在世上，最重要的事就是活出你自己的特色、滋味和精彩。单杏花做到了，她仰望星空，脚踏实地，自然看到了别人看不到的风景。

你的人生是否有意义，衡量的标准不仅仅是外在的成功，而是你对人生意义的独特领悟和坚守，从而让自我闪现出个性的光芒。单杏花做到了，个性的光芒，沐浴着事业这棵大树，她知道该吸收哪些养料。

作为一名铁路人，单杏花时刻牢记人民铁路为人民的宗旨，一切为了人民，一切服务人民，承担起了人民铁路的神圣职责和光荣使命。她以忘我斗志和顽强的拼搏精神，一路追求，一路欢歌，不断取得新突破、新成效，昭彰了一名优秀共产党员、一名铁路科技工作者的勇往直前与无私奉献，受到大家的尊重与喜爱。

大写的人生，靠一步一个脚印写就。新时代新征程，加快建设交通强国，需要更多像单杏花这样胸怀祖国、奉献担当的奋斗者。紧抓时代机遇，投身建设大潮，每个人都可以书写属于自己的不凡华章。

"满足人民对美好旅行生活的向往，是我们的永恒追求。"单杏花坚定地表示。

轨道向前，命运与共。单杏花为我们树立起了一尊自信、自强、自律的"时代楷模"形象。这是一种具有强大聚合力的正能量，一种引领与超越的榜样力量，充满着生命本身的蓬勃活力与激情热度。正是这种能量与力量，推动着铁路事业高歌猛进，推动着车轮滚滚、花朵盛放，推动着新时代唱出最美的歌。

我奉献，我光荣，我自豪。

我们为什么要出发？

| 后 记 |

一

20岁那年，我成为了一名蒸汽机车乘务员，通俗地讲，就是开火车的。尽管只是一名司炉，给机车锅炉填煤，但站在"离地三尺三"的司机驾驶室里，自然是很神气。

开火车，走南闯北，见得最多的画面就车站广场人挤人的购票长队和车厢里水泄不通的人流。一张火车票，难倒英雄汉。我曾经在郑州火车站见到一位老人，急于去广州探望重病的儿子，排了三天的长队，到窗口时告知没票了，他当场昏倒在地。

我到铁路分局、路局机关工作后，每逢春运都要参加春运工作组，深入到各大车站协助引导客流，确保购票长队不发生挤伤、踩踏事件。这时恰逢我国人口红利释放与城镇化进程最快的阶段，铁路延伸，车次增多，车速加快，但买票难、乘车难，仍然是春运的焦点问题。

当年买火车票除了排队，还要"肉搏"，比谁的力气大。由于火车票有限，都希望队伍前面的人少一些，总有人试图用力气把别人挤出队伍。春运工作组有一项重要任务，就是维持排队秩序，防止有人插队或被挤出长队。小小火车票，一头是梦想，一头是乡愁。"一票难求"的春运记忆，成为几代人的时代印象。

当我确定了这本书的创作构想后，这些经历和一些细节，像一祯祯画面，不停地闪现在我的脑海里。我觉得应该记录下来，作为一种历史考证，也与当今飞驰的高铁和便捷的互联网购票形成映衬和对比。

二

2023年4月的一天，铁科院原党委书记王君历打来电话，说是铁科院科技工作者协会有一个课题想与我合作，问我有没有兴趣。

王书记从领导岗位退下来后，与一帮老同志在院科协献余热。他们曾经是铁路12306系统建设的倡导者、实践者和见证者。王书记说，我提议全面总结、梳理12306的发展历程，作一个课题进行探讨和研究。

我说，我喜欢文学创作，又不是科研工作者，我能干什么？

王书记说，我在《北京文学》上读到了你的报告文学《好大一张网》，我想请你用文学形式再现12306的艰辛过程，这样更生动形象，更能吸引读者。

我说，这是一件好事啊，如今几乎每一个人出行都与12306有关，都会与12306发生故事。12306改变了人们的出行方式，这是一个深受关注的大众话题，我很有兴趣。

几天后，我应邀来到铁科院，王书记带我参观院史馆，亲自讲解。步入馆内，迎面立着的一尊文化基石，上面镌刻着黎巴嫩作家纪伯伦的一句名言：不要因为我们走得太远，而忘记了为什么出发。我伫立于此，不由念出声来。王书记说，当年筹建院史馆时，我偶尔看到了这句话，感觉与院史馆的主题很符合，就借用了过来。

我说，我也很喜欢这句话。

于是，这句名言成为我创作《铁路12306密码》的主题思想和总根基。这么多年来，12306团队始终没有忘记为什么出发，不忘初心，真诚地服务于人民群众对美好生活的向往。沿着这个主题发散开来，如同找到了一把打开密码的钥匙。

三

2018年12月，中宣部与国铁集团联合组织开展了首届"最美铁路人"评选活动，时任铁科院电子所副总工程师、12306技术部主任单杏花当选。受国铁集团宣传部委托，由我牵头组织铁路作家进行"最美铁路人"报告文学创作。在铁道党校会议室里，刚评选出的十位"最美铁路人"，与报告文学作者进行了面对面的交流。这是我第一次见到单杏花。

采访中，单杏花阳光、干练、睿智的表现，给我留下了深刻的印象。她不仅非常熟悉12306，而且思路清晰、为人坦诚，大家提出的任何问题，她都能简洁明了地进行解答。

后来，我在创作长篇报告文学《中国智慧——中国高铁科技创新之路》时，其中有一章就是写单杏花和她的12306团队，我请单杏花审读。那段时间单杏花正在研发系统新功能，白天忙得不可开交，只能深夜回家后看稿。一周后，单杏花反馈了修改意见。她看得很认真，对不准确的数据、用词，都一一进行了修正。

12306就是一个神奇的魔方，稍一转动，就是一道风景。

2023年国庆期间，铁路客流暴涨，12306候补购票功能很活跃，解决了许多人的燃眉之急。采访中，我问单杏花："补票只是候补功能的副产品，您认可吗？"单杏花一愣，笑了："应该是正产品，研发这个功能的初衷就是为了满足旅客补票需求，不可否认，在大数据应用方面，候补购票功能上演了精彩大戏。"她解释道，过去增开临时客车大多是凭经验、拍脑袋，导致一些临客虚糜、不满员。现在利用候补购票功能大数据，做到了有流开车、精准开车。而且能将增开临客的信息，一对一地发到候补旅客的手机上，保证加开的临客趟趟满员。

与单杏花沟通交流，让你很舒心，她思维敏捷，句句都能回答到点子上。我以为，作为一个采访者，要积极运用发散思维，事先做好功课，紧扣主题提出有价值的问题，激发采访对象的思维和情趣，有利于拓宽采访领域，取得意想不到的收获。

四

毫无疑问，互联网是21世纪派生出来的一个虚拟地球。然而，它又是一个有形的存在。互联网售票正是利用这个无边无际虚拟空间，实实在在地进行票务交易活动。如何将这个虚拟世界描绘得让人看得见、摸得着，对我的写作是一个巨大的挑战。

听说我要写12306，许多朋友很关心、很担心，一个虚拟的网络空间，你能说得清楚么？我谋划着，以一种虚实结合的方式，将虚拟的网络写实。我锁定"系统架构""遭遇战""最强大脑""大数据应用"等重要节点和关键词，搭建起12306的发展框架，让单杏花和团队成员穿梭其中，让有趣的故事活跃起来，框架、人物和故事，组成一个有机的整体。

譬如说，铁路12306系统建立之初，经常发生网络堵塞，后来经过技术创新，最终破解了这个难题。我请单杏花用通俗的比喻，解释这个高深的技术问题。单杏花说，可以用两个词组来形容，一个是"小房间"，在系统架构上，将原先的大通房，改为一间一间的小房间，好比我国空间站组合体的一个个舱段，扩充时加舱十分方便。另一个是"租用仓库"，鉴于春运时铁路12306系统访问量巨大，其中绝大部分是余票查询。采取租用阿里云的办法，将余票查询分流到云端，保证了系统运行稳定。

正是这样，我十分注意通俗化写作，将一些生僻的网络词汇、技术俗语，尽可能地用简洁、生动、形象的语言表达出来，让读者读得懂、看得明白，产生阅读快感。

提及12306，许多人都以为是一个售票网站，一些新闻报道和宣传资料也都是用12306网站代之。其实，12306是由网站、手机app和12306客服热线三个部分组成。表述不准确，很容易误导受众。

写作中，我尝试用"铁路12306系统"这个词组进行统称，概括三个组成部分。铁科院专家在审稿时，认可了我的这种表述。2024年2月5日，铁科院公众号在"铁路12306系统运行顺畅稳定 春运迎来返程火车票售票高峰"的报道中，面向社会首次使用了"铁路12306系统"这个规范名称。对此，我很有成就感。

五

2023年10月27日，国铁集团宣传部、铁科院党委组织了一次作家和媒体记者对单杏花的集体采访。采访中，单杏花谈得最多的是组织的培养、老一辈专家的贡献和团队的集体智慧。

我很赞赏单杏花的清醒认识。铁路 12306 系统作为一个浩大的工程，一路创新，一路坎坷，凝聚着几代铁路科技工作者的心血，是集体智慧的结晶。正确地处理好单杏花与开创者、参与者及团队成员之间的关系，客观、忠实地还原他们的奉献精神，关系到作品的价值和生命力。

水涨才能船高，没有群众这个载舟之水，先进典型这只船就难以扬帆远航。我注重写团队作用，写单杏花的老师、同事、学生，让她真正成为集体的一分子，植根于群众，与群众融为一体。

采访中，单杏花不时地提醒我，这件事是谁干的，这件事当时我没参与，这件事我只是牵了一个头。她本着认真严谨的态度，对待每一次采访。她认为，成绩是大家，自己只是做了应该做的事情。

诚然，事物的发展离不开榜样的引领作用。单杏花作为中宣部表彰的"时代楷模"，她不仅全过程参与了铁路 12306 系统的研发、推广和应用工作，而且在许多重要阶段发挥了重要作用。她是一位杰出的事业型女性，无论是技术贡献还是精神引导，都是一流的。这里有她的青春年华、征程冷暖，以及自信与希望。

我采取的写作方式是，一是全书以写事件为主，让单杏花作为核心人物穿插全文，二是写人物以单杏花为主，同时让团队成员各显身手。我力求还原一个活生生的单杏花，大家认可的单杏花。国铁集团宣传部领导、铁科院党委领导和专家学者在审读书稿后，都表示认可和赞同。

六

采访中，我结识了铁科院的许多专家学者，他们都成了我的朋友。

交谈中，他们表现出对铁路12306系统的深厚情感，难以言表。他们希望我更多、更全面地了解12306，给我提供了许多有关资料，讲述了许多12306成长过程中的故事。王君历老书记向我解读铁科院的历史，特别是铁科人的精神传承，从茅以升精神到单杏花实践，如数家珍。电子所原副所长李健民，特地找来了客票总体组成立之初的《工作简报》，帮我认真核对当年的工作流程。有些重要节点，他还找人反复核实，写成文字，提供给我。他还送来了自己收藏的12306团队的工作照片，向我讲述每张照片的故事。

李聚宝是"云台二十八将"之一，与单杏花一道，一直坚守这方阵地。他是电话订票的开拓者，回首当年，一幕幕惊心动魄的场景，让他激动不已。他回忆说，当年带着团队到广铁公司推广电话订票，正值春运，广州几个火车站广场都是人满为患，购票的长队挤满了好几条大街。电话订票成功推广后，广州各大火车站广场立刻平静下来。李聚宝与我一同梳理互联网订票的重要环节，以及各阶段的目标任务，让我的写作思路顿时清晰起来。

还有铁科院党委路云军副书记、党办宣传助理邓彩屏等同志，统筹协调采访，查阅资料，做了大量工作。正是有了大家的支持和帮助，给了我创作的激情和强大动力，我很感激，也很珍惜。

2024年12月10日定稿于北京

图书在版编目（CIP）数据

铁路 12306 密码：中国铁路互联网客票系统探秘 /
王雄著 . —— 北京：外文出版社，2025.1（2025.2 重印）
（解码中国新时代 . 改革发展）
ISBN 978-7-119-13959-3

Ⅰ . ①铁… Ⅱ . ①王… Ⅲ . ①城市铁路 – 旅客运输 –
售票 – 铁路自动化系统 – 中国 Ⅳ . ① U293.22

中国国家版本馆 CIP 数据核字（2024）第 052308 号

出版指导：陆彩荣
出版策划：胡开敏

责任编辑：蔡莉莉
助理编辑：马若涵
装帧设计：星火设计实验室・王国庆　郭婉茹
内文制版：闽江文化
印刷监制：章云天

铁路 12306 密码
中国铁路互联网客票系统探秘

王　雄 ◎ 著

© 2025 外文出版社有限责任公司

出 版 人：胡开敏
出版发行：外文出版社有限责任公司
地　　址：中国北京西城区百万庄大街 24 号　　邮政编码：100037
网　　址：http://www.flp.com.cn　　电子邮箱：flp@cipg.org.cn
电　　话：008610-68320579（总编室）　　008610-68996167（编辑部）
　　　　　008610-68995852（发行部）　　008610-68996183（投稿电话）
印　　制：北京盛通印刷股份有限公司
经　　销：新华书店 / 外文书店
开　　本：710 mm × 1000 mm　　1/16
印　　张：24.75　　字　　数：317 千字
版　　次：2025 年 1 月第 1 版　　2025 年 2 月第 1 版第 2 次印刷
书　　号：ISBN 978-7-119-13959-3
定　　价：90.00 元

版权所有　侵权必究　如有印装问题本社负责调换（电话：6899 6172）